종교개혁은
제자훈련으로
시작한다

성경적인 목회철학
건강한 지역교회

종교개혁은
제자훈련으로
시작한다

오정호·한태수 외 지음

국제제자훈련원

교회를 교회 되게, 성도를 성도 되게

종교(교회)개혁 500주년(1517-2017)의 은혜로운 선물을 주신 우리 주님을 찬양합니다.

마틴 루터(Martin Luther)가 독일의 비텐베르크 성채교회 정문에 면죄부 제도와 판매를 반박하는 95개 조항(95 Theses)을 내건 뒤로 500년의 시간이 지났지만 여전히 한국교회는 외우내환을 겪고 있습니다.

개혁의 본산지인 독일 출신의 루터대학교 이말테 교수(Malte Rhinow)는 '한국교회와 중세 로마교회'의 공통점 10가지를 제시했습니다. 아픈 지적이지만 통찰력 있는 분석입니다. 개인적인 관점이라고 여기며 지나칠 수 없는, 우리 한국교회의 현실입니다.

1. 율법주의적 예배 이해
2. 하나님의 은혜나 복을 얻기 위해 재물로 하나님께 영향을 미칠 수 있다고 생각하는 것
3. 선행을 통하여 천국에 갈 수 있다고 생각하는 것
4. 교회의 지옥과 죽음에 대한 두려움 악용
5. 교회의 교권주의
6. 성직매매
7. 많은 목사들의 지나친 돈에 대한 관심과 잘못된 돈 사용
8. 많은 목사들이 교회를 개인 소유로 착각하는 것
9. 많은 목사들의 도덕적, 성적 타락
10. 많은 목사들의 낮은 신학적 수준

과거 우리 한국교회에 베풀어주신 하나님 아버지의 놀라운 은혜를 이다지도 속히 망각하는 현실에 가슴이 아픕니다. 어떻게 하나님의 은혜를 목회자와 성도들의 의식 및 삶으로 되살려낼 수 있겠습니까? 주님께서 기대하시는 사역자의 모습, 머리이신 예수 그리스도께 기쁨을 드리는 교회의 모습을 더욱 갈망하게 하는 지적입니다. 제자훈련 목회철학을 바탕으로 사역에 힘쓰는 동역자들의 고뇌가 깊어지는 대목이기도 합니다.

어떻게 하면 주님께서 소원하시는 건강한 교회를 이룰 수 있겠습니까? 그 대안적 모색은 주님의 지상명령(至上命令, The Great Commission)에 대한 전적 순종으로부터 출발해야 한다고 믿습니다. 주님의 뜻을 명령으로 받는 목회자와 성도들이 우리 시대의 소망임을 믿습니다. 제자훈련 현장에는 종교개혁의 정신[5S: 오직 성경(Sola Scriptura), 오직 은혜(Sola Gratia), 오직 믿음(Sola Fide), 오직 그리스도(Solus Christus), 오직 하나님께 영광(Soli Deo Gloria)]이 예외 없이 녹아 있습니다.

한 지역교회가 건강성을 담보하기 위해서는 그 교회 목회자의 영성, 지성, 사회성의 균형과 조화가 필수입니다. 건강한 목회를 소원하며 늘 주님 편에 서서 목양일념으로 나아가기를 원하는 동역자들의 생각과 마음 그리고 현장을 담은 본서가 '주님과 말씀께로 돌이키는 계기'를 제공하는 은혜로운 도구로 사용되기를 소원합니다. 함께 손잡고 '교회를 교회 되게, 성도를 성도 되게' 하는 본질적인 사역으로 나아갑시다.

오정호 CAL-NET 이사장, 대전새로남교회 담임목사

1부
제자훈련, 종교개혁의 완성

1부

제자훈련,
종교개혁의 완성

Sola Scriptura Sola Gratia Sola Fide Solus Christus Soli Deo Gloria

1장

종교개혁은
제자훈련을 통해서 완성된다

서론

16세기 독일에서 시작된 종교개혁은 종교뿐만 아니라 사회, 문화 전반에 걸쳐 유럽 전역에 커다란 변화를 가져왔다. 종교개혁은 중세 사회를 지배하던 로마가톨릭에 항거하여 개신교(Protestant)라는 새로운 기독교를 탄생시켰다. 당시의 가톨릭은 기독교의 본질을 심각하게 벗어나 왜곡된 현상을 드러냈다. 특히 면죄부, 성직매매 등은 세속적 권력과 부에 결탁한 교회가 얼마나 타락할 수 있는지를 보여주는 단적인 예들이다. 루터(Martin Luther, 1483-1546)는 중세교회의 이러한 타락상에 대해 진지하게 토론함으로써 사태를 바로잡고자 했으나 결국 종교개혁이라는 엄청난 과업을 수행한 역사적 인물이 되었다.

영적인 차원에 볼 때 교회의 회복을 위한 갈망은 종교개혁이 시작되기 전부터 지속되어왔다. 이미 백여 년 전 체코에서는 후스(Jan Hus, 1372?-1415)와 같은 이들이 개혁의 선구적 역할을 했다. 루터가 복음의 왜곡에 대한 저항을 시작하자 오랜 세월 가득 찼던 댐의 수문이 열리듯, 개혁의 물결은 순식간에 유럽 전 지역으로 퍼져나갔다. 츠빙글리(Ulrich Zwingli, 1484-1531)는 스위스 취리히를 중심으로 교회개혁을 추진했으며, 칼빈(Jean Calvin, 1509-1564)은 제네바에서 개혁운동을 진행하여 참된 교회를 회복하려 했다. 약 2백 년 후 영국의 존 웨슬리(John Wesley, 1703-1791)는 소그룹을 조직하며 성도들을 양육하고 훈련하는 방식으로 성경적 교회를 회복하려 했다. 웨슬리의 개혁은 성결한 삶을 강조하는 실천 중심으로의 개혁이었다.

종교개혁은 변질된 기독교의 원형을 회복하려는 운동이었다. 교회를 근본적으로 변혁하기 위하여, 성경의 가르침과 그 가르침에 충실했던 초대교회의 모습을 기준으로 참된 교회의 회복을 지향한 것이다.[1] 성경의 원리에 기초하여 복음의 본질과 교회의 순전성을 회복하고자 교회란 무엇인지, 그리스도인이란 무엇인지, 구원이란 무엇인지에 대한 복음적 정의를 세웠다.

종교개혁은 제자훈련의 본질을 일깨운 거대한 물결이다. 종교

---

[1] 알리스터 맥그래스/박규태 역,《종교개혁 시대의 영성》(서울: 좋은씨앗, 2005). 맥그래스는 이 책의 제3장에서 종교개혁 시대의 영성과 정체성이 초대 기독교 신앙의 뿌리로 돌아가자는 운동이었음을 논증하고 있다.

개혁은 각 사람을 참된 그리스도인으로 세우는 제자훈련의 물꼬를 터놓았다. 제자훈련은 이러한 종교개혁의 원리들을 적용하여 삶 속에서 그리스도를 따르는 제자로 만든다. 제자훈련은 참된 그리스도인으로의 성장, 성경적 교회 회복 그리고 복음 선포를 통한 하나님 나라의 회복을 지향한다. 이를 위한 구체적인 훈련을 통해 제자훈련은 그리스도를 따르는 제자로 살아갈 수 있는 실천적 차원으로 종교개혁의 정신을 구현한다. 종교개혁은 제자훈련을 통해서 완성된다!

1. 성경을 모든 사람에게 돌려줌으로써
　제자훈련의 원리를 보도록 눈을 열어주었다

종교개혁의 가장 중요한 원리는 무엇보다도 '성경의 원리'이다. 하나님의 말씀인 성경에 최고의 권위가 있음을 천명한 것이다. 성경보다 교회와 전통의 권위를 앞세웠던 로마가톨릭의 '교회지상주의'를 '성경지상주의'로 바꾸었다. 이를 위해 개혁자들은 하나님의 말씀인 성경에 의지하여 강대한 어둠의 세력에 대항했다.

　당시에는 사제만이 성경을 읽을 수 있었으며, 평민들이 성경을 직접 읽고 해석하는 것을 위험한 일로 여겼다. 그러나 실제로는 사제들조차 성경을 읽고 연구하지 않아 하나님의 말씀을 잘 알지 못하는 형편이었다. 루터는 이러한 현실을 직시하고, 바르트부르크 성에 은둔하면서 라틴어로 된 신약성경을 독일어로 번역했다.[2] 이

2　루터는 비텐베르크 서문에서 성경을 더 연구하고 성경 말씀을 더 많이 쓰기를 원하

성경 번역으로 인해 독일인은 누구나 자유롭게 성경을 읽을 수 있게 되었다. 사제의 전유물이었던 성경이 성도들의 손에 들리고 읽히도록 한 것이다. 종교개혁의 성공은 바로 이 성경 번역에 있다고 해도 과언이 아니다. 기독교의 본질을 회복하는 길은 성경으로 돌아가는 것임을 분명히 한 것이다. 루터, 츠빙글리, 칼빈은 모두 하나님의 말씀에 근거하지 않거나 위배되는 것들을 개혁의 대상으로 삼았다.[3]

종교개혁은 성경으로 돌아가게 만들었고 이를 통해 제자훈련의 기본이 되는 하나님 말씀의 원리를 열어주었다. 이 일을 하는 데 가장 중요한 것은 성경이다. 현재 성경은 거의 모든 주요 언어로 번역되어 있다. 모든 사람들에게 하나님의 말씀인 성경이 주어진 것이다. 제자훈련은 구원받은 성도들이 성경을 토대로 하나님의 말씀에 따라 그리스도의 분량까지 성장하게 만드는 것을 목표로 삼는다. 예수 그리스도처럼 매 순간 하나님의 말씀에 순종하며 살게 하는 것이다. 또한 공동체 안에서 지도자의 인도를 받으며, 각 사람이 스스로 하나님의 말씀을 읽고 묵상하며 실천하는 것이다. 따라서 제자훈련은 성도들이 말씀을 삶에서 실천하도록 훈련함으로써 종교개혁의 원리를 완성하는 것이라고 할 수 있다.

여 성경을 번역했다고 밝히고 있다. 당시 스콜라신학을 연구하며 성경 말씀을 도외시하던 상황에서 루터는 어거스틴이 오직 성경의 사람임을 말하며 그를 따르고자 한다고 말한다. WA 50, 657-661.

3   요하힘 로게/황정욱 역, KGE 교회사전집 《종교개혁초기》(서울: 호서대학교 출판부, 2005). '말씀에 근거하지 않는 것'에 대해서는 개혁자마다 입장이 조금씩 다르다. 루터의 경우는 말씀에서 금하지 않는 것이라면 허용한 반면에, 츠빙글리는 말씀에 근거하지 않는 것을 개혁의 대상으로 삼았다.

2. 사제 중심의 교회에서 평신도 중심의 교회로 눈을 열어주었다

정확하게 말하면 종교개혁은 가톨릭교회를 개혁한 것이다. 따라서 개신교는 가톨릭과 근본적으로 다른 교회관을 갖는다. 사제와 제도 중심의 교회에서 평신도 중심의 교회로 전환한 것이다. 로마가톨릭은 교황권과 교회 지상권을 중심으로 한 성직 구조(hierarchy)다. 가시적인 제도를 가진 교회로서 지상에서 예수 그리스도를 대신한다. 교황은 그리스도의 참된 대리자이며 무오류하다.[4]

그러나 루터는 교회를 '성도의 교제'(*communio santocrum*)로 정의했다. 교회의 본질은 눈에 보이는 교황이나 성직자가 아니라 성령 안에서 이루어지는 성도의 친교임을 말한다. 교회와 그리스도인을 정의함에 있어 성경에 근거한 성경적 교회론을 회복한 것이다.

또한 루터는 그리스도인이 사제의 중재 없이 자유롭게 하나님 앞으로 나아갈 수 있음을 강조했다. 그리스도인은 모든 사람이 사제로서 교회 공동체에서는 계급적 지위가 없으며, 오직 세례 받은 자의 영적인 역할 차이만 있을 뿐이다.[5]

'만인 사제설'로 불리는 루터의 놀라운 선언은 하나님의 자녀들은 누구나 하나님 앞에 나아가 제사장과 같은 역할을 감당함을 알게 함으로써 평신도의 중요성을 일깨웠다. 제자훈련은 이 왕 같은 제사장인 평신도들을 일깨워, 그들이 하나님과 친밀한 관계를 누

---

4   로마가톨릭 교회는 가시적 교회로서 성직 구조와 교황 중심과 사제단, 교회의 본질에 있어서는 니케아 신경의 유일성, 거룩성, 보편성, 사도성을 말한다.

5   마틴 루터/지원용 역, 《말틴 루터의 종교개혁 3대 논문》(서울: 컨콜디아사, 2000), 29-30. "독일 귀족들에게 고함"이라는 논문의 첫 번째 장에서 논의하는 내용이다.

리며 살아갈 수 있도록 한다. 매일의 삶 속에서 말씀 가운데 하나님의 뜻을 분별하고 실천해가며 하나님과의 친밀한 관계가 지속되도록 하는 것이다. 교회는 이러한 성도의 모임 안에서 성령의 임재를 경험하는 영적 공동체다.

3. 교회의 왜곡과 변질을 제거하고 회복하는 일은 제자훈련과 맥을 같이한다

종교개혁은 성경에 근거하여 왜곡된 것들을 제거하고 회복하는 일을 진행했다. 특별히 성경에 기초한 구원관을 정립했다. 하나님의 은혜로 인간은 아무런 공로 없이 오직 예수 그리스도의 십자가 죽음과 부활을 믿는 믿음을 통해 의롭게 된다(롬1:17). 구원은 인간의 공로가 아니라 '하나님의 은혜로 인한 믿음'을 통해 가능하다는 원리를 세운 것이다.

로마가톨릭 교회가 사죄를 위해 면죄부를 판매한 것은 구원의 복음을 변질시킨 행태다. 당시에 교회는 고해성사 뒤에 죄책에 대한 보응으로 해야 하는 순례, 시편 낭송, 특별 기도 등을 면제해주는 면죄부를 판매했다. 신자들이 돈으로 죄의식을 면하도록 했고, 교황청은 면죄부 판매의 권리를 행사하여 주된 수입원을 삼았다. 그리스도를 대리하는 교황의 절대적 권위와 교회의 성직 제도가 말씀의 권위보다 더욱 강력하게 행사되었다.

그러나 개혁자들은 '말씀의 원리'를 회복했다. 개혁자들은 교황이 그리스도의 대리자라고 주장하며 지상 교회의 머리에 앉는 교황 제도를 거부했다. 개혁자들은 성경에 근거하여 다양한 분야를 개혁했다. 성례전에서는 가톨릭교회의 7성례 중 두 가지, 곧 성경에 근거가 있는 세례와 성만찬만을 인정했다. 예배에서는 말씀의 중요성을 강조하여 설교와 강론을 중심에 배치했다. 성경적 근거가 없는 사제의 독신 생활을 없애고, 결혼과 가정의 중요성 및 신성함을 회복시켰다. 또한 세속과 일상을 엄격히 구분하는 수도원적 영성을 거부하고 일상의 중요성과 세속 직업의 소명의식을 일깨웠다.

종교개혁은 인간적인 차원으로 전락한 관습과 영역들을 하나님 중심적인 삶으로 회복하고, 성경적 교회로 회복하기 위해 힘썼다. 루터는 모든 일에 "하나님으로 하나님 되시게 하라"(Let God be God!)라고 했다. 삼위 하나님의 주권을 강조한 것이다.

이러한 교회개혁과 제자훈련은 맥을 같이한다. 제자훈련이 교회의 변질된 부분들을 제거하고 성경적 교회로 회복하는 데 중요한 역할을 감당하기 때문이다. 제자훈련은 인간 중심적인 신앙과 세계관을 하나님 중심으로 바꾸어나가는 과정이다. 공동체 안에서 말씀을 통해 지속적으로 양육을 받으며, 성령의 은혜를 체험하여 속사람이 거듭날 뿐 아니라 그리스도를 구주로 따르는 온전한 제자가 되도록 한다. 이런 과정 속에서 성도의 내면이 개혁되어, 영적 전환과 돌파가 일어나고 삶이 실제로 바뀌게 된다. 제자훈련은 이렇듯 끊임없는 개혁을 통하여 하나님의 본래 형상을 회복하는 것이라고 할 수 있다. 따라서 제자훈련은 교회를 개혁하는 가장 효과적인 길이다.

4. 영광의 신학에서 십자가 신학으로의 전환은
그리스도의 제자가 되는 길이다

하이델베르크 논쟁에서 루터는 십자가 신학(Theologia Crucis)을 선언한다. 루터는 자신의 신학을 '십자가 신학'이라고 명명하고 가톨릭의 '영광의 신학'과 대비시킨다.[6] 십자가 신학의 핵심은 우리가 하나님을 인식할 수 있다고 믿는 곳에서, 즉 가시적인 것이 아니라 십자가에 달리신 그리스도의 고난을 통해서 하나님을 알 수 있다는 것이다. 이는 당시 가톨릭이 눈으로 보이지 않는 하나님을 볼 수 있게 해준다고 믿었던 것에 대한 반격이다. 즉, 교회 건물의 웅장함이나 미사의 정교함과 화려함, 교황이나 사제, 제도를 통해서 하나님을 보여줄 수 있는 것이 아니라 하나님은 볼 수 없는 모습으로, 즉 그리스도의 십자가와 같이 전혀 예기치 않은 방식으로 드러나신다는 것이다.

십자가 신학은 인간적인 이성과 경험에 의존하여 하나님을 인식하는 방식을 비판한다. 하나님은 인간의 이성과 경험을 뒤집는 그리스도의 고난과 십자가를 통해서 드러나신다. 십자가 신학은 인간 중심적인 영성과 부와 건강을 추구하는 신앙의 방식을 그 근본부터 다시 돌아보도록 한다. 인간 중심에서 그리스도 중심으로,

---

6   1518년 4월 26일 어거스틴 수도회의 공개 토론에서 사회자로 초청받은 루터가 제시한 신학적 논제다. 전체 40개 중 21번째 논제는 십자가 신학과 영광의 신학을 말한다. "영광의 신학은 악은 선이라고 선은 악이라고 부른다. 십자가 신학은 모든 것을 실제 그대로 부른다." 관련 내용은 다음의 웹 사이트에서 볼 수 있다. www.luther.glaubenstimmee.de

세상의 성공과 번영의 은혜를 추구하는 것에서 오히려 기꺼이 고난을 받아들이는 신앙으로 돌이키게 하는 것이다. 뿐만 아니라 자신의 경험만을 의존하는 신앙에서 말씀을 신뢰하며, 경험을 초월하여 현존하시는 그리스도를 바라보게 만든다. 결국 십자가 신학은 기독교 정체성을 돌아보게 하는 시금석이며, 그리스도의 고난과 죽음을 통한 소망을 밝혀준다. 이해할 수 없는 세상의 고난과 절망 속에서도 진정한 소망의 복음을 선포하는 것이다.[7] 제자란 그리스도를 따르는 자다. 십자가 신학은 '그리스도를 따름'의 진정한 의미를 드러낸다. 그리스도가 우리 구원의 근거임을 깨닫는 것이 우선이며, 그럴 때 우리는 그리스도를 모범으로 삼고 뒤따를 수 있다.[8] 그리스도를 따른다는 것은 스스로 고통당하는 것이 아니라, 삶의 모든 순간에 믿음으로 십자가를 붙드는 것이다. 결과적으로 신자의 영혼이 성장한다는 것은, 자신의 삶 전체가 예수 그리스도에서 낭하신 고난과 그의 죽음 그리고 부활과 얽혀지는 것이다. 다른 말로 하면 그리스도와 연합하는 것이다. 그럼으로써 이미 완성된 신자가 완성되어가는 것임을 말한다.[9] 이미 이루어진 구원이 실제화되는 것이다.

십자가 고난의 영성은 그리스도를 따르는 제자들이 자아의 죽음을 인정하고, 오직 그리스도가 자신을 통해서 사시도록 한다(갈

---

7   맥그래스, 《종교개혁 시대의 영성》, 141-142.

8   John W. Kleinig, "*Oratio, Meditatio, Tentatio*: What Makes A Theologian?", *Concordia Theological Quarterly* 66/3(2002): 255-267.

9   맥그래스, 《종교개혁 시대의 영성》, 135-136.

2:20). 그리스도가 생명을 주시면서 우리를 사랑하신 것처럼, 우리도 형제를 위하여 마땅히 생명을 내어놓는 자로 살아간다(요일 3:16). 이것은 '나 죽어 너 살리기'의 삶이다. 바울의 고백처럼 그리스도의 증인 된 제자는 이미 죽었고, 매 순간 죽음으로 살아가는 자다(고전 15:31).

5. 종교개혁의 핵심인 성령 안에서의 기도, 묵상, 연단은 제자훈련의 주요 내용이다

루터는 성경 연구의 주요한 방법으로 기도, 묵상, 연단의 세 가지를 제시한다.[10] 첫째는 성령 안에서의 기도(Oratio)다. 이는 성경을 깨닫도록 인도하는 성령을, 사랑하는 아들을 통해 주시도록 기도하는 것이다. 인간의 이성이 스스로 교사가 되지 않도록, 성경의 참된 스승을 구하는 것이다.

둘째는 묵상(meditatio)이다. 이는 말씀이 의미하는 바를 드러내시도록 성령께 구하면서 숙고하며 읽는 것이다. 시편 119편에서 말하는 것처럼 말씀을 쓰고 읽고 설교하고 듣고 노래하는 것이다. 성령의 은사를 구하는 기도는 말씀 묵상을 요구한다. 묵상은 진지하게 깊이 생각하고 마음에 되새기는 것이다. 내면의 깊은 중심에서 행하는 것이다. 이러한 묵상은 말씀을 내면 깊은 곳으로 이끌어 영혼의 가장 깊숙한 곳에 자리 잡게 하는 것이다. 따라서 묵상은 지

---

10 이 내용은 루터가 1539년 비텐베르크 전집 서문에 쓴 것이다. 루터는 이 방법을 시 119편을 근거로 강해하면서 제시했다. WA 50, 657-661.

성과 감성의 조화로운 훈련이다. 우리는 말씀을 묵상할 때 성령을 받는다. 성령은 말씀을 통해서 우리에게 오시고, 우리 안에서 자신의 일을 행하신다.

세 번째는 연단(*tentatio*)이다. 이는 단순히 하나님의 말씀을 알고 이해하는 것만이 아니라 그 말씀이 정말 참되고 옳은 것인지, 얼마나 달콤하고 사랑스럽고 위로가 되는지를 가르쳐주는 시금석이다. 성도가 말씀을 묵상할 때, 마귀는 말씀이 뿌리를 내리자마자 시련을 준다. 그러나 결국은 그 시련을 통해서 말씀을 추구하고 사랑하도록 배우게 된다. 결국 마귀의 의도와 다르게, 하나님은 마귀의 시련을 통해 말씀이 열매 맺는 것을 경험하게 하신다. 따라서 말씀의 연단을 받는 과정인 시련은 성도에게 축복이 된다. 루터는 자신이 말씀대로 순종할 때 엄청난 시련을 겪으며 말씀의 진정성을 깨달았고 그것이 자신을 신학자가 되도록 이끌었다고 고백한다.

이상의 세 가지 내용은 제자훈련의 말씀 훈련에서도 무척 중요하다. 성령 안에서 기도하는 것은 성령께서 말씀을 깨닫도록 하시기 때문이다. 또한 묵상(QT)은 말씀을 깊이 새기며 내면에 두는 것이다. 말씀 묵상을 삶으로 실천하려 할 때는 언제나 시련과 연단이 있으며 그것을 극복해나감으로써 말씀의 능력을 경험하게 된다. 이런 과정을 거쳐 말씀을 실천하고 열매를 맺어야 비로소 말씀 훈련이 완성된다.

중세 수도원의 영성훈련은 말씀을 신비화하며 관상(*contemplatio*)으로 들어가도록 가르쳤다. 그러나 종교개혁자들은 말씀을 삶에서 순종하며 살도록 가르쳤다. 말씀대로 순종하면 반드시 시련이 오며, 이러한 시련을 극복하는 연단의 과정을 알게 된다. 그리스도의 제자는 삶에서 말씀을 실천하는 가운데 일어나는 온갖 시련을 극복해나가야 한다. 이러한 과정 속에서 말씀이 열매 맺어 우리의 마음과 삶이 온전히 그리스도를 따르고, 그리스도와 하나가 되도록 인도하실 것이다.

6. 개혁이 한 번으로 완성되지 않듯이, 제자훈련은 지속적 개혁을 이루는 과정이다

개혁된 교회는 "항상 개혁되어야 한다"(*semper reformanda*)라는 모토를 갖고 있다. 루터를 통해 시작된 종교개혁은 한 번에 완성되지 않았다. 루터는 가톨릭에서 벗어나 개신교를 출발시켰지만, 개신교는 이후로도 거듭하여 개혁되고 변화되어왔다.

종교개혁으로 세워진 독일의 루터교가 정통주의로 경직되고 교리화되었을 때 경건주의 운동(Pietism Movement)은 하나님의 말씀과 그 관계에 집중하도록 종교개혁의 정신을 환기했다. 경건주의를 대표하는 스페너(Philip Jacob Spener, 1635-1705)와 프랑케(August Hermann Franke, 1663-1727)는 하나님의 말씀을 중심으로 한 경건한 삶을 강조하며 할레 대학을 근거로 삼고 사회봉사와 세계 선교 등으로 유럽 전역에 큰 영향을 주었다.[11]

영국에서는 웨슬리가 '칭의'로 인한 자녀 됨의 은총만이 아니라 '성결의 은총'을 강조하며 감리교 운동을 일으켰다. 웨슬리는 신자들의 공동체라는 배경과 분리되지 않는 거룩한 삶을 목표로 했다.

---

11 카터 린드버그/이은재 역,《경건주의 신학과 신학자들》(서울: CLC, 2009), 183-212.

이때 필요한 것이 '훈련'이었다. 웨슬리는 훈련을 통해 성화된 삶을 살 수 있다고 보았고, 이를 위해 다양한 '은혜의 수단'을 효과적으로 사용했다. 평신도들이 간증하고 말씀을 나눌 수 있도록 했고, 여성들도 사역에 동참시키며, 소그룹 모임을 통한 경건의 훈련을 실천했다. 특히 연합모임 외에 속회(class), 반(band), 특별 모임(select society) 등의 그룹을 운영했다. 이러한 모임들은 감리교 운동의 핵심적인 요소들이며 현대의 소그룹 제자훈련의 좋은 모델을 제시해주었다.[12]

제자훈련 역시 지속적인 개혁을 이루는 과정이다. 이처럼 교회사에서는 교회가 왜곡되고 변질될 때마다 성령운동을 통한 개혁운동이 일어났다. 성경적 신앙의 회복을 위한 개혁은 현재까지도 진행 중이다. 이러한 변화는 신앙인 한 사람이 제자로 세워지는 것에서 일어난다. 하나님의 말씀은 각 사람을 지속적으로 변화시키신다. 말씀의 생명력이 우리 가운데서 생명의 역사를 일으키기 때문이다. 생명의 특징은 멈추어 있거나 경직된 것이 아니다. 움직이고 변화하고 성장하며, 그리하여 마침내 "풍성한 생명"을 누릴 수 있게 한다(요 10:10). 이처럼 생명력 있는 제자 공동체는 그리스도의 몸으로 완성되어간다. 그리스도를 알고 믿는 것이 하나가 되어 온전한 그리스도의 몸을 이루는 것이다(엡 4:13-16).

---

12 루이스 두프레·돈 E. 세일러즈 편집 / 엄성옥·지인성 역,《기독교 영성 Ⅲ: 종교개혁
이후부터 현대까지》(서울: 은성, 2001), 489. 감리교 운동은 하나님 은혜의 보편성
을 신뢰하면서, 이 은혜를 받은 사람들은 하나님께 감사하고 사람들을 섬기는 것이
소명이라고 믿었다.

7. 사람의 개혁만으로는 불완전하며, 성령께서 개혁을 완성하신다

500년 전 종교개혁자들은 가톨릭교회의 변질에 저항하며 성경적 신앙을 회복하고자 했다. 이들은 모두 '오직 성경'(*sola scriptura*), '오직 믿음'(*sola fide*), '오직 은혜'(*sola gratia*)라는 개혁의 공통된 기반을 가졌지만, 각각의 특색을 지닌 다양한 개혁을 전개했다. 특히 성례전 및 교회와 국가의 관계를 설정하는 점에서는 서로 다른 견해를 보이며 일치하지 못했다. 루터와 츠빙글리도 세례와 성만찬에 대해 의견 차이를 보이며 상대의 주장을 수용하지 않았다. 또한 개혁자들이 열광주의자라고 비난했던 재세례파들은 처음에 츠빙글리의 개혁에 동조했지만 결국은 재세례파로 분리되었다. 이들은 분파주의자로 몰려 국가와 개혁교회 양쪽으로부터 참혹한 박해를 받았다.

성경의 진리를 회복하고자 목숨을 건 위대한 개혁자들도 인간이기에 시대의 한계와 인간의 연약함에서 완전히 자유로울 수는 없다. 그럼에도 하나님은 그들을 통해 일하셨다. 오직 삼위 하나님만이 인류를 각성시켜, 회개하고 그분의 품으로 돌아오는 구원의 역사를 이루신다. 하나님은 우리의 창조자요 구원자이시며 우리를 성화시키는 분이다. 우리는 하나님이 들어 쓰셨던 개혁자들을 존경하며 따르지만, 그들을 우상시해서는 안 된다. 오히려 불완전한 인간을 사용하셔서 하나님의 뜻을 이루시는 성령의 역사를 주목해야 한다. 교회의 역사는 교회가 세속화되거나 우상화될 때마다 성령운동이 일어나 교회를 새롭게 하는 사건이 계속되어왔음

을 보여준다.[13]

오직 성령만이 우리가 불일치와 갈등을 넘어 하나가 되게 하시고 연합하게 하신다. 십자가를 지시기 전 그리스도는 자신을 따르는 제자들이 하나 되기를 기도하셨다(요 17:20-26). 오직 성령만이 이러한 연합을 이루신다(엡 4:3). 개신교는 그 분열의 틈을 메우고 갈등을 넘어서 하나 됨을 통해 개혁을 완성하는 자리로 나아가야 할 것이다. 이 연합은 물리적 통일이 아니라 관용과 화해의 정신으로 상대방을 인정하고 수용하는 것이다.

성령은 교회의 개혁을 이끄시며, 개혁을 완성하시는 분이다. 진정한 개혁은 교회뿐만이 아니라 세상을 변화시켜야 한다. 복음 중의 복음인 예수 그리스도를 증거 하는 것이다. 교회는 세상에 예수 그리스도를 증거 하여 하나님의 사랑을 나타내도록 부름받았다. 그리스도의 제자는 그리스도의 증인이 되어 순교적 사명을 다하는 자들이다. 이것이 제자 공동체의 순교적이고 선교적인 사명이며, 이 사명은 성령의 능력으로 완수된다.

결론

종교개혁은 기독교가 나아가야 할 큰 흐름의 방향을 바르게 지향

---

13 폴 틸리히/유장환 역,《조직신학 IV》(서울: 한들, 2008). 틸리히는 성령의 현존이 드러나는 것이 교회의 본질임을 주장하며 성령운동에 대한 신학적 근거를 제시한다. 성령운동은 초월적 성령의 역사를 통해 교회의 우상화와 왜곡을 돌파한다. 빈슨 사이난/이영훈 · 박명수 역,《세계 오순절 성결운동의 역사》(서울: 서울말씀사, 2004). 성결운동으로 시작된 오순절운동은 세계 교회에 큰 영향을 준 성령운동이다.

했다. 예수 그리스도의 참된 복음과 성경적 신앙을 회복하기 위하여 하나님의 은총을 재발견하고 말씀의 권위, 믿음의 원리, 평신도의 중요성을 강조하며 성도를 참된 그리스도인으로 세운 것이다. 이러한 개혁이 몇몇 탁월한 지도자나 열광적인 운동이나 군중의 물결로만 완성되기는 어렵다. 개혁은 계속 이어져야 한다. 종교개혁을 시작한 루터가 제자훈련의 물꼬를 트고 기초를 정립했다면, 칼빈은 훈련과 관련한 중요한 내용들을 채웠고, 웨슬리는 구체적이고 실천적인 차원의 제자훈련을 실시했다.

종교개혁의 큰 물결 속에 담긴 신학적 원리들은 한 사람 한 사람을 통해서 세워지는 소그룹 제자훈련을 통해서 완성된다. 제자훈련은 성도가 그리스도의 제자로 살아가도록 날마다 하나님의 말씀 가운데 거하며 삶의 모든 영역에서 그리스도의 장성한 분량만큼 자라갈 것을 그 목표로 삼는다. 그리스도인의 자유 안에서 모든 선한 일에 풍성하게 되고자 하는 것이다. 예수께서 삶의 모델을 보여주신 것처럼, 예수님을 배우고 예수님을 닮아가며 예수님을 따라가는 제자훈련을 통하여 개혁의 목표가 완성된다. 그러기에 제자훈련은 종교개혁을 완성하는 길이다.

● 한태수
은평성결교회 담임목사
제자훈련 목회자 네트워크(칼넷, CAL-NET) 전국·서울 대표

2장

종교개혁과 제자훈련

서론: 제자훈련의 역사적 기초인 종교개혁

1517년 10월 31일 한 젊은 신학자는 독일의 작은 도시 비텐베르크의 성당 출입문에 큰 대자보를 붙였다. 그는 거기에 로마교회의 면죄부 판매를 반대하는 논지를 95조항에 걸쳐 주장했다. 그는 이 선언문을 작성할 때까지만 해도 여기서부터 촉발된 논쟁이 어떤 결과를 가져올지를 전혀 예상하지 못했다. 이 젊은이의 의로운 분노 그리고 탁월한 논지는 개신교 역사에서 잊힐 수 없는 사건으로 남게 된다. 그는 우리가 500주년을 기념하는 종교개혁의 중심인물, 마틴 루터(Martin Luther)다. 개혁은 '교리의 재발견'으로부터 시작했으나 점차 '교회개혁', '사회개혁' 등으로 그 영향력이 확대되었다. 루터의 고민과 실천이 기독교의 근본을 다루는 사안이었기 때문이었다.

한국의 개신교회 역시 종교개혁의 지대한 영향 아래 있다. 개혁자들이 다루었던 신앙의 본질에 관한 주제들은 권위적 로마교회에 심각한 도전을 주었고, 그 정신은 고스란히 한국 개신교에도 이식되었다. 우리는 말씀 중심의 예배, 그리스도 중심의 설교와 성례, 하나님의 주권에 대한 강조 등 선배 개혁자들이 남겨놓은 수많은 유산을 누리고 있다. 그래서 최주훈은 종교개혁을 일련의 종교 논쟁 정도가 아니라 교회와 사회 전반에 이르는 "모든 문제들에 대한 토의와 소통을 광범위하게 수반"한 "역사의 변혁"으로 규정한다.[1] 그러므로 개신교회의 특정 사역에 대한 역사적 이해를 종교 개혁에서 찾으려는 시도는 상당한 설득력을 가진다.

본고를 통해 종교개혁과 제자훈련의 상관관계를 밝히고자 한다. 둘은 서로에게 강하게 묶여 있기에 여러 면에서 의미를 찾을 수 있다. 한국교회에 이식된 제자훈련 목회는 새로운 발견이 아니었다. 제자훈련의 근간을 이루는 철학은 종교개혁에 뿌리를 두고 있다. 최종상은 제자훈련을 "제2의 종교개혁"으로 명명하며 이 둘이 여러 면에서 상당히 끈끈한 관계에 있음을 주장한다. "루터의 구원론적 발견이 종교개혁을 가져왔듯이, 옥한흠의 교회론적 발견은 제2의 종교개혁을 가져올 수 있을 만큼 중요한 것이다."[2] 교리의

---

1   최주훈, "루터의 종교개혁의 원리들", 김철환 편,《루터의 생애와 신학》(서울: 컨콜디아사, 2017), 108-111.

2   최종상, "제자훈련은 제2의 종교개혁이다", 디사이플 편집부 편,《광인》(서울: 국제제자훈련원, 2010), 314.

재발견을 통하여 세워진 개신교의 근본 철학은 여러 면에서 제자훈련 정신과 잇닿아 있다.

제자훈련의 대부 격인 옥한흠 목사도 종종 종교개혁과 제자훈련을 비교했다. 그는 대표 저서 《평신도를 깨운다》(국제제자훈련원)의 전반부에서 목회철학을 논하며 자주 종교개혁, 루터, 칼빈 등을 언급한다. 제자훈련의 평신도운동을 새로운 시작이 아니라 신약시대로부터 이어온 "교회 역사의 맥박"으로 이해한다. 그중 "루터의 종교개혁 역시 수많은 평신도들의 손이 그 기반을 떠받들어주었던 시대적인 각성 운동"이었다.[3] 이처럼 제자훈련은 한국교회에 "새 바람"을 불러일으키고 있으나 실제로는 종교개혁의 정신에 뿌리내린 유서 깊은 운동이다.

다만 옥한흠은 종교개혁이 교회의 사도성을 소극적으로 다룬다고 비판한다. 그 결과 전통적인 교회론은 일반적으로 신자들의 소명의식을 약화시킨다고 평가한다. 교회의 순결에 집중하며 종교개혁자들은 사도들의 선교적 사명을 교회의 것으로 언급하지 못했다. 그들의 교회에 관한 "완전한 정의가 오늘날 우리의 목회를 불구자로 만드는 데 일조를 했다"라고 강도 높게 비판한다.[4] 보냄받은 교회로서의 정체성에 관하여 제자훈련 철학은 종교개혁의 약점을 극복해야할 것으로 이해한다.

본고는 몇 가지 점을 짚어가며 강한 고리로 종교개혁과 제자훈련 사이의 연결을 시도하는 데 목적을 둔다. 옥한흠의 견해보다 더

3 　옥한흠, 《평신도를 깨운다》(서울 : 국제제자훈련원, 2009), 36.

4 　옥한흠, 《평신도를 깨운다》, 73.

긍정적인 렌즈를 통해 종교개혁이 제자훈련에 미친 영향을 살핀 후 21세기 한국적 제자훈련의 과제를 제안하며 향후 방향을 제시하며 글을 마치려 한다. 이 과정에서 논지의 신빙성을 높이기 위하여 마틴 루터의 생애와 신학을 주요 사례로 제시할 것이다.

2. 본론

(1) 평신도의 재발견: 평신도의 손에 성경을

제자훈련 철학이 사역의 현장에서 가장 효과적으로 발현된 결과는 평신도운동이라는 데에 큰 이견은 없을 것이다. 지난 세기 '평신도의 재발견'은 16세기 이신칭의의 재확립만큼이나 중요한 사건이었다. 우리 민족 특유의 유교 DNA는 비성경적인 교권주의를 강화시키는 결정적 촉매제 역할을 했다. 과거 지도자들은 상당히 권위적인 형태를 띠며 교회 내 주체의 역할을 독점했다. 자연스럽게 평신도는 그들의 권위에 종속된 위치에 머물러야 했다. 일부 목회자는 종교적 도구를 악용하여 평신도를 우민화하고 맹종을 최고의 미덕인 것처럼 가르쳐왔다. 목회자가 교회를 위하여 존재하는 것이 아니라 교회와 성도가 한 목회자를 위하여 사역하고 헌신하는 것을 당연시하기도 했다.

제자훈련은 잠자던 평신도를 깨워 교회와 세상을 향한 소명으로 무장시키는 일이다. 국제제자훈련원의 '사역훈련' 교재는 평신도가 건강하게 성경을 보고 해석할 수 있도록 훈련하는 내용을 중점적으로 다룬다. 그리고 각 사람이 건강하게 자라 사역의 현장으로 파송받도록 독려한다. 목회자뿐만 아니라 평신도가 하나님 나라의 주체로 세워져 몸의 지체로서의 역할을 수행하는 데 목적을 둔다.

'평신도의 재발견'은 종교개혁자들이 주도했던 운동의 핵심이기도 했다. 로마교회의 과도한 권세를 반대하며 자연스럽게 성경적 교권제도의 틀을 세우게 되었다. 본격적인 포문을 연 이는 마틴 루터였다. 그는 로마교회와의 논쟁을 통하여 교회의 권위, 즉 사제들의 권위에 대한 근본적인 질문을 던졌다. 사실 일반적으로 종교개혁의 신호탄처럼 회자되는 95개조 반박문은 면죄부 판매의 오류를 지적하는 단순한 동기에서 시작되었다. 개혁운동을 주도하겠다는 치밀한 계획은 존재하지 않았다. 단지 면죄부 판매라는 비성경적 관행을 일삼던 로마교회의 직권남용을 지적한 것이다. 그런데 이 게시물은 1518년과 1519년 두 해 동안 루터를 격렬한 논쟁의 소용돌이 안으로 밀어넣었다. 게다가 로마교회의 논쟁자들은 카예탄 추기경(Cardinal Cajetan)과 요하네스 에크(Johannes Eck) 교수와 같은 저명인사들이었다. 아우크스부르크와 라이프치히에서의 경험은 루터 자신에게 교회와 사제의 권위와 그 한계에 대한 신학적인 확신을 더 분명하게 했다.

루터는 사제의 권위에 대한 도전을 이신칭의의 교리와 짝을 이루어 가르쳤다. 구원은 교회의 전통이 아니라 오직 그리스를 통한 의의 획득으로만 이루어진다. 이제 모든 그리스도인들은 예수 그리스도 외의 어떤 권위나 중재자를 통하지 않고서도 하나님과 교제할 특권을 소유하게 되었다.

루터는 중세시대 교회의 권위에 짓눌려 있던 그리스도인을 만인 제사장이라 일컬으며 자유를 선언했다. "모든 그리스도인들은 '종교적으로' 동일한 지위를 갖는다. 교회 안에서 '종교적인 사람들'(사제와 성직자들)은 특별한 지위나 권리를 갖는 것이 아니라 다른 신자들과 구별된 역할을 가지고 있을 뿐이다. 만약 그들이 그러한 역할을 제대로 수행하지 못할 경우에는 다른 사람들이 그 역할을 대신할 수 있고 그들의 자리를 감당할 수 있다는 것이 루터의 주장이었다."[5]

이런 루터의 주장은 제자훈련이 말하는 평신도 자아상의 강력한 기초를 이룬다. 로마교회의 교권주의의 오류를 바로잡으며 모든 그리스도인들, 즉 평신도가 교회의 주체임을 확인시켜주었다. 제자훈련의 목회철학은 종교개혁의 자유의 정신과 맞물려 있음이 분명하다. 종교개혁의 후예로서 한국교회에는 평신도를 헌신된 제자로 세워 그들로 사회의 빛과 소금의 역할을 하도록 훈련할 사명이 있다. 이는 종교개혁의 정신이었으며, 한국교회의 미래가 달려 있기도 하다.

국제제자훈련원의 사역훈련 교재는 이 정신을 충실히 담기 위해 노력한 흔적이 엿보인다. 훈련받는 순원들이 목회자가 떠먹여주는 말씀뿐만 아니라 성경으로부터 건강한 자양분을 스스로 얻을 수 있도록 돕는다. 홀로 말씀을 묵상하되 귀납적 방식으로 풍성하고 건강하게 읽을 수 있도록 훈련시킨다. 제자훈련은 종교개혁자들이 평신도의 손에 들려준 성경을 풍성히 사용하도록 촉구한다.

(2) 복음으로 순전한 공동체

평신도운동과 더불어 제자훈련의 핵심적 성과는 건강한 교회론

---

5   토니 레인/박도웅 역,《기독교 인물 사상 사전》(서울: 홍성사, 2007), 234.

의 정립이다. 교회는 부름받은 특권과 보냄받은 사명을 함께 가지고 있다. 평신도 개인이 훈련을 받아 자라는 것뿐 아니라 그들이 모여 이룬 교회 공동체의 순전성은 21세기 목회의 화두로 자리를 잡았다. 교회의 사도적 사명은 복음으로 건강한 공동체가 전제될 때 비로소 가능해진다.

루터도 다른 하나의 대적으로 인하여 공교회의 건강한 권위에 대한 깊은 성찰을 했다. 그는 급진주의자들과의 논쟁 및 물리적 충돌을 겪으며 건전한 개신교회 공동체의 밑그림을 그렸다. 루터 당시 급진주의 개혁자들은 로마교회의 부패를 신랄하게 비판하며 교회와 국가의 권위에 무력을 사용하여 대적했다. 그 중심에는 농민전쟁을 이끌었던 토마스 뮌처(Thomas Müntzer)가 있었다. 그들은 교회와 정부의 권력이 부패했다는 이유로 모든 조직화된 공동체를 거부했다. 오직 자신들의 모임만이 교회와 정부의 대안 공동체라고 주장했다.

게다가 뮌처는 모든 권위에 대한 부정을 '복음', '십자가' 등 기독교의 핵심 가르침의 이름을 빌렸다. 초기 온건하던 뮌처의 개혁운동이 점차 폭력성을 띠자 루터는 정부와 교회의 권위가 하나님으로부터 기원했음을 강조하며 가르쳤다. 1525년 이후 급진주의자들의 운동은 루터가 '교회의 권위'를 성경적으로 깊게 묵상하도록 자극했다. 그리스도인들은 하나님의 은혜에 의하여 구원받아 하나님 나라 백성으로서 모든 율법적 형식에서 자유롭게 되었다. 그런데 루터는 이 자유가 소위 '하나님의 구속'(The Binding of God)에 자신을 내어드리는 선순환을 이루게 된다고 말한다. 즉, 밖으로는 이 세상 속에서 시민법에 순종하고, 안으로는 공교회의 공동체성에 순종하는 제자도로 증명된다. 루터에게 개인의 구원과 공동체는 별개의 사안이 아니었다.

농민전쟁의 진압과 뮌처의 사형 집행 과정에 있어서 루터의 역할에 관한 교회사적 논쟁은 여전하다. 그럼에도 역사 속의 루터가 급진주의자들과의 갈등을 계기로 공동체의 권위와 순수성에 대한 성경적 이해를 공고히 세웠다는 점은 종교개혁의 또 다른 유산이다. 루터의 정신은 개신교의 역사에 흘러, 건강한 교회론에 대한 제자훈련 철학의 갈구에까지 이어져온 것이 분명하다.

한국 개신교는 130여 년의 역사 동안 근래만큼 치명적인 위기를 경험하지 못했다. 상당 기간 축적되어온 불신의 퇴적물은 이제 화석화 현상을 거쳐 교회 공동체에 대한 근본적인 부정으로 이어지는 현실이다. 이는 다양한 형태로 나타난다. 신사도 운동과 같이 개인의 만족으로만 신앙의 이유를 찾으려는 시도에서부터 최근 가나안 교회 이슈까지, 일체의 권위를 부정하려는 포스트모던 정서가 가득하다.

공동체의 존재 이유까지 부정하려는 분위기 속에서 제자훈련은 변함없이 건강한 공동체의 자아상을 그린다. "교회가 무엇이며 왜 존재하는가라는 질문에 대해 우리가 어떤 해답을 얻느냐에 따라 우리의 목회철학이 달라질 것이다. 그리고 목회철학은 목회 전략과 방법을 결정하게 될 것이다."[6] 건강하고 바른 교회를 추구했던 종교개혁자들의 이상은 제자훈련의 고민과 묘하게 잇닿아 있다.

6 　옥한흠, 《평신도를 깨운다》, 66.

(3) 이원론의 극복: 선교적 제자도의 기초

제자훈련의 고전적 교과서로 불리는 《훈련으로 되는 제자》(네비게이토 역간)에서 월터 헨릭슨은 제자도의 최종 목표를 믿지 않는 자에게 복음을 전하는 것으로 말한다. 훈련받은 제자는 "영적 재생산"을 위하여 "하나님께서 오셔서 파괴"하실 이 세상에서의 삶보다는 영원한 것에 투자하는 것이 의미 있다는 주장이다. 이는 복음 전도의 열기가 식어진 시대 속에서 매우 강력한 도전이라 평할 수 있다.[7]

하지만 그리스도인의 삶을 전도로만 국한하기에는 우리 주변에서 벌어지는 여러 도전을 고려할 때 무언가 석연찮은 구석이 많다. 복음 전도는 제자들에게 내려진 비상계엄령과 같다. 그 중요성은 더 강조되어도 지나침이 없다. 하지만 그리스도인의 삶의 목적을 전도(혹은 교회 내 양육)로 협소화하기에 성경과 교회사가 우리에게 던지는 화두는 훨씬 더 근본적이고 폭이 넓다. 제자는 전 인격을 동원하여 하나님의 창조 세계 속에서 그분의 뜻을 이루며 살도록 부름받았다. 하나님 나라의 뜻이 이루어지는 현장은 각 개인의 신앙 영역일 뿐 아니라 교회, 더 나아가 그분이 우리가 살아가도록 만드신 창조 세계다. 이를 '선교적 제자도'로 명명한다. 제자도는 단지 신약의 복음서에서만 가르치는 주제가 아니라, 성경 전체가 관통하는 주제로서 성도에게 과제를 던진다. 제자의 삶은 특정한 신앙의 형식으로 국한시켜 정립될 수 있는 문제가 아니다. 신자의 전 존재가 성경적 체계로 얼마나 적합하게 체화되어 있으며, 그

---

7 월터 A. 헨릭슨/번역부 역, 《훈련으로 되는 제자》(서울: 네비게이토 2013), 207-221.

것이 우리를 있게 한 바로 그 현장에서 어떻게 드러나느냐의 싸움이 된다.

마틴 루터와 같은 개혁자들은 로마교회의 직분론에 맞서며 누구보다도 이 주제를 고민했다. 그는 때때로 이 땅의 제도를 더 순전한 하나님 나라를 향한 섬김의 거울로 이해하기도 했다. 로마교회는 사제들을 구별된 성직자 계급으로 보았다. 루터는 그들의 직분론을 적극적으로 부정하며 모든 그리스도인들이 직업에 관계없이 '만인 제사장'으로 동일한 지위와 가치를 지닌다고 주장했다.

이는 실로 과거와의 완전한 결별 선언이었다. 로마가톨릭은 사제의 사역을 평민의 직업보다 우월하게 여겼다. 교회 사역을 유일하게 영적인 일로 이해했기 때문이다. 그렇기에 루터가 직업, 결혼, 가정생활 등을 그의 중요한 신학적 주제로 선택한 점을 주목해야 한다. 이는 자연스럽게 평신도의 일상을 소명으로 격상시킨다. 종교개혁자 루터에게 일상은 신적인 부르심이었다. 그는 이렇게 말한다. "아버지, 어머니, 아들, 딸, 주인, 영부인, 종, 하녀, 전도자, 목사 등 이 모든 것은 거룩하고 신적 지위를 갖는다." 로마교회의 사제만이 더 수준 높고 의미 있는 섬김이 아니다. 모든 성도가 이웃을 유익하게 하는 삶을 살아낸다면 그것은 소명으로 불려야 한다.

종교개혁은 이원론을 극복하는 데 결정적인 기초를 제공했다. 성도의 삶에 담긴 의미와 가치를 회복시켰다. 개혁자들의 가르침은 기독교적 삶을 목회자로 국한시키지 않고 창조 세계 속의 모든 노동으로 확대했다. 개혁자들의 소리 없는 외침은 한국교회의 제자훈련에 묵직한 과제를 던진다.

한국교회의 제자훈련은 이제 평신도가 섬기는 영역을 보다 더 폭넓게 이해할 필요가 있다고 여겨진다. 그동안 훈련받은 제자들이 교회 안의 영역에만 머무는 경향이 짙었던 것은 부인할 수 없는 사실이다. 국제제자훈련원의 제자훈련 교재 중 마지막 권은 평신도를 소그룹 리더로 세우는 데 매우 효과적이고 훌륭한 내용을 담고 있다. 그럼에도 이것을 제자훈련의 최종 목표로 이해하는 경향이 있다는 것은 무척 아쉽다. 제자도에 대한 인식을 창조의 작품으로서 인간의 본연적 역할을 할 하나님 나라 차원으로까지 확대해야 한다.

성도는 발걸음이 닿는 모든 영역 속에서 예수님의 제자로 살도록 '대위임명령'을 받았다. 교회는 선교적 제자도를 위하여 전통적인 원리를 다시 한 번 재점검해야 한다. 거기에서 간과됐던 성경의 주장과 선배들의 가르침을 기초로 평신도가 건강한 제자도를 실질적인 선교지인 일상 속에서 드러내도록 촉구해야 할 것이다.

3. 결론: 종교개혁의 얼을 회복하기

사랑의교회로 대표되는 제자훈련은 지난 30년 넘게 달콤한 열매로 풍족함을 누렸다. 탁월한 지도자가 배출되었고, 평신도는 교회의 리더로 성장되었다. 교회는 양적·질적 측면에서 지속적으로 성장했다. 뿐만 아니라 제자훈련은 한국교회에 건강한 도전을 주며 새로운 패러다임을 제시했다. 목회자들은 성경적 철학을 따라 한 사람을 목양하는 기쁨을 누렸다.

하지만 안타깝게도 최근의 제자훈련을 향한 쓴소리는 무척 아프게 다가온다. 이유 없는 비난으로 치부할 수 없는 내용이며, 근본적인 재수정을 요청하는 목소리도 높다. 제자훈련의 철학에 동의하지 않기 때문에 이런 비난을 하는 것만은 아닐 것이다. '고전'은 언제나 소중하다. 제자훈련은 전통적인 교회론의 약점을 극복할 만큼 건강한 도전을 주었다. 이 일에 헌신했던 선배는 스스로 '광인'이라고 불리기를 주저하지 않던 열정이 있었다. 그들은 뜨거운 열정으로 굳은 땅을 기경하여 체질을 바꾸었다. 위기의 계절을 맞은 제자훈련이 변화와 수정을 두려워하는 것은 제자훈련의 근본정신과 부합하지 않는다. 철학은 굳게 지키면서 실천은 유연하게 할 수 있어야 한다. 그리고 반성은 철저해야 한다.

제자훈련은 분명 종교개혁으로부터 변화를 위한 충고와 조언을 귀담아들을 필요가 있다. 공고했던 로마교회의 벽을 성경이라는 무기로 허물었다. 모든 믿는 자에게 성경을 돌려주었고, 그들이 스스로 읽어 훈련받도록 했다. 평신도는 점점 예배의 적극적인 주체로 세워졌다. 종교개혁이 있은 지 1세기가 지난 후 존 버니언 같은 평신도 설교자가 탄생하기도 했다. 제자훈련의 영원한 숙제인 평신도운동은 종교개혁의 시대부터 현재까지 유효하다.

더불어 제자훈련은 공동체의 위기라는 상황을 맞이하고 있다. 건전성 지표는 의미 있는 수준으로 낮아졌다. 오늘날 교회의 신뢰도 하락은 더 이상 특이할 만한 내용이 아닐 만큼 교회 공동체는 대내외적으로 심각하게 흔들리고 있다. 제자훈련은 이제 종교개혁자들이 체감했던 깊이로 공동체 갱신을 향한 고민과 결단이 있어야 한다. 개혁자들이 다루었던 교회의 순결성은 사도성의 필수 전제다. 종교개혁자들의 정신이 제자훈련 갱신의 기초가 되어 도전하길 기대한다.

제자훈련은 종교개혁이 교회 내 운동을 넘어 직업, 학교, 가정 등 대사회적으로 미친 광범위한 영향을 주목해야 한다. 루터가 이신칭의의 가르침을 통해 보았던 것은 개인의 구원을 넘어 성도의 영적·사회적 자유였다. 직업을 새롭게 이해하게 되었으며, 국가와 정치의 현대적 개념이 세워졌다. 제자훈련의 열매는 교회 내 영역에 머무를 수 없다. 그러기 위해서는 창조 세계 속에서의 역할과 사명이 훈련 과정에 삽입되어야 한다. 이에 대해서는 종교개혁자들이 풍성한 신학적 유산을 남겨놓았다. 앞으로 종교개혁자들의 정신이 21세기 복음주의 교회의 선교적 제자도에 어떤 기초를 놓았는가에 대한 활발한 연구가 이루어지기를 기대한다.

종교개혁 500주년이다. 기념 자체보다 중요한 것은 그들의 순수한 정신을 목회 현장에서 실천하는 일이다. 선배들의 지혜는 기로에 선 제자훈련의 나침반이 될 수 있을 것이다. 절치부심의 심정으로 한국교회를 풍성하게 수놓았던 제자훈련의 길을 다시 걷게 되기를 소망한다.

● **송태근**
삼일교회 담임목사
제자훈련 목회자 네트워크(칼넷, CAL-NET) 이사·서울 대표

3장

강단 개혁이 살 길이다

서론

500년 전 종교개혁은 중세교회의 여러 문제점에서 비롯되었다. 필립 샤프는 《교회사》(CH북스 역간)에서 교황의 세속화를 먼저 지적한다. 특히 1492년부터 1521년까지는 교황들의 타락이 극심했다. 교황 알렉산더 6세는 사악한 괴물(monster of iniquity)이었다. 율리우스 2세는 영혼의 목자장이 아니라 정치가였고, 전사(warrior)였다. 레오 10세는 기독교 신앙보다 이교도의 문학과 예술 부흥에 관심이 더 컸고, 심지어 복음 역사의 진리를 의심하기조차 했다. 이러한 교황을 따르는 추기경과 사제들의 타락은 당연한 결과였다.

　신학은 스콜라신학의 미묘한 미로에서 헤어나지 못하고 있었다.

아리스토텔레스주의적 변증법과 성경을 연구하지 않은 나태한 억측으로 신학은 병들어갔고, 위대한 복음의 교리는 무시되었다. 사제들의 주요한 임무는 마술적인 말을 하며 기적을 위조하는 것이었다. 그리고 산 자와 죽은 자를 위해서 라틴어로 미사를 집전하는 것이었다. 많은 사제들이 이런 일들을 아무런 확신도 없이 그저 기계적으로 행할 뿐이었다.

설교는 중요하게 생각하지 않았다. 설교의 참고 자료는 대부분 면죄부, 자선 행위, 성지순례, 성령의 발현(發現)이었다. 교회에는 성인의 진짜 유물과 가짜 유물이, 이와 더불어 좋은 그림과 나쁜 그림이 넘쳐났다. 성자숭배와 성상숭배, 미신적인 의식들과 예전들이 성도가 영과 진리로 하나님께 직접 예배드리는 것을 막아서고 있었다.[1]

종교개혁 이전 중세교회는 이렇게 성경을 떠나 있었다. 설교의 근거로서 성경을 해석하고 그 해석에 근거해 하나님께서 그 시대 백성에게 주시는 말씀을 신실하게 전하지 않았다. 오히려 마술적인 말과 위조된 기적을 행하고, 면죄부의 정당성을 옹호하고, 행위 구원을 강조하는 자선을 중시하며, 성자숭배, 성상숭배를 가르침으로써 예배의 본질에서 벗어나 있었다.

중세교회가 타락한 그 중심에는 예배의 타락이 있었고, 강단의 변질이 있었다. 그래서 중세시대가 암흑기가 된 것이다. 하나님의

---

1   Philip Schaff, *History of The Christian Church: Modern Christianity, The German Reformation*, volume VII (Grand Rapids: Wm. B. Eerdmans Publishing Company, 1976), 8-10.

말씀은 "내 발에 등이요 내 길에 빛"이다(시 119:105). 그러므로 성경 말씀이 떠난 교회는 암흑을 맞이할 수밖에 없다. 오늘의 한국교회는 어떠한가? 자신 있게 우리의 강단이 변질되지 않았다고 말할 수 있을까? 종교개혁은 강단의 개혁부터 시작됐다. 강단 개혁이 종교개혁의 원동력이었다. 종교개혁 500주년을 맞는 오늘, 한국교회의 개혁도 강단 개혁으로부터 시작됨을 이 글에서 밝히고자 한다.

1. 종교개혁자들의 강단 개혁

우선 스위스의 종교개혁자 하인리히 불링거(Heinrich Bullinger, 1504-1575)를 소개하고자 한다. 불링거는 츠빙글리의 뒤를 이어 스위스의 종교개혁을 이끌었다. 츠빙글리의 종교개혁은 강력한 강단에 근거한 것이었다. 그가 담임한 그로스뮌스터 교회는 '종교개혁의 어머니 교회'로 일컬어진다. 이 교회를 담임했던 츠빙글리의 강해설교가 얼마나 탁월했던지, 한 성도는 이렇게 간증했다. "츠빙글리 목사의 설교는 마치 내 머리카락을 잡아 일으키는 것 같았다."[2]

츠빙글리의 뒤를 이은 불링거도 그에 못지않았다. 교회사가인 필립 샤프는 "1531년 12월 23일 불링거가 강단에 올라 설교할 때 많은 성도들은 츠빙글리가 무덤에서 다시 살아나서 설교하는 것 같이 생각했다"[3]고 한다. 그만큼 불링거의 설교도 탁월했던 것이

---

2 한홍,《한홍 목사의 종교개혁 히스토리》(서울: 규장, 2017), 81.

3 Philip Schaff, *History of The Christian Church: Modern Christianity, The Swiss Reformation*, volume VIII. (Grand Rapids: Wm. B. Eerdmans Publishing Company, 1976), 206.

다. 이에 대해 임도건은 "첫 설교에 압도된 회중들은 츠빙글리가 불사조로 돌아왔다면서 만장일치로 그를 환영했다. 마침내 1531년 12월 불링거는 시 당국의 인준을 거쳐 그로스뮌스터 교회[4]의 담임목사가 되었다"[5]라고 했다.

그만큼 불링거의 설교는 스위스 종교개혁에 중요한 역할을 했다. 거기서 개혁의 리더십이 나온 것이다. 필립 샤프에 따르면 "불링거는 1531년부터 1542년까지는 매주 6-7회 설교했다. 그리고 1542년 이후에는 두 번 즉, 주일과 금요일에 설교했다. 그는 츠빙글리의 설교 계획, 즉 성경 전체를 설교하는 계획을 따랐다. 그의 설교는 간결했고, 분명했고, 실제적이었고, 젊은 설교자들의 모델이 되었다".[6] 그는 탁월한 설교자였고, 개혁의 원동력이 선포된 하나님 말씀, 즉 설교에서 나왔음을 다시금 깨닫게 한다.

필립 샤프는 불링거의 저서(성경 주석과 설교)에 대해서 이렇게 말했다. "불링거의 저서는 매우 많은데 대부분 교리적이며, 실제적이며 그 시대에 적합한 것이었다."[7] 이것을 보면 그의 저서나 설교가 성경의 교리 체계에 근거했으며 동시에 그 시대를 사는 성도들에게 실제적이고 적합한 적용을 하는 설교였음을 알 수 있다.

---

4   그 당시 취리히에는 세 개의 대형 교회가 있었는데 그것은 그로스뮌스터, 프라우뮌스터, 성 베드로 교회다. 임도건, "후기 종교개혁 사상 연구: P. 멜란히톤, M. 부처, H. 불링거, T. 베자를 중심으로", 숭실대학교 대학원 박사학위 논문, 2012, 111.

5   임도건, 104.

6   Philip Schaff, 206-207. His sermons were simple, clear, and practical, and served as models for young preachers.

7   Philip Schaff, 214. The writings of Bullinger are very numerous, mostly doctrinal and practical, adapted to the times.

필립 샤프는 "그는 라틴어로 신약성경 주석을 썼으며, 수많은 설교들, 즉 이사야, 예레미야, 다니엘, 요한계시록에 대한 설교를 남겼다. 십계명, 사도신경, 성례전에 대해서 열 편의 설교를 한 권으로 편찬한 설교집(Decades)[8]을 냈다. 이 설교집은 많은 사람들의 사랑을 받았고, 화란과 영국에서도 사용되었다. 그의 가장 중요한 교리적 저서는 《제2 헬베틱 신앙고백서》다. 이 책은 종교개혁을 상징하는 권위를 얻었다"[9]라고 했다.

그는 성경 주석을 쓸 만큼 깊이 연구하는 설교자였다. 성경 원어 실력도 탁월했다. 그의 저서는 방대한데 대표적인 작품이 바로 《제2 헬베틱 신앙고백서》(제2 스위스 신앙고백서, 1566)다.[10] 그 신앙

---

8 여기서 Decade의 뜻은 "열 편의 설교를 묶은"이다. 임도건은 그의 박사학위 논문에서 열편의 설교를 묶은 다섯 권의 설교집(50편)이 칼빈의 《기독교강요》를 능가할 정도였다고 평가했다. 그래서 불링거를 영국 종교개혁의 일등공신으로 꼽기도 했고, 이 Decade는 1550-1560년 사이에 77개의 영역본이 영국에서 회자되었다고 한다. 임도건, 105.

9 Helvetic은 스위스 신교도들을 일컫는 말이다. 그래서 《제2 헬베틱 신앙고백서》는 '제2 스위스 신앙고백서'라고도 부른다. Philip Schaff, 214. His most important doctrinal work is the Second Helvetic Confession, which acquired symbolical authority.

10 불링거는 71년 생애 가운데 마지막 12년을 《제2 헬베틱 신앙고백서》의 작성에 바쳤다. 1563년 독일의 프로테스탄트 지역인 팔츠(Pfalz)의 선제후 프리드리히 3세가 자기 영토에 칼빈주의 성향이 짙은 하이델베르크 교리문답을 공포하고, 자신도 곧 개혁교회로 이적할 것이라 공표하자, 황제 막시밀리안 2세는 팔츠 지역의 칼빈주의를 루터파로 대체하고자 선제후를 압박했다. 이에 프리드리히 3세는 취리히와 제네바 개혁교회에 도움을 청했다. 이를 개혁주의 정체성 확립의 최적기로 판단한 불링거는 《제2 헬베틱 신앙고백서》를 통해 개혁교회를 루터파와 나란히 프로테스탄트 공식 신앙으로 자리 잡게 했다(임도건, 123-124). 이 과정에서 개혁주의 신앙을 프랑스, 스코틀랜드, 헝가리 등지로 확산시켰다(임도건, 106). 칼빈은 스위스의 제네바

고백서가 쓰여진 배경은, 팔츠(독일 서남부 지역)의 선제후 프리드리히 3세가 개혁주의 신앙을 도입하여 루터파로부터 빈축을 사고 있을 때 그 신앙고백서를 작성해 보냄으로써 선제후를 위기에서 건졌고, 독일 안에 개혁주의 신앙을 살아남게 했다[11]고 한다.

그런데 여기서 주목할 점은, 이 신앙고백서에 강단의 중요성을 강조하는 표현이 나온다는 사실이다. 《제2 헬베틱 신앙고백서》 제1장 제 4문단에 보면 설교에 대해서 이렇게 말하고 있다. "하나님 말씀의 선포는 곧 하나님의 말씀이다"(*Praedicatio verbi Dei est verbum Dei*). 합법적으로 부름받은 설교자가 교회에서 하나님 말씀을 설교할 때 그 선포된 말씀이 바로 하나님 말씀이고, 성도들에게 받아들여짐을 우리는 믿는다. 이로써 다른 어떤 하나님의 말씀도 추가로 필요하지 않으며 하늘로부터 그런 것을 기대하지 않아도 됨을 믿는다. 그러므로 우리는 이제 설교하는 목사를 믿는 것이 아니라, 선포된 말씀을 믿는다고 고백하며, 비록 설교자가 악하고 죄를 지었을지라도 하나님 말씀은 여전히 진실하고 선하다는 것을 믿는다.[12]

를, 불링거는 취리히를 중심으로 개혁했다.

11 임도건, 106.

12 https://www.creeds.net/reformed/BookOfConfessions.pdf
THE PREACHING OF THE WORD OF GOD IS THE WORD OF GOD. Wherefore when this Word of God is now preached in the church by preachers lawfully called, we believe that the very Word of God is proclaimed, and received by the faithful; and that neither any other Word of God is to be invented nor is to be expected from heaven: and that now the Word itself which is preached is to be regarded, not the minister that preaches; for even if he be evil and a sinner, nevertheless the Word of God remains still true and good.

진정한 기독교의 가르침은 성령의 내적 조명으로부터 온다는 생각, 또는 "그런즉 심는 이나 물 주는 이는 아무것도 아니로되 오직 자라게 하시는 이는 하나님뿐이니라"(고전 3:7)라는 말씀 때문에 외적인 설교가 무의미하다고 우리는 생각하지 않는다. 비록 성령께서 내적으로 조명해주지 않으시면 안 되지만, 우리는 또한 하나님 말씀을 외적으로 선포하는 것이 하나님의 뜻이라는 것을 안다. 하나님께서는 사도행전에서 베드로를 사용하지 않고 성령을 통해서나 천사를 통해 고넬료를 가르칠 수 있으셨다. 하지만 하나님은 고넬료를 베드로에게 맡기시고, 천사를 통해 "그가 네가 해야 할 일을 말할 것이다"라고 말씀하셨다.[13]

불링거는 이렇게 설교의 중요성을 강조했다. 하나님은 설교를 사용하신다는 것이다. 설교자의 연약함에도 불구하고 하나님의 말씀이 성령의 조명하에 바로 해석되고, 바르게 선포된다면 그 선포된 설교가 곧 하나님의 말씀이라는 것이다.

이것은 데살로니가전서 2장 13절에 나온다. "이러므로 우리가 하나님께 끊임없이 감사함은 너희가 우리에게 들은 바 하나님의 말씀을 받을 때에 사람의 말로 받지 아니하고 하나님의 말씀으로 받음이니 진실로 그러하도다 이 말씀이 또한 너희 믿는 자 가운데에서 역사하느니라." 바울이 선포한 하나님의 말씀을 인간 바울의 말이나 인문학 강의로 듣지 않고 바로 하나님의 말씀으로 받았다. 그럴 때 그 선포된 말씀인 설교가 그들 가운데 역사했다. 설교자는 성령의 조명을 받고, 설교를 듣는 청중은 설교를 하나님의 말씀으

---

13 https://www.creeds.net/reformed/BookOfConfessions.pdf

로 받아들이는 것이다. 거기서 1세기에 믿음으로 소문난 데살로니가 교회가 탄생했다.

불링거의 종교개혁에 중요한 초점이 설교에 맞추어져 있었다. 그는 중세교회의 예전 중심의 예배를 설교 중심으로, 올바른 성경해석에 바탕을 둔 설교로 바꾸었다. 고든콘웰 신학교의 설교학 교수인 제프리 아서즈는 "설교를 준비하는 작업은 목회자의 인생에서 큰 비중을 차지한다. 설교란 교회의 생명을 위해 꼭 필요한 것이라고 확신한다."[14]라고 했다. 설교가 교회의 생명이다. 그러므로 종교개혁자들은 강단 개혁을 통해 종교개혁을 이루어갔다.

화란의 반델 베흐트(W. H. Van der Vegt)는 그가 편집한 칼빈 설교집 서문에 "설교 없이는 구원 없다"라는 말을 함으로써 개혁교회에 있어서 설교의 중요성을 말했다. 하나님의 말씀 선포를 빼어버린 기독교는 진정한 기독교일 수 없다. 하나님의 말씀 선포가 가장 왕성한 시대가 바로 교회 부흥의 시기였고, 반대로 하나님의 말씀 선포가 바로 되지 않는 시대가 교회의 암흑기였던 것이다. 그래서 중세교회가 어두웠던 것이다.[15]

종교개혁자들은 바른 성경 해석에 근거하여 강력한 설교로 강단을 개혁했고, 강단 개혁은 설교자의 마음에 불을 붙였고 그 불은 성도들 마음에 거대한 산불을 일으켜 부패한 중세교회를 성령의 불로 태워 개혁하게 했던 것이다. 그렇다면 오늘날 한국교회의 강

---

14 제프리 아서즈, "교회에 생명을 설교하라", 해돈 로빈슨 편/전의우 외 역, 《성경적인 설교와 설교자》(서울: 두란노, 2006), 69.

15 정성구, 《한국교회 설교사》(서울: 총신대학출판부, 1986), 11.

단은 어떠할까?

2. 현재 한국교회의 강단 모습

한국교회는 설교 홍수 시대다. 라디오를 틀어도, 텔레비전을 틀어도 수많은 설교들이 홍수처럼 쏟아진다. 홍수 때는 물이 많지만 정작 마실 물은 귀하다. 이 시대가 그렇다. 수많은 설교가 홍수처럼 쏟아지나 하나님이 말씀하시는 설교, 그것을 마시면 영혼과 인생이 살아나는 설교는 희귀한 것 같다. 그런 면에서 필자도 부끄러운 점이 한없이 많다. 필자도 과연 얼마나 생수 같은 말씀을 선포했는가 깊이 반성한다.

설교자의 가장 큰 문제는 우리 자신이 하나님의 말씀에 포로가 되지 않을 때 나타난다. 예레미야 20장 9절은 이렇게 말씀한다. "내가 다시는 여호와를 선포하지 아니하며 그의 이름으로 말하지 아니하리라 하면 나의 마음이 불붙는 것 같아서 골수에 사무치니 답답하여 견딜 수 없나이다." 설교를 준비하는 과정에서 이렇게 말씀에 사로잡힌 설교자가 얼마나 있을까?

남의 설교집을 지나치게 인용하거나, 인터넷에 떠도는 설교를 편집하거나, 수박 겉핥기 식으로 성경을 대충 읽고 설교하지는 않는가? 계시의존사색(啓示依存思索)이 아닌 추리사색(推理思索)으로 성경을 이용하여 내가 하고 싶은 말을 하지는 않는가? 필자의 은사인 박희천 목사에게 귀가 닳도록 들은 이야기는 계시의존사색으로 성경을 해석해야 한다는 것이었다. 성경을 의존하여 성경을 해석하는 계시의존사색은 작은 문맥에서 시작하여 성경 전체의 문맥을 따라 해석하는 것이다. 자신의 마음대로 추리해서 성경을 해석하면 성경의 저자이신 하나님의 뜻을 왜곡할 수 있다.

우리는 성경 연구와 교리 연구에 너무나 적은 시간을 들이지 않는가? 그래서 이단을 대항할 기준을 성도들에게 제시하지 못하고 있는 것은 아닌가? 우리의 가르침이 나도 모르게 개혁신학이 아니라, 세속주의나 신비주의, 또는 번영신학을 가르치지는 않았는가?

우리는 과연 성도들의 삶의 자리(sitz im leben, life setting)를 얼마나 애정 어린 눈으로 바라보며 그들에게 적합한 적용을 제시하며, 또한 그들의 아픔을 치유하는 설교자인가? 그 애정을 가졌기에 그들이 가진 잘못된 교리나 삶에 대해서 사랑의 책망을 하고 있는가?

한편 설교를 듣는 성도들의 태도에도 문제가 있다. 성도들 가운데는 설교를 하나님의 말씀으로 받지 않고 그저 인문학 강의나 교양 강좌 혹은 심리 치료 정도로 치부하는 이들도 있다. 적지 않은 성도들이 설교를 자신의 전인격과 존재를 걸고 순종할 하나님의 말씀으로 대하지 않는다. 그래서 데살로니가 교회 같은 역사가 일어나지 않으며 교회가 변질되고 있는 것이다. 설교에 인문학적인 요소가 있지만 그것은 일부분에 불과하다. 설교는 선포된 하나님의 말씀이다. 그렇게 설교를 대할 때 성도들은 하나님을 왕으로 모시고 사는 '하나님 나라'를 경험하고 우리 삶의 개혁, 교회개혁, 사회개혁이 가능하다.

우선은 설교자 자신이 성령의 조명 가운데 철저하게 준비하고, 목양적 시각으로 적합한 적용이 담긴 설교를 준비해야 한다. 그러면서도 성도들에게 불링거의 이 말을 전해주어야 한다. "하나님 말씀의 선포는 곧 하나님의 말씀이다." 그래서 우리의 교회들마다 데살로니가 교회 성도들처럼 설교를 대해야 한다. 그럴 때 데살로니가 교회와 같은 부흥이 일어날 것이다. 칼빈은 "하나님은 그의 교회를 말씀의 외적인 전파(설교)로 다스리신다"[16]라고 했고, "말씀의 선포로 교회를 다스리는 것은 사람이 고안해낸 것이 아니라 그리스도의 거룩한 명령에 따른 것이다. … 이 성직을 거절하거나 멸시하는 자들은 교회의 설립자이신 그리스도를 모독하고 배반하는 자들이다"[17]라고 했다. 그렇다면 한국교회를 살리는 강단 개혁은 어떻게 이루어져야 할까?

3. 한국교회를 살리는 강단 개혁

권성수 목사는 설교의 중요성을 제자훈련과 연관하여 이렇게 밝히고 있다. "제자훈련이 성공하지 못하는 데는 여러 가지 이유와 변수가 있겠지만, 가장 큰 이유는 설교자가 교인들에게 설교를 통해서 은혜를 끼치지 못하기 때문이다. 제자훈련 실패의 가장 큰 이유는 설교의 실패이다. 목회자가 설교를 통해서 교인들에게 은혜를 주지 못한 상태에서 제자훈련을 하는 것은 기름칠을 하지 않은 기계를 돌리는 것과 같다. 그것은 밥을 주지 않고 고된 일을 시키는 것과 같다. … 은혜로운 말씀을 전하는 설교자는 교인들로 하여금 예수님을 닮는 훈련을 받겠다는 동기를 유발한다. … 교인들은

---

16 정성구,《설교자를 위한 칼빈의 신학사전》(서울: 총신대학교출판부, 2000), 179.

17 Ibid.

설교에 은혜를 받으면 예배를 제대로 드렸다고 생각한다. 설교에 은혜를 받지 못하면 예배를 온통 설쳤다고 생각한다. 교인들이 설교에 은혜를 받으면 '이번에는 하나님이 설교를 통해서 무슨 말씀을 주실까?' 기대하게 된다. 교인들이 설교에 대한 부푼 기대를 가지고 있는 교회는 제자훈련을 실시하기에 적합한 교회다. … 나에게 있어서 설교 강단은 훈련목회의 발사대요, 식탁이요, 조종실이다. 설교는 제자훈련을 시작할 수 있는 동력을 제공하고, 제자훈련을 받을 수 있는 양식을 제공하며, 제자훈련의 방향을 바로잡아준다."[18] 강단의 설교가 이렇게 중요하다. 종교개혁도 강단 개혁에서 시작되었다. 한국교회 개혁을 여러 방향에서 시도해야 하지만, 강단 개혁을 빼놓고는 온전히 이룰 수 없다. 그렇다면 강단의 개혁은 어떻게 해야 할까?

(1) 설교자 자신이 개혁되어야 한다

목회자는 성도들에게 설교하기 전에 자신에게 설교함으로 스스로를 하나님 말씀의 통치 아래 내려놓고 개혁해야 한다. 리차드 백스터는 "설교자는 다른 사람에게 설교하기 전에 먼저 자신에게 설교하라"[19]라고 했다. 멀트노마 신학교의 설교학 교수였던 제임스 브래가는 "설교를 준비하는 일 가운데서 가장 중요한 요소는 설교자 자신의 마음 준비다. 아무리 많은 지식과 학문과 천부적 자질

---

18 권성수, 《성령설교》(서울: 국제제자훈련원, 2009), 6-9.

19 Richard Baxter, "On the Making of the Preacher", *The Company of Preachers: Wisdom on Preaching, Augustine to Present*, ed. by Richard Lischer (Grand Rapids: Wm. B. Eerdmans Publishing Company, 2002), 4.

이 있다 할지라도 그것이 그리스도를 사모하는 마음과 정열에 불타는, 겸손하고 헌신적인 마음을 대신할 수 없다. 하나님과 동행하며 거룩한 삶을 살아가는 사람만이 다른 이들에게 영감을 불어넣어 그리스도의 은혜와 지식 안에서 자라가게 할 수 있다"[20]라고 했다. 하나님과의 깊은 만남이 우리를 개혁시킨다. 로체스터 신학교 설교학 교수인 토마스 트뢰거는 설교하기 전에 본문 속에서 설교자가 하나님을 만나야 한다고 했다. "설교자는 먼저 자기에게 말씀하시는 하나님의 말씀을 들어야 한다"[21]는 것이다. 칼빈은 "하나님의 모든 사역자들은 그들이 다른 사람에게 전하는 하나님의 말씀을 제일 먼저 받아들여야 한다"[22]라고 했고, "자기 자신을 기꺼이 복종시켜 다른 사람과 같이 제자가 될 수 있는 자만이 교회에서 교사가 되기에 적합하다"[23]라고 했다.

(2) 설교의 정의를 바로 알아야 한다

개혁주의자들은 설교를 만남이라고 이해했다. 즉 설교란 하나님과 인간을 만나게 하는 것이라고 했다.[24] 설교학이란 단어에도 만남이란 뜻이 담겨 있다. 설교학이라는 영어 단어 '호밀레틱

---

20 제임스 브래가/김지찬 역,《설교 준비》(서울: 생명의말씀사, 1981), 10-11.

21 Thomas H. Troeger, "Shaping Sermons by the Encounter of Text with Preacher," *Preaching Biblically*, ed. by Don. M. Wardlaw (Philadelphia: The Westminster Press, 1983), 153.

22 정성구,《설교자를 위한 칼빈의 신학사전》, 177.

23 Ibid., 178.

24 정성구,《한국교회 설교사》, 1.

스'(homiletics)는 헬라어 호밀리아(ὁμιλία)에서 왔다. '호밀리아'란 교제, 교류(intercourse), 소통(communication), 대화하다(converse)[25]라는 뜻과 연합, 교제(association)[26]라는 뜻을 가지고 있다. 오늘 나의 설교를 통해 성도들이 하나님과 교제하고, 소통하고, 연합하는 일이 없다면, 즉 만남이 없다면 그 설교는 실패한 것이다. 칼빈은 여기서 한 걸음 더 나아갔다.

"칼빈은 그의 신학에서 그러했던 것처럼 그의 설교에서도 인간을 하나님의 면전(Coram Deo)에 세우려고 노력했다. 칼빈은 어떤 설교를 하든지 청중들이 지금 하나님의 면전에 서 있다는 신전(神前) 의식을 갖게 했다. 이것이 칼빈 설교의 독특한 방법이다. 설교는 듣기에 좋고 기분 좋은 말씀, 또는 교양에 좋고 생활에 도움이 되는 내용을 증거 하는 것이 아니다. 설교자는 설교를 통해 언제나 인간을 창조주 하나님, 구속주 하나님, 심판주 하나님 앞에 세우려고 노력해야 한다. 그렇게 될 때 비로소 인간은 자기의 연약과 죄를 보게 되고, 영광의 하나님을 바라보게 되고, 구주이시며 중보자이신 그리스도를 찾게 된다. 또한 그렇게 할 때만이 하나님의 은혜와 구원을 바라보게 된다. 칼빈의 설교를 듣는 사람은 누구든지 지금 하나님 앞에 자기가 서 있다는 확신 없이는 교회당을 떠나지

---

25 William Greenfield, *The Greek-English Lexicon to the New Testament* (Grand Rapids: Zondervan, 1970), 128.

26 Walter Bauer(ed.), *A Greek-English Lexicon of the New Testament and Other Early Christian Literature*, tr. by William F. Arndt and F. Wilbur Gigrich (Chicago: Univ. of Chicago Press, 1979), 565. 이 사전에는 호밀리아의 두 번째 뜻을 설교(a speech in church, sermon)라고 말하고 있다.

않았다."[27] 크리스웰은 "설교는 한번 제안해보는 의견이 아니다. 사람들이 그저 스쳐 지나가면서 생각해보도록 하는 수필이 아니다. 설교는 전능하신 하나님과 대면하는 것이다"[28]라고 했다.

(3) 교리 연구에 탁월해야 한다

칼빈은 "목사에게는 두 가지 목소리가 있어야 하는데 하나는 양을 모으는 소리요, 또 다른 하나는 이리들을 쫓는 소리다. … 교회가 진리를 지키는 것은 설교를 통하여 교회가 진리를 선포하기 때문이다"[29]라고 했다. 여기서 그는 설교의 두 가지 기능 즉 성도들에 대한 목양과 이단으로부터 진리 수호를 말하고 있다. 그러기 위해서 신대원 졸업 후에도 조직신학서와 신앙고백서, 변증서를 읽고 무장해야 한다.

(4) 설교 준비를 철저히 해야 한다

정성구 박사가 말한 것처럼 "칼빈은 천부적인 강해설교자였지만 그는 또한 끊임없이 노력하는 설교자였다"[30]. 칼빈은 "창고에서 여러 가지 물건을 내오는 것처럼 하나님 말씀에 관한 여러 교훈을 교인들에게 주기 위해 오래 연구하여 준비해야 한다"[31]라고 했다.

---

27 정성구,《교회의 개혁자 요한 칼빈》(서울: 하늘기획, 2009), 203-204.

28 권성수,《성령설교》, 202.

29 정성구,《설교자를 위한 칼빈의 신학사전》, 174-175.

30 정성구,《교회의 개혁자 요한 칼빈》, 206.

31 정성구,《설교자를 위한 칼빈의 신학사전》, 178.

그런 철저한 준비 후에 그는 성경만 가지고 강단에 올라갔다.[32] 제임스 브래가 박사는 "평생토록 설교자는 매주 진지한 성경 연구에 많은 시간을 보내야만 한다. 설교자는 성경이 그의 영혼을 사로잡아, … '나의 중심이 불붙는 것 같아서 골수에 사무치니 답답하여 견딜 수 없나이다'라고 외칠 수 있을 때까지 성경에 몰두해야 한다"[33]라고 했다.

그렇게 철저히 준비해야 하는 이유는, 설교는 하나님께 받아 전해야 하기 때문이다. 칼빈은 "하나님의 모든 종들이 지시받은 한가지 규칙은, 그들이 고안해낸 것을 제시하지 않고 하나님으로부터 받은 것을 전달한다는 것이다. … 하나님의 입에서 나온 것을 말하는 사람 외에는 아무도 건전한 교사로 여겨서는 안 된다. … 사람들이 하나님의 말씀에서 아주 조금이라도 떠나면 그들은 거짓, 허영, 사기, 오류, 속임 이외에 어떤 것도 전파할 수 없다"[34]라고 하면서 "목사가 그의 사명을 충실하게 수행할 때 하나님께서 그의 입에 넣어주시는 것만 말함으로 내적 성령의 능력이 목사의 외적 음성과 결합된다"[35]라고 했다.

---

32 정성구는 "칼빈은 뛰어난 암기력으로 성경 연구와 신학 연구를 한 뒤 성경만 가지고 강단에 올라가서 강해설교를 체계적, 논리적으로 할 수 있는 천재성을 가졌다. 그래서 칼빈은 1년에 286회 설교에 186회 신학 강좌를 감당했다"라고 했다. 그의 설교집이 나온 것은 프랑스에서 피난을 온 데니스 라구니에(Danis Raguenier)가 속기했기 때문이다(정성구, 《교회의 개혁자 요한 칼빈》, 193).

33 제임스 브래가, 《설교 준비》, 11.

34 정성구, 《설교자를 위한 칼빈의 신학사전》, 173.

35 Ibid., 176.

(5) 시작도, 준비도, 강단에 오를 때에도, 선포할 때에도 성령을 의지해 야 한다

"설교자들은 무릎을 꿇고 성전(聖戰)의 기술을 배워온 기도의 용사여야만 한다. 다니엘처럼 기도의 습관에 젖어 은밀한 곳에서 날마다 기도할 시간을 찾는, 아니 그런 시간을 일부러 내는 사람이어야 한다. 설교는 기도의 응답으로 설교자에게 주어진 하늘에서 보낸 메시지여야 한다. 기도의 용사인 이 엠 바운즈(E. M. Bounds)는 '기도는 설교를 설교자의 마음에 담게 하고, 설교자의 마음을 설교자에게 담게 한다'고 했다."[36] 또한 설교자의 기도는 성령께서 청중의 마음을 열게 하시는 도구다. 칼빈은 "성령이 그의 능력을 말씀을 듣는 자들에게 부어주실 때 그들이 그 말씀을 믿음으로 받아들일 수 있도록 도우신다"라고 했다.

(6) 성도들에 대한 애정이 깊어야 한다

칼빈의 "하나님의 종들은 그들의 마음속 깊이 간직한 애정으로 말해야 한다"[37]라고 했다. 팀 켈러는 "건강한 설교는 두 가지 사랑에서 나온다. 하나님의 말씀을 향한 사랑과 사람들을 향한 사랑인데, 양쪽 모두 사람들에게 하나님의 영광스러운 은혜를 보여주고픈 열망이 솟아나게 하는 원천이 된다"[38]라고 했다. 사랑이 담긴 설교가 성도들의 마음을 움직인다.

---

36 제임스 브래가,《설교 준비》, 11.

37 정성구,《설교자를 위한 칼빈의 신학사전》, 173.

38 팀 켈러/채경락 역,《팀 켈러의 설교》(서울: 두란노, 2016), 28.

결론

종교개혁자들의 구호 중에 하나가 솔라 스크립투라(*Sola Scriptura*)였다. 그것의 실현은 성경 번역과 성경 보급, 성경 읽기 등으로 나타나기도 했지만, 또 하나 중요한 것은 성경 본문을 바르게 해석하는 설교, 즉 중세교회의 타락한 강단에 대한 개혁이었다. 오늘날 한국교회 개혁의 중요한 영역 중에 하나가 바로 강단 개혁이다. 주입(eisegesis)이 아닌 주해(exegesis)를 통한 성경적인 설교로의 개혁이다. 내 생각이나, 세속적인 생각이나 불건전한 신학에 오염된 해석은 주입이다. 그러나 성령의 도움 가운데 계시의존사색을 통해 바른 해석을 한다면 주해다. 우리의 설교는 그것에 더하여 성령의 인도 가운데 적실한 적용을 하며, 성도들을 사랑하는 마음을 가지고 선포하는 강단으로 돌아가야 한다. 그럴 때 한국교회는 다시 살아날 수 있다.

한편 목회자들은 열등감에 사로잡힐 수 있다. 나의 설교는 뛰어난 선배들에 비해 왜 이렇게 부족한가? 이에 대해 정성구 박사는 "루터는 설교가로서 그 많은 지식에다 감수성, 상상력이 풍부했고, 불같은 열정의 사람이었다. 또 루터는 유머가 넘치고, 음악, 어린이, 애완동물을 사랑했고 자연과 함께 시적인 교향곡을 즐겼다. 그러나 칼빈은 유머가 별로 없었다. 칼빈의 편지를 보면, 그는 한없이 다정다감했으나 그의 공적 생활에는 지성과 의지만이 가득 찼다"[39]라고 했다. 완벽한 설교자는 없다. 이어서 그는 이렇게 말했

---

[39] 정성구,《교회의 개혁자 요한 칼빈》, 197.

다. "미국의 설교 역사에 관한 대학자 찰스 다간(Charles Dargan)은 '베자가 어디엔가 지적했듯이 만약 칼빈의 자질에다 파렐의 열정, 비레(P. Biret)의 쾌활성이 첨가되었다면 아마도 그는 거의 완전에 가까운 설교자가 되었을 것이다'라고 했다. 이 말은 칼빈도 완벽한 설교자는 아니었다는 뜻이다."[40] 우리가 성령을 의지하면서 본문을 바로 해석하고, 성령의 인도 가운데 적용하고, 성도들을 사랑하며 선포하고 있다면 하나님은 시간이 갈수록 우리의 강단을 통해 개혁(성화)의 열매를 맺게 하실 것이다.

그러나 부족한 점이 있다면 우리는 설교자로서의 나 자신과 나의 설교에 대한 냉철한 진단을 통해 변화를 시도해야 한다. 로버트 하퍼는 "변화를 거부하는 순간이 죽음이 시작되는 순간이다(The moment you refuse to change is the moment you begin to die)"[41]라고 했다. 종교개혁 500주년을 맞으면서 설교자로서의 나 자신과 나의 설교를 개혁함으로 나도 살고, 나의 설교를 듣는 교우들도 살아나는 개혁의 열매가 나타나길 소원한다.

● **박성규**
부전교회 담임목사
제자훈련 목회자 네트워크(칼넷, CAL-NET) 부산 대표

---

40 Ibid., 200.

41 Robert D. Hopper, "Revitalizing A Plateaued Church: A Case of Ministry of Trinity Nazarene Church", Fuller Theological Seminary, D. Min. dissertation, 1997. 1.

4장

종교개혁 500주년의
의의와 과제

1. 들어가며

1517년에 일어난 종교개혁이 올해로 500주년을 맞이한다. 이것은
교회와 그리스도인들이 상당한 역사적 모멘텀(momentum)을 맞이
했음을 의미한다. 종교개혁은 우발적이거나 우연적 사건이 아니라
역사의 필연이었다.[1] 루터가 아니어도 일어났을 것이다. 종교개혁
은 거대한 역사의 흐름이 바뀌는 순간이었다. 1469년의 교황청 도
서관 사서였던 지오바니 안드레아(Giovanni Andrea)가 깨달았던 패

---

1 독일의 역사학자 랑케(Leopold von Ranke, 1795-1886)에 따르면, "그는 마땅히 이
  세상에 오지 아니하면 안 되었다"(Luther musste kommen).

러다임 시프트(Paradigm shift)가 일어나는 역사의 변곡점이었다. 르네상스의 색채가 분명하게 드러났을 때 그는 자신들이 과거와 다른 시대에 살고 있음을 깨달았던 것이다.

아무래도 종교개혁의 일차적인 원인은 교회의 부패와 성직자들의 타락을 들 수 있다. 그러나 그것은 표면적인 원인에 불과하다. 중세 천 년을 암흑기로 몰아넣은 가장 핵심적인 원인은 바로 '성경'에 있었다. 주지하다시피 로마가톨릭은 단일 언어로 교회를 통제했다.[2] 라틴어만이 거룩한 언어였고, 오직 이 언어로만 종교가 표현되었다. 이 언어를 사용한다는 것은 곧 사회적 지위와 특권을 의미했고, 이런 경향은 제임스 1세를 통해서도 시도되었다.[3]

그러나 15세기의 르네상스(Renaissance)는 대학에 고전어 연구를, 교회에는 성경 연구를 촉발했고, 그 절정은 1516년 에라스무스(Desiderius Erasmus, 1466-1536)의 《희랍어 신약성경》 발간이었다. 결국 성경이 잠에서 깨어날 때 교회도 깨어났다. 성경이 돌아오자 모든 어둠과 무지가 걷혔다. 로마 교황청과 신성로마제국의 박해에도 마침내 이 새로운 개혁이 연착륙할 수 있었던 것은 복음의 능력, 즉 성경 때문이었다. 1555년 아우크스부르크 평화협정과 1648년 베스트팔렌 조약으로 루터파와 칼빈파가 자유를 얻기까지 순수한 복음을 맛본 유럽인들을 막을 수 없었던 것이다.

---

2 4세기 제롬이 번역한 불가타 성경만을 공식 성경으로 사용했다.

3 제임스 1세는 대영제국의 모든 교회에서 킹 제임스 성경(The King James Version)만 사용하게 했다. 특히 칼빈의 제네바 성경이 출애굽기에 등장하는 산파들의 저항을 정당한 것으로 번역한 부분을 제거하고 자신들의 통치를 정당화하는 번역을 사용했다.

이 박해의 과정에서 프로테스탄트(Protestant)가 탄생한다. 그리고 이 복음은 스위스 제네바에서 보다 정교해지고 프로테스탄스 정신을 낳기에 이른다.

필자가 성찰한 종교개혁(Reformation)은 중세교회의 성사 중심이 성경 중심으로, 사제 중심이 그리스도 중심으로 전환된 개혁이다. 그러나 프로테스탄트 진영에서조차 다양한 목소리가 분출되고 분파를 형성하기 시작하는데, 칼빈의《기독교강요》는 1세대 종교개혁자들과 2세대 종교개혁자들의 거대담론을 성경으로 정리하고 집대성했다. 칼빈의 제네바 사역과《기독교강요》로부터 이른바 표준문서들이 발표되고 종교개혁이 마침내 견고하게 자리를 잡기에 이른다. 그러므로 필자는 종교개혁은 곧 성경의 사건이며 진정한 개혁은 성경이 성경의 자리를 찾는 데 있다고 본다. 그러나 17세기와 18세기를 거치면서 합리주의와 계몽주의가 도입되고 신학과 학문은 또다시 스콜라적 경향으로 몰입되어, 21세기에 진입하면서 인간의 문명과 종교는 중세화로 역행하기에 이르렀다.[4] 그러므로 종교개혁 500주년을 맞은 교회는 다시 종교개혁자들의 정신으로 돌아가야 하는데 그 지점이 바로 '계시의존적 신학과 목회'인 것이다. 본고에서는 종교개혁 500주년의 의미와 과제를 한국교회와 제자훈련의 측면에서 몇 가지 살피려고 한다.

---

4 《중세》의 편집자인 움베르토 에코(Umberto Eco, 1932-2016)는 "현대는 중세의 자궁"이라는 말로 현대의 스콜라적인 경향을 우회적으로 표현했다[움베르토 에코/김효정 외 역,《중세》(서울: 시공사, 2015)].

2. 성사에서 성경으로

중세에 엄청난 반향을 일으킨 종교개혁은 중세교회가 잃어버렸던 한 가지를 되찾음으로 시작되었다. 기독교는 계시의존적 종교인데 중세교회는 성사의 종교였다. 성사의 종류만 해도 무려 수십 가지가 넘었다. 인간의 전 생애에 성사가 부여되었다. 로욜라 이후에 칠성사[5]로 개혁되었다고는 하지만, 로마가톨릭은 지금까지도 성사의 종교에 머물러 있다. 성사는 요람에서 무덤까지 인간의 일생과 동행했다. 아이가 태어나면서 유아세례를 받고 세례명을 부여받았다. 그리고 노인이 되어 죽을 때 종유성사를 받고 성당의 묘지에 묻혔다. 성사가 인간의 삶에 사목적인 접근을 했다고 평가할 수도 있지만 성사는 성경을 덮어버렸다. 성사면 충분했다. 굳이 성경이 필요치 않았다. 특히 성사를 통해 성직 위계 제도는 공고해졌고, 교권의 힘은 감히 도전할 수 없는 지경에 이르렀다. 그리고 이 종교적 힘은 교회를 타락으로 이끌었다. 타락은 비단 면죄부와 성직매매를 뛰어넘어 교황의 수위권과 교황무류설에까지 도달했다. 성경이 묻힌 정도가 아니라 정경성마저 훼손되어 기록되어진 말씀과 전해지는 말씀, 사목적 교도권까지 성경의 자리를 차지했고[6],

---

5   로마가톨릭의 칠성사는 밤베르크의 주교 오토가 도입했다고 전해진다. 제7회기 트렌트 공의회는 성사의 수를 가감하는 자에게 아나테마(파문 또는 저주)를 선언하기도 했다. 칠성례란 영세, 성체성사, 견진성사, 고해성사, 혼인성사, 신품성사, 종유성사를 일컫는다. 필립샤프, 《필립샤프 교회사 전집4》, 이길상 역(서울: 크리스챤다이제스트, 2004), 397.

6   로마가톨릭은 제2차 바티칸 공의회에서 기록되어진 하나님의 말씀, 전해지는 하나님의 말씀, 사목적 교도권을 하나님의 말씀이라고 공표했다. 하인리히 덴칭거/이성

이렇게 느슨해진 권위의 범주에 성인숭배와, 천사숭배, 성모숭배까지 대성당 안으로 들어왔다.

중세는 성경 없는 종교가 보여줄 수 있는 모든 것을 보여주었다. 성경의 빛은 희미해지고 라틴어는 읽을 수도 알아들을 수도 없는 기호가 되어버렸으며, 그 확신의 가능성은 종교회의와 신화, 전승에 두었다. 그 결과 중세의 교회는 계시의존적 종교가 아니라 인문학의 종교가 되고 말았다. 중세 사람들은 성경의 종교가 아닌 상상의 종교를 믿었고, 그 결과 중세는 판타지로 넘쳐난다. 이러한 중세를 치유할 수 있는 유일한 방법은 성경이었고, 성경으로 돌아가는 것이었다. 중세는 섬찟할 정도의 단일성과 통일성을 지녔으면서도 인간의 가장 원초적인 감정이 통제받지 않고 드러나는 해학성을 보여준다. 그런가 하면 여행에 대한 동경과 세속으로부터의 도피, 로맨스와 에로스가 혼재했다. 성경의 언어, 강단의 언어, 종교의 언어는 대중이 이해할 수 없는 기호가 되어버렸고, 중세는 성경의 모유를 공급받지 못한 채 종교가 보여줄 수 있는 모든, 타락, 모든 기형, 모든 맹신을 보여주었다. 그리스도의 십자가는 사라지고, 그 자리를 면죄부 및 천사들과 성인들, 성지순례와 십자군 원정이 공덕이라는 이름으로 들어왔다. 중세는 성경의 경계를 넘어 신화와 전승을 수용했고, 그 결과 연옥, 천사숭배, 성인숭배, 마리아숭배를 받아들였다. 또한 중세의 종교는 정치와 한 마차에 오름으로써 종교가 권력을 가질 때 보여줄 수 있는 최악의 상태를 보

효 외 역, 《하인리히 덴칭거-신경, 신앙과 도덕에 관한 규정·선언 편람 제44판》(서울: 한국천주교주교회의, 2017), 1067.

여주고 있다. 이런 중세 천 년의 암흑기를 종식시킬 도화선은 성경으로부터 시작되었다. 1517년 10월 31일 마틴 루터가 비텐베르크 성당에 95개조의 반박문을 붙였는데 제1조는 마태복음 4장 17절의 오역에 대한 이의를 제기하는 것으로 시작된다. 또한 1520년 그가 '독일 크리스천 귀족들에게 고함'[7]이라는 글을 출판하는데 여기서도 전도서 3장 7절로 포문을 열고 있다.[8] 당시 이 글은 초판 닷새 만에 4천 부나 팔려나갔고 무려 16판을 찍었다. 루터는 보름스 국회에 소환되어서도 여전히 성경으로 버티고 있었다. 그는 "성경의 가르침이나 명백한 이유에 의해서 내가 틀렸다고 증명되지 않는 한, 나는 내 양심을 저버리지 못하며 하나님의 말씀을 굳게 고수할 것입니다"라고 했다.

뿐만 아니라 이 작센의 개혁자는 현자 프리드리히의 도움을 받아 바르트부르크성에서 독일어로 성경을 번역하기에 이른다. 바로 그 유명한 '9월 성경'이었다. 당시에도 독일어로 번역된 성경이 있었지만 그것은 두 가지의 이유에서 독일 국민들에게 영향을 미치지 못했다. 너무 어려웠고, 또 너무 비쌌던 것이다. 그러나 루터의 9월 성경이 이 모든 문제를 단번에 해결했다. 루터는 시장의 상인들과 가정의 하녀들, 농부들도 읽을 수 있는 쉬운 독일어를 사용하

---

7   원제는 '독일 민족의 그리스도인 귀족들에게 그리스도인의 신분 개선에 관하여 보내는 글'로 '불만문학'의 형태였지만 글을 읽은 독자들에게는 새롭고 혁명적이었다. 패트릭 콜린슨/이종인 역,《종교개혁》(서울: 을유문화사, 2005), 94.

8   "침묵을 지킬 때는 지나가고 이제는 말할 때가 왔습니다." 마틴 루터는 비텐베르크 대성당의 참의원이자 친구였던 암스도르프 니콜라우스(Nichlas von Amsdorf)에게 이 글을 헌정하면서 글을 시작하고 있다. 마틴 루터/지원용 역,《말틴 루터의 종교개혁 3대 논문》(서울: 컨콜디아사, 1993), 22.

여 신약성경을 번역했다. 이제 겨우 독일어를 떠듬떠듬 읽는 사람도 쉽게 읽을 수 있도록 쉬운 독일어 단어들을 사용했다. 특히 그는 저지대 독일어와 고지대 독일어를 통합하는 번역을 하여 실제적으로 표준 독일어를 만드는 결과를 가져왔다. 당시 독일에는 서로 다른 지역끼리는 소통이 불가능할 정도로 사투리가 많았고 루터의 집 역시 아버지는 작센 안할트의 고지대 독일어를, 어머니 마가렛은 튀링겐의 저지대 독일어를 썼던 것이다. 그러나 9월 성경은 표준 독일어가 되었다. 그야말로 코이네 도이치(Koine Deutsche)였던 것이다.

또한 9월 성경은 파격적이게도 성경 안에 삽화를 그려 넣었다. 그래서 글을 모르는 사람에게 삽화를 보여주고 설명할 수 있도록 했다. 무엇보다 그의 성경은 당시 구텐베르크 성경에 비해서 터무니없을 정도로 저렴한 1.5굴덴으로 판매되었다. 1455년 구텐베르크가 인쇄한 성경은 불가타 성경이었고, 그 값은 천문학적인 금액에 달해 소 200마리의 값, 혹은 대저택 한 채의 값과 맞먹었다. 그러나 루터의 성경은 구텐베르크 성경의 100분의 1에 지나지 않는 값이었다. 물론 9월 성경을 번역하는 일에 많은 사람이 협조했다. 9월 성경 번역팀에는 현자 프리드리히, 한스 폰 베를렙쉬, 멜란히톤, 슈바르체르트, 슈팔라틴, 니콜라우스 폰 암스도르프, 요한 프리드리히, 알브레히트 뒤러, 루카스 크라나흐, 멜키오르 로터가 참여하여 도움을 주었다. 이 성경은 겨우 10주간의 기간에 444페이지로 제작되어 라이프치히 무역 박람회를 통해서 첫선을 보였다. 초판은 14쇄를 찍었고, 해적판은 무려 66쇄가 팔렸다. 그리고 겨우 3달 후인 12월에는 574군데를 수정하여 인쇄되었고, 루터 사망 시

까지 350판본이 인쇄되었다.[9]

종교개혁은 인쇄술의 발전과 맞물려 있는데 페트릭 콜린슨은 이를 빗대어 '오직 인쇄에 의한 구원'이라고까지 표현했다.[10] 종교개혁과 인쇄술의 랑데부는 1516년에 출간된 에라스무스의 희랍어 신약성경에서부터 시작한다. 에라스무스는 대단하게도 이 성경을 '새로운 원전'(Novum Instrumentum)이라고 불렀고 교황 레오 10세에게 헌정했다. 교황은 기꺼이(?) 추천서를 써주었고 이 번역본에 대해 종교개혁의 정경적 권위를 부여해주었다. 이런 에라스무스의 혁명적 번역이 나온 이래 종교개혁은 자국어 성경 번역으로 통해 활로를 찾았다. 독일어의 루터, 영어의 틴데일, 프랑스어의 칼빈 등은 종교개혁자이기 전에 모두 탁월한 언어 전문가들이었다. 영어는 대부분 라틴어에서 유래한 3만 개의 새로운 단어가 1570년부터 1630년 사이에 편입되었다. 영어는 이런 다량의 언어 유입을 견디고 살아남았으며, 그런 체질 강화를 통해 국제어로서 모든 영역의 지식을 담아낼 수 있는 능력을 갖추었다.[11] 독일에서 시작된 모국어 성경 번역의 흐름은 유럽 전역으로 퍼져갔고, 1526년에는 스웨덴어 성경이, 1569년에는 스페인어 성경이, 1579년에는 체코어 성경이 출간되었다.

종교개혁과 성경은 분리 불가의 연관성을 가진다. 종교개혁은 바로 성경의 사건이었다. 그러므로 모든 종교개혁자들은 성경에서 출

---

9 제임스 레스턴/서미석 역,《루터의 밧모섬》(서울: 이른비, 2017), 185-199.

10 패트릭 콜린슨, 60.

11 패트릭 콜린슨, 71.

발했고, 자신들의 모국어로 성경을 번역했다. 중세 천 년 동안 스콜라의 보호를 받으며 거룩한 언어로 포장되었던 제롬의 불가타 라틴어 성경의 오역이 바로잡혔을 때 학자들과 수사들, 수녀들, 사제들과 영주들의 이성이 다시 돌아왔다. 과연 말씀은 살았고 운동력이 있었다. 말씀의 생명력은 죽었던 것을 살렸고, 말씀의 운동력은 모든 비성경적인 것을 개혁했다. 오늘날의 종교개혁도 결국 성경이 원천이다. 성경으로 돌아가는 것이 바로 종교개혁인 것이다.[12]

3. 사제에서 그리스도로

"종교개혁은 성직자들의 전유물이었던 성경을 평신도들의 손에 넘겨준 사건이었다. 제2의 종교개혁이 있다면 그것은 성직자의 전유물인 사역을 평신도에게 넘겨주는 것이다"[13] 옥한흠 목사는 이것을 설명하며 교회의 4대 속성 중 사도성과 관련해서는, 예수 그리스도를 주로 고백하는 모든 신자에게 사도성의 계승이 주어졌다고 말했다.[14] 아마도 이 말은 한국교회 역사에서 가장 혁명적인 발언 중 하나일 것이다. 동시에 이 말은 종교개혁의 함의를 담고 있다. 앞에서 살펴본 바와 같이 중세는 성경을 밟고 성사를 일삼았다. 그리고 그 성사는 신자의 전 생애를 지배했다. 중세의 신자들

---

12 임종구, "성경을 번역해 종교개혁의 모판을 마련한 루터", 〈월간 디사이플 4월호〉(국제제자훈련원, 2017), 67.

13 이 말은 1999년 제40기 제자훈련지도자세미나 첫날 저녁 집회에서 고 옥한흠 목사가 강의 중에서 한 말이다.

14 옥한흠, 《잠자는 평신도를 깨운다》(서울: 국제제자훈련원, 1984), 87-103.

은 대성당의 미움을 받아 자신이 성당의 묘지에 묻히지 못하는 것을 가장 두려워했다. 자연스럽게 종교권력이 고도화되었다. 이런 경향은 마침내 그리스도를 밀쳐내기 시작했다. 로마가톨릭의 대표적 화가인 루벤스의 성화를 보면 그리스도는 언제나 벗겨진 채로 성모의 가슴에 안겨 있다. 중보자 그리스도가 성모의 가슴에 안겨 있는 동안 사제들이 고해를 받고 성사를 통해 중보의 역할을 감당했다. 교황은 교회의 열쇠를 거머쥐고 교구를 사후의 세계로까지 확장했다. 그리고 교황은 무오하다는 교황무류설을 교회의 원리로 채용하기에 이르렀다.[15]

교회의 역사와 교리의 논쟁에서 일차적인 공격 대상은 언제나 그리스도였다. 영지주의에서 시작된 그리스도에 대한 공격은 아리우스를 거쳐, 펠라기우스와 세르베투스 그리고 자유주의 신학에서 그리스도의 자리를 위협해왔다. 이것이 신학의 역사에서 가장 정직한 진술일 것이다. 종교개혁은 성경을 회복했고, 또한 그리스도를 회복했다. 마틴 루터는 '십자가만이 우리의 신학'이라고 했고, 칼빈은 미사의 미신적 행위를 비난하면서 참 교회의 표지를 진술했다. 종교개혁을 통해서 복음을 발견했던 것이다. 프로테스탄트는 바로 이 복음 위에 서 있다. 그리고 이 복음이 프로테스탄트를 낳았다.

칼 5세는 제국 내에 종교의 일치를 도모하기 위해 1529년 3월 제2차 슈파이어 의회를 소집했고 다수의 보수파였던 가톨릭교도들은 신성로마제국 전역에서 보름스 칙령을 엄격히 적용하는 안

---

15 하인리히 덴칭거, 704-710.

을 통과시켰다. 이슬람과 루터파를 동시에 제거하려는 의도였다. 그러나 제국의회에 참석한 루터파 대표단은 이대로 가다가는 아예 종교개혁 진영 전체가 말살될 위기에 처했다고 판단하고 1529년 4월 25일에 자신들과 자신들의 백성들 그리고 현재와 장래에 하나님의 말씀을 믿고 또 믿게 될 모든 사람들을 위해서 법적 호소문의 형식을 갖춘 정식 항의서를 발표하기에 이르렀다. 이 용감한 사람들은 작센의 선제후 요한, 브란덴부르크의 영주 게오르크와 브라운슈바이크, 뤼네브르크의 공작들인 에르네스트와 프란시스, 헤세의 영주 필립, 안할트의 제후 볼프강 그리고 츠빙글리의 영향을 받던 스트라스부르크와 장크트갈렌을 포함한 14개 제국도시의 대표들이었다. 이들은 수가 적었지만 "하나님의 말씀은 영원하다"라는 구호를 외치며 항의서를 제출했다. 라틴어로 된 항의서, 즉 '프로테스타치오'(Protestatio)를 제출한 사람들을 일컬어 '프로테스탄트'(Protestant)라 부르게 됨으로써 로마가톨릭과 맞선 종교개혁 진영의 이름이 되었다.[16]

특히 칼빈은 제2세대 종교개혁자로서 가장 성경적인 교회를 건설하기에 이르렀다. 그는 정통 신학의 수호자였다. 칼빈이 제네바에서 성공을 거둔 이유는 그가 가장 중요하게 여겼던 정통 신학을 수호했기 때문이었다. 그는 모든 것을 성경으로부터 가져왔고 성경에 천착한 계시 중심의 신학을 전개했다.[17] 그러나 1차 체류와

---

16 임종구, "프로테스탄트의 탄생과 정신", 〈월간 디사이플 7, 8월호〉(국제제자훈련원, 2017), 65.

17 박건택은 피에르 쇼뉘를 인용하면서 칼빈은 《기독교강요》를 통해 루터의 구원 앞에 선 인간의 불안에서 개인적인 자유로운 세계를 가져온 것에 반해 집단적으로 기독

1540년대 제네바의 상황은 오랜 미신과 베른의 신학과의 길고 지루한 싸움을 전개해야만 했다. 그의 주저인 《기독교강요》는 바로 이런 논쟁 및 승리의 결과와도 같다. 그에게 성경은 있어도 중도와 타협은 없었다. 그래서 세르베투스와 같은 극단적인 상황에서부터 니고데모파와 방종파에 이르기까지 해독제를 제시하면서 정통 신학을 견지하고 수호했다. 정통신학의 전제는 데살로니가전서 2장 13절과 같이 '성경을 하나님의 말씀'으로 받아들이는 것이다. 바로 정경성의 토대 위에서 신학이 전개되는 것이다. 그리고 이런 기초에서 참된 경건이 가능했다. 따라서 칼빈은 스콜라철학의 사변적이고 인본적인 토대 위에 건설된 로마가톨릭을 거짓 교회로 규정하고 교황주의를 배격했다. 그러나 종교개혁 500주년을 맞는 지금 교회는 또다시 16세기의 딜레마에 빠져 있다. 이제 교회가 선택해야 하는 것은 바로 정통 신학을 수호하는 일이다.[18]

현대교회가 수호하고 계승해야 할 정통 신학의 핵심에 '오직 그리스도'(Solus Christus)가 놓여 있다. 초대교회가 성자의 인성이나 신성을 의심했다면, 중세교회는 성자의 구원성을, 근대교회는 성자의 부활을, 현대교회는 성자의 유일 구원성을 의심한다. 이렇게 전 시대의 교회가 성자에 대한 불신으로 참신앙을 수호하지 못했다. 바로 여기에서 종교개혁의 의미가 가치를 발하는 것이다. 교회는 자신의 몸으로 막힌 담을 허시고 그 핏값으로 교회를 사시고 친히

교 근대 사회를 열었다고 평가했다. 박건택, "역사, 창의, 충성", 《역사, 창의, 충성 박건택 교수 은퇴기념논총》(서울: XR, 2017), 40.

18 임종구, 《칼빈과 제네바 목사회》(서울: 부흥과개혁사, 2015), 481-482.

머리가 되신 그리스도[19]를 바르게 믿을 때 참된 교회의 모습을 회복한다. 칼빈은 중세교회가 바로 그리스도를 잃어버렸기 때문에 미사가 미신으로 흘렀다고 보고 교회의 표지를 그리스도 중심으로 확정했다.[20] 중세교회가 그리스도가 앉아 있어야 할 자리에 사제들이 앉아서 성사를 행하며 복음을 미신으로 전락시킨 것처럼 현대교회는 그리스도의 복음을 버리고 포스트모더니즘과 종교다원주의를 채택하기에 이르렀다. 그러므로 종교개혁을 통해 사제 중심주의가 그리스도 중심주의를 회복한 것과 같이 지상교회는 끊임없이 그리스도 중심의 신학을 견지하여야 한다.

4. 나가며

'개혁된 교회는 항상 자신을 개혁하는 교회이어야 한다'(*ecclesia reformata, semper reformanda*)는 종교개혁의 구호는 개혁교회(reformed church)의 정체성을 잘 설명해주고 있다. 알리스터 맥그래스의 지적과도 같이 교회는 늘 관성(inertia)으로 기울곤 했다.[21] 이런 중세교회의 관성을 깨울 수 있었던 것은 성경이었다. 성경이 깨어날 때 시대도 깨어났다. 17세기의 합리주의와 18세기의 계몽주의를 거치면서 인간 중심의 사고는 더욱 고착되었고, 19세기의

---

19 엡 2:14, 행 20:28, 골 1:18.

20 "오히려 교회는 다른 표지를 갖습니다. 즉, 하나님 말씀의 순수한 설교와 잘 제정된 성례의 시행입니다"[장 칼뱅/박건택 역, 《기독교강요 프랑스어초판 1541》(서울: XR, 2016), 50].

21 알리스터 맥그래스/박규태 역, 《종교개혁 시대의 영성》(서울: 좋은씨앗, 2005), 32.

낭만주의와 20세기의 실존주의를 거치면서 종교개혁의 요소들은 거의 실종되었다. 특히 2001년부터 전 세계적으로 동성애 인정이 봇물을 이루었다. 2001년 4월 네덜란드가 첫 동성결혼 합법국가가 된 이래 대부분의 유럽 국가와 2005년에 캐나다, 2015년에 미국이 그리고 대부분의 라틴아메리카도 동성혼이 합법이고 2017년 아시아권에서는 대만이 처음으로 합법화되었다. 개신교 교단 중에는 2006년 스웨덴 루터교회와 미국복음주의 루터교회, 호주연합교회(UCA)가, 2012년에는 PCUSA가 받아들였다. 그리고 유럽의 많은 개신교회가 동성애를 인정하고 있다. 또한 현재 미국 동성애 인정 교단은 연합그리스도교회(UCC), 미국복음주의 루터교회(ELCA), 미국성공회(EC), PCUSA가 있다. 지금 미국 남침례교회와 미연합감리교회는 이 문제를 논의 중에 있다. 이제 성경의 신적 권위가 무너지면 기독교는 문화가 되고, 교회는 유적이 되며, 성경은 인문학이 될 것이다. 1517년 종교개혁이 일어나던 16세기와 또 다른 상황이 전개되고 있는 것이다.

그런 의미에서 15세기로 중세가 끝났다면 이제 20세기로 근대는 끝이 났다. 밀레니엄 2000년과 함께 세계는 새로운 시대로 접어들었다. 그러므로 역사는 다시 분류되어야 한다. 성경의 시대, 호모로구메나(Homologoumena, A.D.1-20세기)와 비성경의 시대 안티레고메나(Antilegomena, 21세기-)로 말이다. 우리는 머지않아 서로를 만나서 자신을 소개할 때 "저는 성경에 기록된 사실을 믿습니다"라고 해야 할지도 모른다.

임종구

푸른초장교회 담임목사

제자훈련 목회자 네트워크(칼넷, CAL-NET) 대구 대표

5장

종교개혁과 평신도운동

들어가는 말

윌리엄 틴데일(William Tyndale, 1494-1536)은 라틴어에서 영어로 성경을 번역했다는 죄목으로 화형을 당했다. 그는 하나님의 백성이 교황의 법에 묶여 살기보다 하나님의 말씀에 따라 살기를 꿈꾸었다. 그의 소원은 '쟁기를 끄는 소년이 교황보다 성경을 더 많이 읽고 알게 하는 것'이었다.

틴데일은 손과 발이 포박된 채 화형을 당하는 순간에도 간절하게 외쳤다. "하나님이시여, 영국 국왕의 눈을 열어주소서!" 그렇게 외친 이유는 성경 번역을 막았던 교황에 맞설 수 있는 영국 국왕이 성경 번역을 허락하기를 갈망했기 때문이다. 그는 순교의 제물로 드려지기 수년 전 감옥에서 편지를 썼다. 마치 사도 바울의 최후를 보는 것 같다. "따뜻한 모자와 옷이 필요합니다. 나는 지금 극심한 추위로 고통 속에 있습니다. 무엇보다 나의 히브리어 성경과 문법책 그리고 사전이 필요합니다. 그러나 나의 뜻이 성취되지 않는다 하더라도 인내하겠습니다. 주 예수 그리스도의 은혜와 그 영광에 이르기까지 오직 하나님의 뜻 안에 거할 것입니다."

우리 모두의 손에는 성경이 들려 있다. 이러한 복은 자연 발생적으로 임하지 않았다. 누군가의 희생과 헌신의 열매이기 때문이다.

'아드 폰테스'(Ad fontes)는 개혁자들의 명제였다. '본질로 회귀하자'는 의미다. 교회와 성도의 본질은 하나님과 하나님의 말씀이다. 신앙의 본질, 즉 말씀으로 돌아가지 않으면 껍데기만 양산하게 된다. 루터와 칼빈 그리고 녹스 등 여러 개혁자들이 불타는 헌신으로 이루어낸 열매의 수혜자인 우리는 많은 빚을 지고 있다. 무엇보다 영적 지도자인 목회자가 각성하여 성도들에게 삶의 모범이 되기를 소원한다. 성도들이 본질을 회복한다는 의미는 그 자신을 하나님의 말씀 앞에 세우는 일이다. 주님이 기대하시는 자아 정체감과 사역의 회복은 5S로 표현되는 종교개혁 정신의 본질이다. 5S는 오직 성경(Sola Scriptura), 오직 은혜(Sola Gratia), 오직 믿음(Sola Fide), 오직 그리스도(Solus Christus), 오직 하나님께 영광(Soli Deo Gloria)이다.

"청년이 살아야 나라가 산다"라는 말이 있듯 "평신도가 살아야 교회가 살고 나라가 산다"라는 말은 이미 우리 귀에 익숙하다. 믿음과 사랑의 공동체인 교회 구성원의 압도적 다수가 평신도다. 이런 이유로 평신도의 의식과 삶의 실제 모습은 한국교회뿐 아니라 우리 민족의 미래를 열어가는 기초석이 된다. 이 글에는 평신도의 개념 정리와 발자취 그리고 평신도 운동의 현재를 진단하는 가운데 내일의 한국교회를 열어가기를 소원하는 필자의 마음을 담았다. 과연 평신도의 정체성이 무엇이기에 한 지역교회의 건강성을 담보하며 또한 한국교회의 미래가 달려 있다고 말하는가?

1. 평신도는 누구인가

성경에는 '평신도'라는 말이 직접 나오지 않는다. 대신 '성도' 혹은 '제자'와 '무리'라는 말이 등장한다. 평신도라는 단어는 헬라어 라오스(*Laos*)에서 유래되었다. '백성'이라는 의미다. 일반적으로 사용될 때는 시민을 가리켰고 성경에서 사용될 때는 이방인과 대조되는 이스라엘을 가리키는 말로 쓰이다가 나중에는 예수를 믿게 된 이방인을 포함한 새 이스라엘을 의미하게 되었다. 헬라 문화에 바탕을 둔 백성의 의미는, 계층 사이에 구분이 없는 모든 하나님의 백성을 의미한다. 시간의 흐름에 따라 이 말이 원래의 의미에서 벗어나 성직 임명을 받지 않은 그리스도인들을 가리키는 말로 사용되었다. 오늘날에는 안수를 받은 목사가 아닌 일반 교인들을 지칭하는 말로 사용된다. 이러한 용법은 결코 바람직하지 않다.

핸드릭 크래머의 《평신도 신학》(아바서원 역간)이 우리나라에 소개되고 옥한흠 목사의 《평신도를 깨운다》(국제제자훈련원)가 발간되면서 평신도에 대한 개념 이해와 저변 확대가 가속되었다. 필자는 제1의 종교개혁이 주님의 자녀들인 성도에게 성경, 곧 복음을 회복시켜 들려주는 운동이었다면, 제2의 종교개혁은 성직자들이 독점하던 교회 내의 사역을 교회 구성원인 평신도들과 공유하는 것이라고 생각한다. 이로써 성도들은 이신칭의(以信稱義)의 바탕 아래 소명을 받았다는 자기 정체성을 가지게 되었다. 또한 제3의 종교개혁은 남성 위주의 사역 관행을 탈피하여, 동역자 의식을 바탕으로 여성을 존중하는 여성 사역 회복이라 부르고 싶다.

루터(Luther)와 칼빈(Calvin), 츠빙글리(Zwingli), 녹스(Knox)를 중심으로 일어난 종교개혁의 해에, 아직도 한국교회는 성도의 자아 정체감이 성경적으로 세워지지 않았을 뿐 아니라, 여전히 지역교회 사이의 장벽이 제거되지 않고 있다. 각 교파와 교단은 동일한 신앙고백을 하고 있지만, 열린 교제는 부족하기 그지없다. 신약시대를 살아가는 사람이 구약시대의 정신에 얽매어 있듯, 교회의 방향성이 편향된 시각과 신학의 미성숙에 기인한 목회자 중심으로 흐르는 것을 볼 때 마음이 아픈 것은 필자만이 아니리라.

2. 평신도의 재발견

한마디로 평신도는 교회의 주체이다. 성직자가 교회의 주체라고 여겼던 중세 암흑시대의 사고방식과 평신도가 성직자를 위해 존재한다는 구시대적 관점의 틀을 깨뜨리고, 마치 목자가 양을 위해 존재하는 것처럼 성직자 즉 목회자가 양 떼를 위해 존재한다는 인식은 교회와 구원에 대해 새로운 사유를 하게 만들었다. 평신도가 의식의 수동성에서 벗어나 능동적이며 자발적으로 주님과 구원의 은총에 대해 반응할 수 있게 되었기 때문이다. 드디어 베드로전서 2장 9절 말씀대로 그분의 빛을 통해 성도의 재발견, 평신도의 재발견이 이루어진 것이다. "그러나 너희는 택하신 족속이요 왕 같은 제사장들이요 거룩한 나라요 그의 소유가 된 백성이니 이는 너희를 어두운 데서 불러내어 그의 기이한 빛에 들어가게 하신 이의 아름다운 덕을 선포하게 하려 하심이라."

땅에 묻혀 있던 보화가 그 진정한 가치를 드러내듯, 생기를 잃어버린 전통교회와 성직자 위주의 교회 운영 관행은 그 정당성을 잃어버렸다. 평신도의 재발견은 교회 내의 어떤 특정 계급이나 기득권을 가진 그룹이 결코 존재할 수 없음을 의미한다. 성도는 선택을 받았으며 그리스도를 머리로 삼은 몸에 속한다는 사실 그리고 복음의 은혜 가운데서 하나 되었다는 원리만 존재할 뿐이다.

복음에 대한 각성으로 교회 내에 결코 '갑'과 '을'이 존재할 수 없다는 것을 깨닫게 되었다. 필자는 평신도라는 용어를 쓸 때 무척 조심스럽다. 평신도라는 이름 역시 성직자와 차등을 내포한 변질된 이미지로 다가올 수 있기 때문이다. 문제는 평신도라 불리는 성도들조차 자신이 교회의 주체이며 소명을 받은 존재임을 잊은 채 '동결된 자산'처럼 일그러진 자아 정체감을 가지고 있다는 현실이다. 영적 지도자로 봉사하는 목회자들이 성경적 원리로 잘 가르쳐 성도들을 잠에서 깨워야 한다. 그에 못지않게 성도가 자신을 복음이 증거 하는 새로운 이미지로 무장하는 일이 절실하다.

3. 평신도운동의 발자취

초대교회는 12명의 사도들을 포함한 500여 형제들과(고전 15:6) 오순절 성령강림 사건으로 세례를 받은 사람 3,000명으로 출발했다. 스데반 집사의 순교 사건 이후(행 8:1) 사도 외에 유대와 사마리아 모든 땅으로 흩어진 익명의 성도들 역시 평신도로 볼 수 있다.

사도 바울이 기록한 서신에 보면 그의 복음 사역에 동역한 여러 사람의 이름이 등장한다(롬 16장). 그들 역시 평신도의 범주에 넣을 수 있을 것이다.

우리나라는 국내에 상주한 최초의 개신교 선교사였던 장로교회 출신의 의사인 알렌(Horace N. Allen)이 1884년 입국하여 선교 사역을 펼친 이후 1890년 중국에서 사역하던 경륜 있는 선교사 네비우스(Nevius)가 서울을 방문하여 소위 삼자 선교정책[三自 宣敎政策, 자전(自傳, Self-Propagation), 자립(自立, Self-Support), 자치(自治, Self-Government)]으로 알려진 원리를 전수해주었다. 장로교공의회는 그 원리에 입각하여 몇 가지 선교 원칙을 채택했다(1893년). 첫째, 상류층보다 노동자에게 전도한다. 둘째, 부녀자들과 아이들에게 전도한다. 셋째, 학교를 운영하여 기독교 교육을 실천한다. 넷째, 성경 번역서를 조속한 시일에 출판한다. 다섯째, 한글을 쓴다. 이러한 선교 정책의 실현으로 우리나라 초대교회는 괄목상대할 만큼 성장했다. 그 중심에는 영적 지도자들의 지도에 기쁘게 순복한 초대교회 교우들이 존재한다. 교회 안의 민주적 운영 방식, 직업에 성실함으로 자립 도모, 전도에 열정 있는 자들을 선발하여 교회의 기초를 놓는 은혜 역시 교회의 절대다수를 차지하던 평신도들의 몫이었다. 이후 105인사건(1911년), 이어지는 3.1 운동(1919년) 그리고 물산장려운동(1920년)의 중심 세력에는 구원의 은총을 가슴에 담고 애국애족을 실천한 한국교회의 자랑스러운 평신도들이 자리하고 있다. 광복과 한국전쟁, 60-70년대의 경제발전과 민주화운동, 80년대의 교회 병행 선교단체들의 캠퍼스 복음화와 전문 기술인을 중심으로 한 선교운동에 이르기까지 다양한 형식으로 평신도운동이 전개되었다.

4. 종교개혁과 평신도운동

종교개혁의 본산지인 독일 출신으로 루터대학교에서 실천신학을 가르치는 이말테 교수(말테 리노, Malte Rhinow)는 '한국교회와 중세 로마교회의 공통점 10가지'를 제시했다.

1) 율법주의적 예배 이해
2) 하나님의 은혜나 복을 얻기 위해 재물로 하나님께 영향을 미칠 수 있다고 생각하는 것
3) 선행을 통하여 천국에 갈 수 있다고 생각하는 것
4) 교회의 지옥과 죽음에 대한 두려움 악용
5) 교회의 교권주의
6) 성직매매
7) 많은 목사들의 지나친 돈에 대한 관심과 잘못된 돈 사용
8) 많은 목사들이 교회를 개인 소유로 착각하는 것
9) 많은 목사들의 도덕적, 성적 타락
10) 많은 목사들의 낮은 신학적 수준

그가 지적하는 핵심에는 목회자, 즉 사제들의 본질 망각이 자리 잡고 있다. 당시에 신학적으로 그리고 의식적으로 무장이 안 된 사제들이 저지른 비성경적 폐해는 고스란히 일반 성도들이 감당했

다. 무지몽매한 사제들은 성도들을 잘못된 교리의 포로로 만들었다. 종교개혁의 핵심에는 자국어로 된 성경을 접한 성도들의 각성이 있다. 사제와 성도 모두 복음의 본질로 돌아갈 때 정체성이 견고해졌고, 그들은 역동적으로 사역하게 되었다.

평신도운동의 출발과 과정과 결말에는 하나님의 말씀이 있다. 곧 성도의 신분과 사역의 기초를 제공하는 성경적 원리가 작동하는 것이다. 중세시대나 지금이나 이 원리는 전혀 변함이 없다.

5. 평신도를 제대로 세우자

깨어 일어난 평신도는 자신과 주님과의 관계에서 구원의 도리를 깨달을 뿐 아니라 부르심을 따라(소명, Calling) 그에게 주신 삶의 과제까지(사명, Mission) 살아내야 한다. 이런 면에서 교회의 건강성은 훈련된 평신도를 얼마나 많이 확보하는가에 따라 판가름이 난다. 군복만 입었다고 저절로 온전한 군인이 되는 것이 아니라, 군인정신과 임무 수행 능력이 검증될 때 정예군사로 쓰임받을 수 있는 것과 같은 이치이다. 요한계시록의 사데 교회는 살았다고 하는 이름은 가졌으나 실상은 죽은 교회로 평가되었다(계 3:1). 가슴 아픈 일이다.

그렇다면 평신도가 깨어날 때 유익은 무엇인가?

(1) 이원론을 극복한다

교회에 관계된 것은 영적이요 일상, 즉 직업, 여가, 가정에 관계되는 것은 속된 일이라고 하는 이원론을 극복할 수 있게 된다. 교회의 일꾼은 동일한 사회의 일꾼이기 때문이다. 주일의 예배자는 일상의 예배자로 자신을 드려야 한다. 그동안 한국교회 내에서 이원론이 눈에 띄게 극복되었지만, 아직까지도 구약시대를 살아가는 것처럼 성(聖)과 속(俗)에 대한 오해의 분위기가 잔재한다.

(2) 교회의 이미지를 새롭게 한다

세상 사람들이 접하는 우리의 모습은 교회 안의 모습이 아니다. 그들은 일상에서 우리의 모습을 관찰한다. 빛의 역할은 어둠이 있을 때 드러나는 것이며, 소금의 역할은 맛을 내야 될 상황을 전제한다. 그리스도의 제자로 부름받은 성도라는 의식으로 무장된 평신도들은 교회의 대사회적인 이미지를 고양할 뿐 아니라, 사회에 소망의 빛을 비추는 존재다.

(3) 급변하는 시대 상황을 견인하는 역할을 한다

"종들아 모든 일에 육신의 상전들에게 순종하되 사람을 기쁘게 하는 자와 같이 눈가림만 하지 말고 오직 주를 두려워하여 성실한 마음으로 하라 무슨 일을 하든지 마음을 다하여 주께 하듯 하고 사람에게 하듯 하지 말라"(골 3:22-23). 사도 바울의 교훈처럼 매사에 주님 닮은 성숙한 인격과 성실한 태도로 임하는 평신도는 급변하는 시대 가운데서도 보석처럼 빛을 발할 수 있다. 의혹과 불신이 판치는 세상에서 묵묵히 신뢰의 탑을 쌓아갈 수 있다. 준비된 평신도는 어디에서나 보물처럼 인정을 받게 된다.

(4) 기독교 신앙과 복음을 전파하고 수호하는 전사로 쓰임받는다

준비된 평신도만이 하나님의 능력을 의지하여 복음과 함께 고난을 받을 수 있다. 복음을 지킬 수 있다. 지금 우리나라의 그리스도인들이 처한 형편은, 박해의 시대라기보다 유혹의 시대가 가까울 것이다. 박해든지 유혹이든지 자기를 지키는 능력은 복음에 대한 확신과 주님의 주권과 말씀에 대한 전적 위탁에서 나온다(딤후 3:12-15). 신앙의 세대 계승 역시 준비된 평신도에 의하여 열매를 맺는다(딤후 2:2). 초기 선교사들은 교회 개척과 함께 병원 설립을 통한 의료 선교, 학교 설립을 통한 기독교 신앙의 전수와 확산을 소망했다. 그들의 꿈과 전략은 시대를 정확하게 읽어냈고, 복음의 확산과 교회 성장으로 나타났다.

(5) 세계 선교의 주역으로 쓰임받는다

지구촌 시대를 사는 우리는 신학 수업을 받은 후 선교사로 파송받는 전통적 선교의 개념에서 탈피해야 한다. 해외여행이 빈번하게 이루어지는 현장에서 더 강화되어야 할 것은 복음으로 무장된 전문성을 가진 평신도들이다. 전문인 선교와 실버 선교의 시대가 본격적으로 열리기 위해서는 각 지역교회를 통해 건전한 교회관과 성숙한 인격 그리고 성경 진리에 대한 체계성과 직업에 대한 전문성을 갖추도록 훈련받은 평신도가 쓰임을 받는다.

6. 평신도운동의 미래

한국교회 각 교단에서 제도적으로 시행하는 남녀 전도회나 장로, 안수집사, 권사 연합회를 통한 운동은 앞으로도 지속될 것이다. 그렇지만 교단 주도의 운동은 태생적인 한계를 가질 수밖에 없다. 새로운 모형의 교단을 중심으로 한 건전하고 역동적인 평신도운동이 요청된다.

초교파적으로 결성된 기독실업인회(CBMC), '월드비전' 같은 비정부기구(NGO) 역시 그 중심에는 소명받은 그리스도인, 곧 성도라고 불리기도 하고, 편의상 평신도라 불리는 교우들이 포진되어 있다. 목회자는 교회 안에서 영향을 끼치지만, 평신도들은 교회 밖에서 영향을 끼친다. 성숙한 평신도의 영향력은 결코 과소평가할 수 없다.

어느 시대든지 준비된 사람이 쓰임을 받았다. 성도 또한 예외가 아닐 것이다. 준비된 평신도가 거하는 가정은 하나님의 통치를 기뻐할 것이다. 그들은 상처받은 가정에 치유를 전파할 것이다. 성숙한 평신도는 소통하는 사회와 격이 높은 공동체를 이룰 것이다. 직업에 대한 소명과 확신을 가진 평신도가 일하는 일터는 수준 높은 일터문화를 창출해낼 것이다. 훈련받은 사람이 우리의 미래다. '세상으로부터 부름받은 하나님의 백성인 동시에 세상 속으로 파송받은 그리스도의 제자'라는 건강한 교회론을 바탕으로 지역교회에서 훈련받은 평신도들이 미래를 열어갈 것이다.

7. 평신도 운동과 새로남교회 목회 현장

새로남교회는 필자가 부임할 당시 사분오열된 형국이었다. 교회의 역동성을 더하는 것과 소망을 심는 것 그리고 성도 간의 화합이 처음 부임한 목회자의 몫으로 고스란히 맡겨졌다. 주님의 은혜 가운데 부임 초기부터 평신도를 각성시키는 제자훈련을 실천하여 오늘에 이르게 되었다[현재 제자훈련 22기, 사역훈련 21기, 소그룹 643개 (장년부 382개, 젊은이 261개)]. 부임과 동시에 1년 동안 기도로 준비하여 제자훈련에 뛰어든 이후 한 해도 거르지 않고 달려오는 은총을 누리게 되었다. 그 결과 갈등하던 교회에서 화목한 교회로, 손가락질 받는 교회에서 아름다운 교회로, 경계선 안에 머물던 교회에서 연합의 장으로, 건물을 지어놓고 헌당식도 올리지 못한 교회에서 기독학교를 설립한 교회로 세워지게 되었다. 그 중심에는 깨어 있는 평신도 지도자 남녀 순장들과 주일학교 교사들과 직분자들이 자리 잡고 있다.

제자훈련은 추상적인 개념이나 낭만이 아니다. 현장이며 영적 전투다. 제자훈련은 문자 그대로 '목회의 종합 예술'이다. 다음 세대를 위하여 믿음의 씨를 뿌리는 영적 작업이다. 개인과 세대와의 섭리적인 만남이다.

필자는 신뢰의 마음을 담아 단언한다. 평신도를 깨우는 목회철학을 통하여 제자훈련을 목회현장에 도입하지 않았다면 오늘의 목회 현장은 불가능한 것이었다고 말이다! 2016년에는 교회 설립 30주년을 맞이하여 온 교우들이 그동안 베풀어주신 하나님의 은혜를 '어메이징 그레이스'(Amazing Grace), 곧 '놀라우신 하나님의 은총'으로 고백했다. 필자는 담임목사로서 좌고우면(左顧右眄)하지 않고 제자훈련 목회자로 자신을 주님과 교회 앞에 올려드렸다는 사실에 떨리는 마음으로 감사한다.

필자가 어떠한 순간에도 가슴에 새기는 말씀은 마태복음 6장 33절이다. "그런즉 너희는 먼저 그의 나라와 그의 의를 구하라 그리하면 이 모든 것을 너희에게 더하시리라"(But seek first His kingdom and His righteousness, and all these things shall be added to you, NASB). 편리한 시설을 갖춘 예배당과 주차장 그리고 기독초등학교와 중학교는 한 영혼에 대한 소중함을 가슴에 담고 제자훈련을 제대로 흉내라도 내보려고 애쓴 지역교회 목회자에게 베푸신, 하나님 아버지의 너그러운 보너스라고 확신한다.

본질을 앞세우면 부수적인 것을 이끌지만, 부수적인 것을 앞세우면 본질까지 무너진다. 필자를 제자훈련 사역자로 세워주신 주님의 은혜에 무한 감사를 올려드린다.

나가는 말

하나님께서 영적 지도자를 주신 목적은 성도를 그리스도의 성품을 닮은 자로 세워 그들로 봉사의 사명을 감당하게 하며, 그 결과 그리스도의 몸인 교회를 세우려는 데 있다(엡 4:11-12). 건강한 평신도운동은 반드시 건강한 지역교회를 세우는 열매로 나타난다. 그리고 건강한 교회는 대사회적으로 복음의 영향력을 담보한다. 교회 공동체에 대한 신뢰가 상승하면 교회를 찾는 이들이 많아질 것이며, 이렇듯 축복된 상호작용은 세상과 소통하는 교회의 선순환의 역사를 이루어갈 것이다. 우리가 사랑하는 한국교회를 통하여 주님이 찾으시는 우리 시대의 평신도들이 들풀처럼 일어나기를 소원한다(요 4:23; 행 13:22).

※ 이 글은 미래목회포럼이 발간한 백서 《이슈 & 미래》에 실린 필자의 글을 수정 보완한 것임을 밝혀둔다.

오정호

대전새로남교회 담임목사
제자훈련 목회자 네트워크(칼넷, CAL-NET) 이사장

2부

제자훈련,
종교개혁의 정신의 실천

Sola Scriptura Sola Gratia Sola Fide Solus Christus Soli Deo Gloria

6장

종교개혁 500주년과
목양장로 사역

1. 들어가는 글

한국교회가 지난 30-40년 동안 나름대로 부흥하고 성장할 수 있었던 배경에는 한 영혼을 그리스도의 제자로 세우기 위한 제자훈련 사역이 있었다. 이 사역은 기존 교회의 체질을 바꾸었고 목회자와 성도들의 의식을 전환시켰다. 제자훈련을 통해 교회의 지도자로 세워진 평신도 리더십은 상당수 '장로'라는 직책을 가지고 실제로 교회를 운영해오고 있다. 세속화되고 각박한 오늘의 현실 속에서도 목회자와 더불어 나름 열정적으로 교회를 세워왔다고 할 수 있다. 그리고 기복신앙과 번영신학에서 개혁주의 신학으로 토양을 바꾸어 건강한 교회상을 세상에 보여줄 수 있었다고 자부해본다.

그러나 문제는 '그 다음'이다. 그것은 한마디로 '제자훈련, 그 이후'라고 표현할 수 있다. 제자훈련을 마친 뒤 보다 심화된 훈련을 받을 수 있도록 방향성이나 프로그램이 제시되지 못하다 보니 한국교회는 방향을 설정하지 못하고 혼돈에 빠져 있다.

그러면 종교개혁 500주년을 맞이하는 한국교회는 어디에서 돌파구를 찾아야 할 것인가? 종교개혁을 통해 한국교회를 절망에서 희망으로 바꿀 수 있는 전환점은 무엇일까?

먼저 우리의 시선을 500년 전 종교개혁 시대로 돌리는 것이 필요하다. 왜냐하면 종교개혁 당시에도 오늘날과 유사한 위기가 교회 안팎에 존재했지만, 종교개혁은 그것을 뚫고 성경적인 교회를 회복했기 때문이다. 종교개혁이 성경에서 재발견한, 교회의 주요 사역 중 하나는 장로의 목양 사역이었다. 본고는 종교개혁이 성경과 초대교회에서 다시 찾은 목양장로 사역이 어째서 한국교회의 미래를 예약할 보물인지를 살펴볼 것이다.

2. 중세 말 교회와 신학의 상황

중세를 지나면서 초대교회의 장로 제도는 없어지고 교회는 교황 중심의 이익 집단으로 전락되어버렸다. 성도들은 신앙의 의미도 미처 모르는 채 일상을 살았다. 아무도 그들이 영적인 삶을 살도록 격려하고 돌보지 않았다. 방치된 성도들은 성상을 숭배하고 성물을 숭배하면서 영적 불안과 고통을 달래고 있었다.

한편 종교개혁 직전의 유럽은 여러 면에서 봉건적인 사회였다. 결혼과 가정의 의미 또한 마찬가지였다. 상대가 누구인지도 알지 못한 채로 사회적인 신분과 부모의 결정에 따라 결혼을 해야 했다. 이런 시기에 주목할 만한 변화는, 종교개혁으로 장로 제도가 다시 활성화되면서 장로의 목양 사역에 의해 결혼과 가정의 의미가 성경적으로 회복되었다는 점이다.

중세의 암흑세계에서 벗어나고자 하는 시도는 먼저 르네상스를 통해서 진행되었다. 르네상스는 그동안 무시되었던 개인의 자유를 존중하고 인간의 개성을 높이 평가했다. 그러나 이 르네상스는 결국 그리스-로마적인 인간형의 재구성으로 나아갔다.

3. 종교개혁의 출범

중세로부터 탈출하는 진정한 운동은 종교개혁이었다. 무엇보다 이들은 교회의 전통에 묻혀 있던 성경을 재발견했다. '성경에 근거한 인간'은 하나님의 형상으로 창조된 존귀한 존재이지만, 죄 때문에 타락하여 하나님의 은혜가 아니면 살 수 없는 존재다. 종교개혁자들에 의해서 원어 성경이 편찬되고, 또 이 성경이 자국어로 번역되면서 성경적인 가치가 되살아나게 되었다. 개혁자들의 외침이 있기 100년 전, 영국의 존 위클리프나 체코의 얀 후스에 의해 라틴어 성경이 성도들의 언어로 번역됨으로 교황청을 향한 포문을 열었다. 그러나 교황청의 권세는 이들을 화형시켜 개혁의 불씨를 끄고 말았다. 그 후 루터와 칼빈 등의 개혁자들이 꺼진 불을 다시 켜고 신앙의 원리를 중세 1000년 동안 세워진 로마가톨릭 전통이 아니라 성경과 초대교회에서 찾게 되었던 것이다. 이 종교개혁의 정신은 '오직 성경, 오직 믿음, 오직 은혜'의 정신으로 신앙과 삶을 되살리는 것이다. 이런 정신으로 강단의 설교가 갱신되었다. 그러나 말씀을 선포하고 끝났다면 어떻게 종교개혁이 전 유럽에서 큰 성공을 거둘 수 있었을까?

그 비결은 목양장로 사역과 직결된다. 이미 신약성경에서 장로의 본질과 사역이 명확하게 제시되어 있었다. "여호와께서 모세에게 이르시되 이스라엘 노인 중에 네가 알기로 백성의 장로와 지도자가 될 만한 자 칠십 명을 모아 내게 데리고 와 회막에 이르러 거기서 너와 함께 서게 하라 내가 강림하여 거기서 너와 말하고 네게 임한 영을 그들에게도 임하게 하리니 그들이 너와 함께 백성의 짐을 담당하고 너 혼자 담당하지 아니하리라"(민 11:16-17). 구약시대에도 장로들이 성도들의 공동체를 인도하고 있었다. 성경에서 이미 제시되었고 초대교회에도 존재했지만 중세에 굴절되어 상실되었던 것 가운데 하나가 바로 목양장로 사역이다.

4. 종교개혁과 장로의 목양 사역

(1) 성경에 근거한 장로 제도의 재발견

중세 말 그리스도인들은 '신앙 따로 삶 따로'의 이원론에 빠질 수밖에 없었다. 사람들은 알아듣지도 못하는 라틴어 미사를 참석한 후 교회를 벗어나면 성경과는 관계없는 삶을 살았다. 그들에게는 성경이 없었기 때문이다.

그러나 종교개혁은 그들이 재발견한 성경에서 그동안 잊힌 제도들을 찾아내기 시작했다. 그 가운데 철저하게 성경을 강조했던 개혁파 종교개혁자들에 의해서 다시 조명된 것이 장로 제도였다.

장로는 본래 목양의 의미를 함축하면서 초대교회부터 존재해왔다. 그러나 중세에 들어와서는 땅에 묻히듯이 교회 안에서 사라져버렸다. 오로지 교황 제도만이 교회를 지배하고 있었다.

종교개혁자 칼빈은 말씀을 선포하는 장로와 잘 다스리는, 즉 목양하는 장로(딤전 5:17)를 보면서 장로 제도가 제네바에 잘 정착하도록 최선을 다했다. 칼빈은 로마서 12장 8절과 고린도전서 12장 28절 등에서도 장로 제도의 성경적 기원을 발견했다.

(2) 종교개혁과 목양장로 회복의 역사

종교개혁으로 누구나 성경을 읽게 되면서 사람들은 교황 제도의 모순을 깨닫게 되었다. 그리고 묻혀 있었던 장로 제도를 다시 발견하게 되었다. 이 장로 제도가 종교개혁 시대에 다시 발견된 데에는 보헤미아-모라비안 공동체의 공헌이 컸다. 그들에게 감명을 받은 스위스 바젤의 종교개혁자 외콜람파디우스(Johannes Oecolampadius, 1482-1531)가 1530년경 바젤에 장로 제도를 도입해서 성도들을 목양하고 훈련하도록 했다. 그러나 그의 정신은 스트라스부르에서 종교개혁을 이끌던 마틴 부처(Martin Bucer, 1491-1551)에게 흘러갔다. 부처는 1532년에 장로 제도를 도시에 도입하면서 교회의 영적 지도력을 다졌고 1533년에 총회에서 스트라스부르 규정을 제정하여 장로 제도를 확고하게 정착시켰다.

이 목양장로 사역을 이론적으로나 실천적으로 확고히 자리 잡게 했던 것은 바로 존 칼빈(John Calvin, 1509-1564)이었다. 프랑스에서 태어난 그는 16세기 스위스 제네바에서 사역했던 목회자이자 신학자로서 근대 세계에 신학적 방향을 제시했다. 이 칼빈의 제네바 컨시스토리(치리회) 사역에서 우리는 목양장로 사역의 모범을 발견할 수 있다.

1538년에 제네바를 떠난 칼빈은 프랑스 이민 교회 목회를 하러 스트라스부르에 왔다가 마틴 부처의 목양장로 사역에 큰 감명을 받게 된다. 1541년에 다시 제네바로 돌아간 칼빈은 "제네바 규정서"에 장로 제도를 명시하면서, 장로직은 하나님이 세우신 직분이라고 강조했다. 초대교회의 장로 제도를 회복시키자는 것이었다.

요약해보자면, 장로라는 직분은 성경과 초대교회에 존재하다가 중세 1000년 동안 묻혀 있었다. 결국 종교개혁 시대가 되어서야 이 장로 제도가 재발견된 것이다. 그리고 한국교회는 종교개혁 500주년을 맞아 21세기에 그것을 재조명하고 있는 것이다.

5. 종교개혁 시대의 제네바: 목양장로 사역의 실례

왜 장로 제도가 필요했고 또 성공할 수 있었을까?

당시에는 도시와 영지, 혹은 국가 단위로 종교개혁을 따르는 일이 많이 발생했다. 그래서 본의 아니게 국가교회와 같은 형태로 발전하는 일이 생겼던 것이다. 그러다 보니 영적이고 내적인 변화와 삶의 개혁 없이 그저 눈에 보이는 형식만 바뀌었으며, 교회 예배에 참석하는 것만으로 성도의 책임이 끝난 것처럼 여겨지기 시작했다. 결국 무늬만 신앙인인 성도들이 생겨날 위기가 커졌다.

그래서 종교개혁자들은 중세시대에 그 의미가 중세에 왜곡되고 상실되었던 장로 제도를 성경에 근거하여 다시 시행했다. 그 정체성은 한마디로 '목양장로'라고 할 수 있다. 정확하게 표현하자면

이 목양장로 제도는 종교개혁자들이 만든 제도가 아니라, 성경에 이미 기록되었고 초대교회 때 실시되었던 것이다. 장로 제도를 통해 성도들의 삶을 권면하면서 그들이 하나님의 자녀답게 살아갈 수 있도록 하는 목양 사역이 더없이 중요했던 것이다. 장로 사역이 활성화된 곳에서는 형식적인 신앙인이 변하여 하나님 앞에 경건한 성도들로 성숙해지고 있었다.

종교개혁자 가운데 루터가 종교개혁을 성공적으로 시작했다면 이 운동을 일상에서 뿌리내리게 한 것은 칼빈을 중심으로 하는 개혁파였다. 이 일이 가능할 수 있었던 이유 가운데 하나는 장로의 목양 사역이었다. 종교개혁의 중심지 가운데 하나였던 스위스 제네바의 경우를 생각해보자. 목사와 장로가 컨시스토리를 구성했는데 이곳에서 실제적인 목양 사역이 이루어졌다. 다시 세워진 장로 제도의 목양 사역을 통해서 그리스도인의 삶은 성경적이고 하나님이 원하시는 아름다운 모습으로 회복되기 시작했던 것이다.

창조주요 구속주이신 하나님은 이 세상을 통치하실 때 교회 안에 직분자를 세워서 자신의 통치를 이루어가신다. 장로의 직분 또한 마찬가지다. 그러므로 교회 안에서 장로의 직분을 감당할 때는, 그 사역을 통해서 그리스도의 몸인 교회를 세워나가야 할 것이다. 그러므로 목사와 장로 같은 직분자는 그리스도의 지체로서 서로를 섬기는 자세로 교회를 이끌어가야 한다. 특히 장로는 단순히 교회 안에서 행정 및 회계 관리를 맡는 항존직이 아니었다. 장로의 역할은 교인들의 개인적이고 구체적인 삶을 돌아보면서 그들의 영적 필요를 채워주는 목양의 성격을 가졌다.

목사는 하나님의 통치를 이루기 위해서 하나님의 말씀을 선포하며 성례를 집행하고 교인들을 훈육하는 영구직이다. 그러나 장로는 평신도 가운데 선출된 대표로서 목사와 더불어 컨시스토리를 통해 성도들의 삶의 현장에 교리를 내면화하며, 그들의 일상적이고 세밀한 실제 삶을 영적으로 지도하는 목양의 기능을 갖는다. 이 컨시스토리는 목사와 장로로 구성된 것으로써 목사와 장로가 서로 협력하여 목회적 돌봄을 감당하는 기관이다. 그러므로 장로의 목양 사역 또한 다른 교회의 활동과 마찬가지다. 말씀으로 그리스도의 통치를 이루어가는 목사와 협력하며 또한 말씀의 사역자로 부름을 받은 목사의 지도를 받아 전개되어야 할 것이다. 장로는 목사와 함께 컨시스토리에서 복잡한 그리스도인의 삶의 문제를 세밀하게 목양하고 있었다.

삶의 현장에서 성도들과 함께 고민하며 말씀대로 살아가는 장로는 성도들의 모범으로, 삶으로 가르치며 상담해주는 신앙의 인도자로, 이단의 파수꾼으로, 실제적인 목자로, 양을 위해 목숨을 거는 선한 목자로 서야 할 것이다.

칼빈이 제네바에서 실시했던 컨시스토리 사역은 오늘날 목양장로 사역의 실제적 모델이다. 목사와 장로가 팀을 이루었던 컨시스토리에서 했던 제네바 시민들의 결혼 관련 사역의 실제 사례들을 분석해보면 그 성격이 보다 분명하게 드러난다. 특히 결혼과 관계된 내용이 중요한 이유는, 결혼에 대한 관념과 실제적 삶이 중세의 봉건제도를 벗어나서 근대적인 시대로 나가는 데 제네바의 컨시스토리 사역이 공헌한 바가 매우 크기 때문이다. 또한 실제로 당시 제네바 컨시스토리의 역사적 자료 중 결혼과 관련된 내용이 가장 많이 남아 있기 때문이다.

이 역사적 문헌들이 보여주는 것은 목사와 장로로 구성된 컨시스토리에서는 각 가정의 구체적인 생활까지 목양하고 지도했다는 점이다. 결혼에 대한 칼빈의 새로운 신학적 전망은, 결혼을 법적인 조치라는 정치적이고 법학적인 측면이 아니라 제네바의 컨시스토리의 구성원인 목사와 장로들에 의한 목회적 사역의 자리에서 다루어지도록 했다는 것이다.

당시에는 전근대적인 결혼과 매매혼, 강제 결혼 등을 당연하게 여기던 시대였다. 그러나 컨시스토리에서는 이 문제들을 매우 구체적으로 다루면서 건강한 가정을 이루도록 가르쳤다. 이 컨시스토리에서 활동하던 장로들은 구체적이고 실천적인 사역을 감당하고 있었으며, 이러한 목양 사역을 통해서 제네바는 당시 유럽 가운데서도 가장 하나님 나라의 정신이 충일한 도시국가로 굳게 설 수 있었다.

16세기 스위스 제네바는 많은 종교개혁자들이 가장 이상적으로 하나님의 나라가 가시화된 도시로 손꼽았던 곳이다. 제네바가 그렇게 될 수 있었던 이유는 제네바 교회의 컨시스토리 사역 때문이었다. 당시 제네바는 시의회를 중심으로 모든 시민들이 종교개혁 신앙을 받아들였다. 그래서 시민들은 성인이 되면 의회에서 종교개혁 신앙을 공적으로 고백했다. 그들은 자연스럽게 제네바 교회의 성도가 되었다. 물론 그들 모두가 저절로 신실한 하나님의 백성이 되는 것은 아니다. 그래서 목사회에서 보낸 약 12명의 목사들과 시의회에 속한 약 12명의 장로들이 팀을 이루어 제네바 교회의 성도들과 시민들을 영적으로 지도했다. 이 컨시스토리는 당회라고 번역되기도 하지만 보다 독특한 그 시대의 특성을 반영하고 있는 것이다.

우리가 알 수 있는 것은, 장로는 말씀을 설교하는 목사와는 구별되는 직분이었지만, 제네바의 컨시스토리에서 장로는 목사와 함께 교리교육을 내면화하여 삶에 적용시켰다는 점이다. 더 나아가 장로는 컨시스토리를 통해서 사생자, 버림받은 사람과 학대받는 아이들에게 새로운 피난처를 제공했으며, 학대받는 부인들과 가난해진 과부들에게 새로운 보호처를 제공하기도 했다.

요컨대, 종교개혁 500주년에 다시 돌아보는 목양장로 사역과 관련하여 중요한 점은, 당시 제네바의 컨시스토리에서 칼빈과 같은 목사들은 물론, 평신도 가운데 선출된 장로들이 함께 동석하여 이 복잡한 그리스도인의 삶의 문제를 일일이 목양하고 있었다는 것이다. 이러한 16세기 제네바 교회의 유형은 유럽과 아메리카 대륙의 장로교회들을 통해서 더욱 정교해져 지금까지 전해 내려오고 있으며, 심지어 근대 시민사회의 질서와 전통을 창출하는 일에도 기여했던 것이다.

6. 종교개혁 이후 목양장로 사역의 간과와 그 결과

16세기 종교개혁 시대 컨시스토리의 목양 사역은 이후에 어떻게 되었을까? 물론 이 사역은 네덜란드와 미국의 개혁주의 교회를 통해서 면면히 이어오고 있기는 하지만, 전반적으로 약화되었고, 오늘날 강한 영향을 주지는 못한다고 볼 수 있다.

왜 그런 것일까? 18세기 프랑스 혁명 이후 유럽에 확산된 계몽주의 사상의 영향이 치명적이었다. 신앙에서 이탈하는 근대 서양의 역사와 밀접한 관련이 있다. 계몽주의가 교회에 침입하게 된 18세기 이후, 더 이상 성도들은 일상의 삶에서 하나님의 사람으로 살아가는 것이 아니라, 신앙과 교회로부터 자유로워지고 싶어 했다. 이처럼 사람들은 점차 개인주의적이고 자유주의적인 방향으로 나아가게 되었다. 신앙을 가지고 인간의 삶을 돌아보는 것이 아니라, 이성의 시각으로 신앙을 바라보게 되면서 목양장로 사역이 점점 약화되었던 것이다.

그 결과 교회에 위기가 찾아왔다. 본고의 취지와 관련해서 말하자면, 목양장로 사역이 약화되고 간과될수록 개인의 삶의 현장이 하나님을 의식하지 않는 곳으로 변질되었다는 것이다. 그 결과 유럽의 교회는 영적인 에너지도 상실했고 오늘처럼 기독교의 영향력을 크게 상실하고 말았다.

이런 맥락에서 종교개혁을 통해 재발견된 장로 제도는 그저 박물관에 보관될 역사 유물이 될 수 없다. 성경에 근거하고, 역사적으로 확증되었던 장로 직분은 우리에게 여전히 중요하다.

7. 나오는 글

16세기 종교개혁 시대 유럽에서는 성경에 제시되었고 초대교회부터 실행되었던 장로의 목양 사역 개념이 재발견되어 활발히 실행되고 있었다. 장로는 평신도 가운데 선출된 대표로서 목사와 더불어 컨시스토리를 통해, 성도들의 삶의 현장에 교리를 내면화하며 성도들의 일상적이고 세밀한 실제 삶을 영적으로 지도하는 목양의 역할을 하고 있었다. 특히 역사적 격변기인 당시에 흔들리고 혼

란스러웠던 결혼과 가정에 대한 개념을 성경적으로 다시 정리하는 데 장로의 목양 사역이 크게 기여했다.

역사적으로 볼 때 신앙에 대한 헌신이 약화될수록 목양 사역에 대한 관심도 약화되었다. 그럴 때마다 교회는 더욱 세속화되었으며 예배당의 빈자리는 점점 늘어났다. 그러므로 한국교회가 목양 장로 사역을 통해서 전 교회가 살아 움직이는 그리스도의 몸을 회복할 수 있다면, 우리는 종교개혁의 정신을 다시 회복하며 무기력한 상태를 박차고 일어나게 될 것이다.

목양사역은 목자의 정신에서 찾아 적용해야 한다. 곧 목자의 정신은 목사와 장로 부부가 함께 사역의 현장에서 벗어날 수 없다고 본다. 자녀를 양육하는 부모가 함께 자녀를 돌보듯 교회에서 영적인 자녀인 성도들을 돌보는 일은 지극히 당연하다. 필자가 어느 교단 장로 수양회에서 질문한 적이 있다. "장로님들, 장로가 되고 나니 전보다 행복하십니까? 행복하다고 생각하시는 장로님들은 손을 들어보세요." 그때 천여 명이 넘는 장로들 가운데 손을 든 사람은 한 명도 없었다. 목양을 하게 된다면 분명 행복하게 사역하면서 행복한 장로가 될 수 있다고 확신한다. 양을 돌보지 않으면 영이 메마르고 신앙생활이 삭막해지기 때문이다. 더욱이 사역의 본질이 목양에서 떠났을 때 사탄이 끊임없이 괴롭힐 것이기 때문이다. 성경에 분명하게 제시되어 있고 초대교회와 종교개혁 교회를 통해서 역사적으로 명백하게 검증된 장로의 목양 사역이 다시 살아날 수 있다면, 한국교회는 다시 한 번 부흥과 성장의 시대를 맞이할 수 있을 것이다.

종교개혁 500년을 맞이하는 한국교회는 종교개혁에서 무엇을

배울 것인가? 한국교회는 종교개혁이 되찾았던 성경적인 목양장
로 사역을 통해서 그리스도인들의 가정을 다시 행복하고 소중한
보금자리로 회복할 수 있을 것이다. 이것이 곧 종교개혁 500주년
이 한국교회에 주는 축복이라고 할 수 있다.

최홍준

국제목양사역원장, 호산나교회 원로목사
제자훈련 목회자 네트워크(칼넷, CAL-NET) 고문

7장

/

목회와 제자훈련

제자훈련의 유익한 목표는 평신도가 선한 목자이신 예수님의 마음을 갖게 하는 것이다. 필자는 36년 전 척박한 경남 양산에 개척하면서 주님의 핏값으로 사신 교회를 세우기 위해 기도했다. 그런 가운데 고(故) 옥한흠 목사님을 만나서 제자훈련 제4기 수련회를 마치는 날 '이것이 교회를 세우는 것이구나!'라는 깨달음을 얻었다. 이후 교회 성장보다는 한 사람 한 사람을 세우기 위해 노력하고 헌신한 결과가 오늘의 삼양교회라고 할 수 있다. 지금도 여러 가지 문제점을 보완하면서, 건강한 교회와 더 나은 목회 사역을 위해 노력하고 있다.

제자훈련에 임하는 목회자나 성도가 놓치기 쉬운 것들이 더러 있다. 그중에서 필자가 경험한, 제자훈련의 실속을 다지는 방법 몇 가지를 독자와 함께 나누려고 한다.

제자훈련은 만병통치약이 아니다

제자훈련은 만병통치약이 될 수 없다. 성도들은 교회 안에서 훈련을 받을 때는 변화된 듯 보이지만, 막상 훈련이 끝나고 나면 곧 제자리로 돌아가곤 한다. 이는 교회도 마찬가지다. 제자훈련을 잘한다고 해서 그 교회가 반드시 건강하고 능력 있는 교회라고 단정할 수 없다. 제자훈련을 하지 않기 때문에 생기는 문제들도 있지만 실은 제자훈련을 하기 때문에 새로운 문제에 봉착하는 경우도 많다. 예를 들어, 제자훈련을 함께 받다 보면 같은 기수 사이에 끈끈한 정이 생겨 똘똘 뭉치게 되는데, 이것이 다른 성도들에게 위화감을 줄 수도 있다. 또 제자훈련을 수료해서 중직자 선출의 대상이 되었다고 자랑하는 성도도 있는데, 이 역시 아직 제자훈련을 받지 않은 성도에게 불편함을 느끼게 할 수 있다.

더 중요한 문제는 제자훈련을 잘 받아도 지난 수십 년간 형성된 인격이 하루아침에 바뀌지 않는다는 사실을 잊어버릴 때 생긴다. 제자훈련은 하나님과 인격적으로 만나 계속 교제할 수 있도록 그 통로를 열어주는 단계에 불과하다. 예수님의 제자들 역시 그분의 가르침을 통해 거듭 훈련을 받다가 부활하신 주님을 인격적으로 만난 이후에야 본격적으로 변하기 시작했다. 성도들도 마찬가지다. 제자훈련 자체가 변화를 담보하지 않는다. 제자훈련을 통해 하나님을 인격적으로 만날 수 있는 발판이 마련되었다면, 이제는 누가 시켜서가 아니라 스스로 하나님을 만나길 갈망하면서, 기도도

하고 말씀도 묵상해야 한다. 그럴 때 하나님께서 성도들을 만나주시며, 또 그들을 변화시키기 시작하신다.

간혹 근본적으로 죄성을 지닌 인간이 전인적으로 변화될 수 있는가에 대해 의구심을 가지는 분들이 있다. 그런 질문에 필자는 "성령은 인간의 마음 안에서 지금도 살아 역사하십니까?"라는 질문으로 대답을 대신한다. 제자훈련은 말씀과 기도를 통해 사람의 마음과 생각과 영혼 안에서 성령이 운행하심으로 사람을 치유하고 변화시키는 일련의 과정이다. 그래서 필자는 성령의 능력을 신뢰하는 만큼 성도들의 변화도 신뢰한다. 아니 확신한다.

변화가 일어나는 것은 분명하지만 그 변화가 우리가 정한 시기에, 우리가 예상하는 만큼 일어나는지는 가늠할 수 없다. 풀빵 기계를 돌리면 풀빵이 일정한 모양으로 찍혀 나오듯 제자훈련을 돌리면 성숙한 성도라는 풀빵도 일정하게 나온다고 생각하는 것은 큰 오산이다. 변화의 시점은 하나님 외에 누구도 알 수 없다. 어떤 분은 제자훈련 초기에 성령이 만져주시고, 또 어떤 분은 제자훈련을 마치고도 아무런 변화를 느끼지 못하다가 수년이 지나고 나서야 그 열매를 맛보기도 한다. 모든 것은 성령이 정하신 시간에, 정하신 방법으로 이루어지는 것이다.

제자훈련은 종착역이 아닌 출발역

제자훈련을 통해 놀라운 인격적인 변화와 삶의 열매를 경험했다 할지라도, 제자훈련을 받은 성도는 더욱 겸손해져야 한다. 제자훈련을 통해 기본적인 교리와 신학이 정립되었다고 해서 으쓱해져서는 안 된다. 그것은 단지 기초에 불과하다는 사실을 반드시 기억해야 한다. 제자훈련을 받을 때는 훈련에 전념하되, 훈련이 끝나면 '내가 제자훈련을 받았기 때문에 이렇게 바뀌었다'가 아니라 '제자훈련을 통해 하나님의 말씀을 더 배우고 싶어졌다'는 생각으로, 겸손하며 더욱 갈급한 마음을 가져야 한다. 다시 말하지만 제자훈련은 변화의 끝이 아니라 시작이다. 하나님 안에서 믿음의 이정표를 하나 세웠을 뿐이다. 그러므로 신발 끈을 다시 단단히 묶고 주님이 부르시는 그날까지, '그리스도의 장성한 분량에 이르기까지' 계속해서 달려 나아가야 한다.

혹여나 제자훈련을 받고도 인격적으로 하나님을 만나지 못한 성도가 있다면, 이 점을 잘 설명하여 지속적으로 소그룹 안에서 훈련받으며 성령 충만을 사모하도록 도와주어야 한다. 소그룹 활동은 개인의 인성은 물론 가치관, 세계관, 심지어 신앙관에도 영향을 미친다. 하나님의 자녀들이 말씀 안에서 영적으로 깊은 교제를 나누면 성령이 그 그룹을 어루만지신다. 즉, 성령은 소그룹이라는 도구를 사용하시어, 이제껏 개개인들이 가정이나 사회에서 받지 못하고 경험하지 못했던 것을 받고 경험하게 함으로써 온전한 그리스도의 형상을 닮아가도록 하신다.

성령운동? 운동이 아니라 기본기

제자훈련이 단지 하나님의 말씀을 공부하는 과정이라고 생각하기 쉽다. 하지만 말씀 공부와 더불어 철저하게 기도를 병행해야 한다. 제자훈련의 가장 큰 가치는 기도를 통해 성령과 교제하는 데 있다. 그러므로 기도가 없으면 성령과의 교제도 없고, 그런 제자훈련은 세상의 학교와 다를 바가 없다. 성령의 도움 없이는 어떤 진리도 깨달을 수 없기 때문이다. 하나님은 성령을 통해 우리와 함께하시며 또한 우리를 도우신다. 이것이 우리가 제자훈련을 할 때 먼저 기도로 성령의 인도를 구해야 하는 이유다.

우리의 의지만으로는 제자로 살아갈 수 없다. 예수님의 말씀에 순종하는 것 역시 우리의 의지로만 되는 일이 아니다. 결정적으로 하나님의 도우심이 필요하다. 결국 성경 공부를 하더라도 우리 마음을 살펴서 그 말씀에 순종할 수 있도록 도와주시는 분은 성령이다. 즉 성령의 도움이 없는 성경 공부는 열매 없는 수고가 되고 마는 것이다.

그러므로 제자훈련은 '기도를 통한 성령의 사역' 그 자체다. 또한 제자훈련의 주체는 사람이 아니라 하나님이시다. 그런 의미로 미루어볼 때, 제자훈련에서 기도 생활은 자기중심적인 삶의 방식에서 하나님 중심적인 삶의 방식으로 변화되기 위해 꼭 필요한 훈련이다. 거듭나게 하시고 거룩하게 하시는 성령의 은혜를, 기도를 통해서 충만히 경험할 때 비로소 그리스도의 형상으로 아름답게 빚어질 수 있다.

이처럼 기도와 제자훈련이라는 두 개의 수레바퀴가 성공적으로 맞물려 돌아가려면 반드시 다음의 네 가지가 수반되어야 한다.

첫째, 목회자 자신이 먼저 기도를 통해서 전적으로 성령의 능력을 의지해야 한다. 제자훈련은 우리의 힘으로 되는 일이 아니다. 아무리 강한 의지를 가지고, 체계적으로 진행한다 해도, 오직 기도를 통해 성령이 함께하시지 않으면 그 훈련은 실패한다. 소그룹은 와해되고, 교회에 큰 후유증이 남을지도 모른다. 그러므로 제자훈련의 기본은 기도다. 기도가 사람을 변화시키는 가장 큰 원동력임을 확신하며, 목회자 스스로 성령께 훈련의 주도권을 온전히 내어드려야 한다. 목회자가 모범을 보이지 않는다면 제자훈련과 기도가 함께 가기 어렵다.

둘째, 성도들에게 제자훈련에 대한 확신을 심어주어야 한다. 기도도 제자훈련에 대한 기대와 확신이 있는 사람이 하는 것이다. 제자훈련에 대한 확신이 없는 사람은 작은 어려움을 만나도 기도하기는커녕 도망갈 궁리만 한다. 그리고 기대했던 것과 달리, 들인 시간과 노력에 비해 열매가 너무 적다고 불평하며 제자훈련을 판단해버린다. 그러나 제자훈련은 단기간에 완성되는 것이 아니다. 제자훈련의 열매는 오랜 시간 동안 기도하면서 말씀 안에서 숙성이 될 때 비로소 맺힌다. 따라서 포기하고자 하는 사람에게 계속해서 확신을 심어줄 때 소망을 품고 끝까지 훈련에 임할 수 있다. 제자훈련은 하나님이 명하신 목회의 본질이며 핵심이다. 왜냐하면 제자훈련은 한 성도가 교회 내에서는 거룩한 지체이자 동역하는 평신도 사역자요, 교회 밖에서는 예수님을 전하는 전도자로 살아가도록 그에게 주춧돌을 놓는 작업이기 때문이다. 이러한 제자훈련에 대한 소망과 확신을 가지고 기도할 때, 제자훈련의 효과는 우리의 삶 속에, 그리고 공동체 안에서 더 크게 나타날 것이다.

셋째, 비전을 공유하도록 동기부여를 해야 한다. 제자훈련을 하면서 성도들에게 기도를 강조하는 것은 함께 미래를 그려가기 위해서다. 모세는 광야에서 이스라엘 백성을 인도할 때 항상 '젖과 꿀이 흐르는 가나안 땅'에 대한 이야기로 백성에게 약속의 땅에 대한 소망을 심어주었다. 그것은 너무나 큰 비전이었지만 40년이 지나 그 꿈은 마침내 이루어졌고, 이스라엘 백성은 가나안 땅에 들어갈 수 있었다. 이와 마찬가지로 목회자는 제자훈련을 할 때 '앞으로 우리 공동체에 어떤 일이 벌어질지, 하나님이 백성인 성도가 어떤 사람이 될지'를 가슴속에 그릴 수 있도록 늘 이야기해주어야 한다.

《어린 왕자》의 저자 생텍쥐페리는 "만약 당신의 배를 만들고 싶다면, 사람들을 모아 목재를 가져오게 하거나 일감을 나눠 주는 것 따위의 일은 하지 말라. 대신 그들에게 저 넓고 끝없는 바다에 대한 동경심을 심어주라"라고 말했다.

넷째, 제자훈련은 원칙대로 해야 한다. 아무리 앞의 세 가지 원칙이 제대로 시행되었다 하더라도 제자훈련을 대충대충 진행한다면 소기의 목적을 기대하기가 어렵다. 그러므로 제자훈련은 철저히 FM(Field Manual: 야전교범)대로 진행해야 한다. 필자가 제자훈련을 처음 교회에 도입할 당시에는 원칙대로 강하게 성도들을 훈련시켰다. 그런데 몇 기수가 지나서였을까? 어느 기수에 들어온 사람들 대다수가 이런 강한 훈련 방식을 견디지 못했다. 그래서 '좋은 게 좋은 거다'라는 심산으로 조금 느슨하게 진행했다. 그런데 타 기수의 훈련생들과 비교했을 때, 강하게 훈련받은 기수는 지금도 사역 현장에서 열심히 일하는 반면, 느슨하게 훈련받은 기수는 제자훈련을 하나의 통과의례로 받아들인 나머지, 영적으로 미숙하며 일꾼으로서의 자질이 제대로 갖추어지지 않았다. 또한 열정과 교회를 사랑하는 마음에서 타 기수와 큰 차이를 보이곤 했다. 그러므로 제자훈련을 하는 사람이나 받는 사람 모두 강한 훈련에 대한 필요성을 인식해야 한다. 매주 해야 하는 숙제, 독후감, 성경 암송,

기도와 같은 가장 기본적인 경건 훈련이 습관으로 몸에 배지 않으면, 그것 위에 더 많은 것들을 쌓아 올릴 수 없기 때문이다.

필자가 경험한 일이다. 필자는 베트남에 파병을 가기 전 군단사령부에서 근무한 관계로 유격훈련을 받지 않았다. 그런데 사이공 항구에 도착했을 때, 엄청난 대포 소리가 귓가를 때렸다. 필자는 "아! 이제 정말 전쟁터에 왔구나!"라는 생각에 정신이 번쩍 들었다. 그래서 유격훈련을 받지 않은 것이 너무 후회되어 현지에서 자청해 훈련을 받았다. 무엇 때문에 그렇게 사서 고생을 했을까? 바로 생존을 위해서다. 훗날 시간이 지나 그때를 회상했을 때, 그 때의 유격훈련이 필자에게 커다란 유익이었음을 알 수 있다. 따라서 제자훈련을 원칙대로 강하게 진행할 때, 사람의 예상의 뛰어넘는 하나님의 역사를 경험하게 된다.

제자훈련이라는 좋은 프로그램도 결국은 좋은 내용물을 담기 위한 그릇에 지나지 않는다는 점을 기억할 필요가 있다. 질그릇 같은 우리에게 그리스도가 담길 때, 그 영혼이 진정 존귀한 자가 되듯, 탁월한 강사와 훌륭한 프로그램이라는 그릇도 결국은 한 사람의 영혼이 그리스도를 만나 새 생명으로 태어나는 경험이 있을 때 비로소 빛을 발한다. 그러므로 목회자는 자신이 먼저 그리스도의 제자로 부름받았다는 사실을 깊이 인식하고, 제자훈련의 모범을 보일 수 있도록 말씀과 기도의 경건 생활에 사활을 걸어야 한다. 또한 훈련을 준비하고 인도할 때 대충대충 해서는 안 된다. 성도들의 죄악 된 본성이 깨지고 그리스도 형상이 영혼에 새겨지도록 원칙대로 강하게 훈련해야 한다. 훈련에 임하는 성도는 하나님께서 개인과 가정과 공동체에 부어주실 은혜를 소망하며, 말씀에 대한 올바른 지식을 쌓는 노력과 자기부인의 기도를 계속해나가야 한다. 개혁주의에서 구원은 하나님의 100퍼센트와 사람의 100퍼센트가 만나 하나님의 100퍼센트를 이룬다고 말한다. 그러므로 제자훈련에 임하는 이들의 자세가 잘 준비될 때, 하나님께서 거듭나고 거룩케 하시는 은혜를 부어주사 주님이 꿈꾸시던 제자로 만들어 가실 것이다.

● **정연철**
   삼양교회 담임목사
   제자훈련 목회자 네트워크(칼넷, CAL-NET) 경남 대표

8장

제자훈련과 증인의 삶

한 영혼을 사랑하시는 주님

주님은 이 땅에서 3년 동안 공생애를 보내시면서 참으로 많은 사역을 하셨다. 무리에게 복음을 전하시고, 무리를 가르치시며, 그들의 각종 질병을 고쳐주시고, 귀신을 쫓아내셨다. 주님이 가시는 곳마다 수많은 사람들이 모여들었다.

더불어 주님은 영혼에 관심을 가지셨다. 그렇기 때문에 하루 일과를 마치고 몹시 피곤한 상태에서도 배에 오르시고, 건너편으로 가는 동안 고물에 누워 주무셨던 것이다. 가는 길에 광풍을 만나 제자들이 곤욕을 치른 것은 우리가 잘 아는 내용이다(막 4:35-41). 문제는 왜 주님이 광풍을 만날 걸 아시면서도 건너편으로 가셨냐는 것이다.

그 이유는 두 가지다. 첫째는 자신이 누구인지를 가르쳐주시기 위함이다. 주님은 만물을 지배하고 통치하는 주권자요, 만왕의 주인이다. 그렇기 때문에 거센 바람과 물결을 단 한마디 말씀으로 잠잠하게 하신 것이다.

둘째는 주님이 마귀의 지배를 받아 고통을 당하는 영혼을 사랑하셨기 때문이다. 주님이 가려고 하신 곳에는 군대귀신이 들린 자가 있었다. 이 사람은 집을 떠나 무덤 사이에서 살고 있었다. 그는 밤낮 무덤 사이에서나 산에서나 늘 소리를 지르며 돌로 자기의 몸을 해쳤기 때문에 모두가 그를 두려워했다(막 5:1-20). 그래서 사람들이 여러 번 고랑과 쇠사슬로 그를 묶어두려고 해보았지만, 그럴 때마다 그는 쇠사슬을 끊고 고랑을 깨뜨렸다. 사람의 힘으로는 도무지 그를 제어할 수 없었다. 그런데 주님은 이 사람을 만나기 위해서 시간을 내고, 무엇보다도 피곤한 몸을 이끌고 거라사 지방까지 가신 것이다.

사실 주님이 이렇게 먼 곳까지 찾아가신 경우는 드물다. 그러나 주님은 군대귀신 들린 이 사람에게 마음을 두고 계셨다. 가족 중 한 명에게 문제가 생기면 온 가족이 힘들고 고통스러워한다. 만약 해결될 만한 문제라면 소망이라도 갖겠지만, 그렇지 않다면 인생이 얼마나 고달프겠는가? 더구나 귀신이 들어가서 한 사람을 지배하고 그의 일상을 망가뜨린다면, 이 얼마나 불쌍한 인생인가? 문제는 사람에게 귀신이 공격하고 들어가서 그를 제압하면 그 어떤 능력을 가진 자라도 귀신을 쫓아낼 수 없다는 것이다.

그러나 비록 군대귀신이 들려서 흉악한 몰골을 하고 있지만, 그도 소중한 영혼이다. 그는 구원받아야 하고, 사람답게 살아야 하고, 행복을 누려야 할 사람이다. 주님은 이 사람의 영혼과 가족을 사랑하셨다. 그래서 귀신을 쫓아내주신 것이다. 오직 주님만이 귀신을 쫓아낼 수 있다. 주님은 참된 하나님이시기 때문이다. 귀신이 나가자 이 사람은 온전하게 되었다. 그가 주님을 따라가겠다고 했을 때 주님이 하신 말씀은 우리에게 엄청난 감동을 준다. "예수께서 배에 오르실 때에 귀신 들렸던 사람이 함께 있기를 간구하였으나 허락하지 아니하시고 그에게 이르시되 집으로 돌아가 주께서 네게 어떻게 큰일을 행하사 너를 불쌍히 여기신 것을 네 가족에게 알리라 하시니 그가 가서 예수께서 자기에게 어떻게 큰일 행하셨는지를 데가볼리에 전파하니 모든 사람이 놀랍게 여기더라"(막 5:18-20).

주님은 그에게 집으로 돌아가라고 하셨다. 그 이유는 무엇이겠는가? 이 사람 때문에 온 가족이 얼마나 마음을 졸이고 염려했는지를 아셨기 때문이다. 주님은 그를 가족의 품으로 속히 돌려보내고 싶으셨던 것이다. 주님의 따뜻한 사랑이요 배려다. 이를 통해 우리는 주님이 한 영혼을 천하보다 귀하게 여기시며, 한 가정을 얼마나 사랑하시는지 알게 된다.

또한 주님이 이 사람에게 집으로 돌아가라고 하신 이유 중에는 돌아가서 증인의 삶을 살라는 뜻도 있었다. 주님이 어떻게 큰일을 행하셨는지, 자기를 얼마나 불쌍히 여기셨는지를 가족에게 알리라는 의도였다. 이 말씀은 우리의 영혼과 가정을 소중히 여기시는 주님의 마음을 우리에게 알려준다. 동시에 주님은 이런 사실을 그냥 침묵하지 말고 전하라고 하신다. 즉, 증인의 삶을 살라는 것이다.

주님이 원하시는 증인의 삶

증인의 삶이란 첫째, 내가 보고 경험한 것을 전하는 삶이다. 나의 경험이 중요하다. 신앙은 피상이 아니라 실제다. 내가 경험하지 못하고는 신앙이라고 할 수 없다. 둘째, 주님이 하신 일을 드러내는 삶이다. 즉, 주님을 드러내는 것이다.

그렇다면 묻고 싶은 질문이 두 가지 있다. 무엇을 경험한다는 것인가? 그리고 무엇을 전하라는 것인가? 이 질문은 신앙생활에서 가장 중요하고도 기초가 되는 질문이다. 모든 신앙은 여기에서 출발한다고 해도 과언이 아니다. 내가 경험하지 못한 신앙으로 사는 것은 그리 오래가지 못한다. 내가 경험한 신앙이란 내가 만난 주님을 말한다. 다시 말하면 주님이 가지고 계신 영생, 즉 주님의 영원한 생명을 내 것으로 삼는 경험이다. 이는 주님이 역사하심으로 시작된다. 은혜와 믿음과 구원은 사람에게서 나오지 않는다. 기독교의 신앙은 전적으로 하나님으로부터 오는 것이다. 믿음, 신앙, 구원은 하나님의 은혜로만 가능하다. 인간이 만들어낼 수 없다.

종교개혁의 배경이 된 구원론

모든 사람은 영원한 생명을 갈구한다. 죄를 짓고 난 후로 모든 사람이 갖게 된 공통의 소원이다. 숱한 사람들이 태어나고 죽었다. 지금도 마찬가지다. 여전히 인간은 태어나고 살다가 죽는다. 이 질서에서 벗어난 사람은 없다. 그렇기 때문에 모든 인간은 죽음 앞에서 무력하고, 두려워한다.

종교개혁의 시발점이 되었던 루터도 마찬가지였다. 지금으로부터 500년 전 루터의 상황을 살펴보면 도움이 될 것이다. 루터의 마음은 평생 죽음에 대한 두려움과 구원에 대한 갈망으로 가득했다. 그래서 오랜 세월을 구도자로 살았다. 특별히 1521년 7월 2일의 사건은 루터가 수도원에 들어가기로 작정하는 계기가 되었다. 슈토터하임 근처에서 무시무시한 폭풍우를 만난 것이다. 세차게 내려치는 천둥과 번쩍이는 번개가 얼마나 무시무시했던지 루터는 목숨을 잃을까 봐 겁이 났다. 특히 루터는 준비되지 않은 갑작스런 죽음을 두려워했다. 그래서 루터는 더욱 간절하게 하나님을 추구했고, 마음의 평강과 양심의 안식을 주실 수 있는 하나님을 찾았다.

마틴 루터가 종교개혁을 일으킨 배경은 공교롭게도 구원론과 연결된다. 루터가 종교개혁을 시작한 이유는 면죄부 때문이었다. 중세의 면죄부 사건은 이미 역사를 통해서 잘 알려진 내용이다. 하나님께서 루터를 통해 95개의 반박문을 쓰고 비텐베르크 성당 문에 붙여놓게 하셨다. 이것이 전 유럽으로 퍼진 것이다. 그만큼 루터가 살던 시대는 구원을 목말라했다.

구원은 면죄부로 얻는 것이 아니다. 이 사실에 대해서 루터가 증인으로 나서지 않았다면 오늘날 개혁교회는 생기지 않았을 것이다. 구원은 오직 우리 주 예수 그리스도를 믿음으로만 얻는다. 믿음도 오직 주님에게서 나온다. 에베소서 2장 8-9절이 이것을 증명해준다. "너희는 그 은혜에 의하여 믿음으로 말미암아 구원을 받았으니 이것은 너희에게서 난 것이 아니요 하나님의 선물이라 행위에서 난 것이 아니니 이는 누구든지 자랑하지 못하게 함이라."

누가 진정한 제자인가

오늘날 예수님의 진짜 제자는 누구일까? 예수님을 닮은 사람이다. 예수님과 같은 생각과 사상과 신앙을 가진 사람이다. 그래서 예수님을 자랑하는 사람이다. 더 쉽게 말하면 예수님을 증거 하고, 드러내고, 나타내고, 보여주는 사람이 예수님의 바로 제자다.

예수께서 십자가에 못 박혀 죽으시고 3일 만에 부활하시고 하늘로 승천하시기 전 제자들에게 남기신 말씀은 땅 끝까지 이르러 증인이 되라는 것이었다. "오직 성령이 너희에게 임하시면 너희가 권능을 받고 예루살렘과 온 유대와 사마리아와 땅 끝까지 이르러 내 증인이 되리라 하시니라"(행 1:8). 어느 시대를 막론하고 진정한 예수님의 제자라면 주님의 명령에 순종하여 복음의 증인으로서 확고한 소명을 가져야 한다. 주님은 십자가에서 죽으시고 3일 만에 부활하셔서 제자들이 머문 곳으로 찾아오셨다. 그리고 제자들에게 이렇게 말씀하셨다. "예수께서 또 이르시되 너희에게 평강이 있을 지어다 아버지께서 나를 보내신 것같이 나도 너희를 보내노라"(요 20:21).

예수님의 제자는 세상으로부터 부름받은 하나님의 백성임과 동시에 세상으로 보냄받은 주님의 증인이다. 주님의 제자는 이 세상을 사는 동안 삶의 모든 영역에서 그분의 증인이 되어야 한다. 회사 업무를 하든 공부를 하든 가사를 돌보든, 제자는 삶의 모든 영역에서 주님을 드러내는 증인의 삶을 살아야 한다.

그렇다면 주님의 제자가 증거 해야 할 구체적인 내용은 무엇인가? 바로 복음이다. 인간의 죄를 대신 짊어지고 십자가에서 못 박혀 죽으신 뒤 3일 만에 죽음을 이기고 부활하신 예수님을 전하는 것이다. "또 이르시되 이같이 그리스도가 고난을 받고 제삼일에 죽은 자 가운데서 살아날 것과 또 그의 이름으로 죄 사함을 받게 하는 회개가 예루살렘에서 시작하여 모든 족속에게 전파될 것이 기록되었으니 너희는 이 모든 일의 증인이라"(눅 24:46-48).

복음은 언제 들어도 기쁜 소식이다. 동서고금을 막론하고, 남녀노소를 불문하고, 빈부귀천을 구분하지 않고 복음은 언제 어디서 누가 들어도 기쁜 소식이다. 나 같은 죄인을 구원하기 위해서 십자가에 못 박혀 죽으시고 죽음을 이기시고 3일 만에 부활하신 분이 이 세상에 어디 있단 말인가? 인류 역사 중에 죽음을 이기고 부활하신 분은 예수님 외에 한 분도 없다. 제자는 이 주님을 자랑하고 전하는 자다.

초대교회 성도들이 고난과 핍박 그리고 순교를 당하게 된 이유는 예수님을 전했기 때문이다. 스데반이 순교한 이유도 예수님을 전했기 때문이다. 그들의 부활의 주님을 전할 때 이미 목숨을 내걸어야만 했다.

베드로와 요한이 감옥에 갇히게 된 것도 예수님을 전했기 때문이다. 정해놓은 시간에 기도하러 성전에 올라가던 베드로와 요한에게 뜻밖의 사건이 기다리고 있었다. 나면서부터 못 걷게 된 사람이 성전 미문에 앉아서 구걸을 한 것이다. 이때 베드로와 요한이 외쳤다. "은과 금은 내게 없거니와 내게 있는 이것을 네게 주노니 나사렛 예수 그리스도의 이름으로 일어나 걸으라"(행 3:6). 그러자 놀라운 기적이 일어났다. 앉은뱅이가 자리에서 일어난 것이다. 뿐만 아니라 성경은 그가 걷기도 하고 뛰기도 하며 하나님을 찬송

했다고 말해준다. 이 일로 말미암아 수많은 사람들이 베드로와 요한을 붙잡고 '솔로몬의 행각'이라 부르는 곳에 모였다. 이때 베드로가 증언했다. "이 일을 왜 놀랍게 여기느냐, 우리 개인의 권능과 경건으로 이 사람을 걷게 한 것처럼 왜 우리를 주목하느냐. 우리가 이 일을 한 것이 아니라 너희가 십자가에 못 박아 죽인 예수께서 부활하셔서 이 일을 하신 것이다." 사도행전 3장 6-16절이 이것을 말해준다.

이 일 때문에 베드로와 요한에게 돌아온 것은 칭찬과 격려가 아니라 핍박과 고난과 감옥행이었다. 예수님을 전하다가 고난을 받고 옥에 갇힌 것이다. 그리고 예수의 복음을 전하지 못하도록 위협도 받았다. 그럼에도 불구하고 '복음을 전하는 일에 사람 말을 듣는 것이 옳은가 하나님의 말씀을 듣는 것이 옳은가 판단하라'며 더 당당하고 더 확신 있게 말하면서, '우리는 보고 들은 것을 말하지 아니할 수 없으며 이 일의 증인'이라고 외쳤다(행 4:18-20).

제자는 스승을 자랑하는 자다. 제자는 스승을 닮은 사람이다. 주님처럼 복음을 전하고, 주님처럼 생명을 구원하는 일에 전념하는 사람이다. 예수 믿는 성도는 주님의 복음을 전하는 사람이다. 사도 바울은 십자가 외에 자랑을 하지 않는다고 고백했다. "그러나 내게는 우리 주 예수 그리스도의 십자가 외에 결코 자랑할 것이 없으니 그리스도로 말미암아 세상이 나를 대하여 십자가에 못 박히고 내가 또한 세상을 대하여 그러하니라"(갈 6:14). 주님은 이 땅에 천국 복음을 전하기 위해서 오셨다. 그리고 우리를 살리기 위해서 오셨다. 그래서 십자가에 못 박혀 죽으신 것이다. 그분은 3일 만에 죽음을 이기시고 부활하셨다. 제자는 이 일의 증인이다.

교회의 역사는 복음 전파로 시작되었다

성령이 마가 요한의 다락방에 임하자 그들의 입이 열리면서 구원의 복음을 전했다. 각지에서 온 유대인들 중 어떤 사람들은 "이들이 다 갈릴리 사람이 아니냐"라고 말했다. 이 말에는 갈릴리 호수에서 고기나 잡는 무식한 사람들이라고 비하하는 뜻이 담겨 있다. 그리고 어떤 사람들은 "이들이 하나님의 큰일을 말한다. 도무지 있을 수 없는 일이 일어났다"라고 했으며, 또 다른 사람들은 "이들이 새 술에 취했다"라고 조롱했다. 이런 반응이 나올 정도로 예루살렘 성전에 모인 사람들이 충격을 받고 크게 놀란 것이다. 이때 베드로가 일어나 선포한 것이 바로 예수님의 복음이었다. 이 일로 말미암아 수많은 무리가 회개하고 주님께 돌아왔는데 그 수가 삼천이나 되었다(행 2:36-41).

복음을 전하면 사람들이 싫어한다. 단지 싫어하는 정도에서만 그치는 것이 아니다. 복음 전하는 자들을 핍박하고 괴롭히고 왕따를 시켜서 복음을 전하지 못하도록 막는다. 초대교회 당시에도 그랬고 지금도 그렇다. 그러나 제자는 예수님을 자랑하는 사람들이요, 예수님을 전하는 사람들이다. 교회 역시 예수님을 드러내고 예수님을 자랑하며 복음을 전하고 가르치고 사람들을 주님께로 인도하는 일이 교회의 본질이며, 본연의 사명이다.

이 사명을 완수하기 위해서는 교회와 성도가 가져야 할 것이 있다. 예수 그리스도의 복음이다. 또한 그분을 증거 할 수 있는 실력이다. 겉으로는 약해 보이는 사람도 복음이 있으면 강하다. 사람들이 많이 모였기 때문이 아니라 예수님의 복음을 가졌을 때 힘과 능력이 있다. 왜냐하면 복음은 사람을 살리는 능력이기 때문이다.

바울 사도는 스스로를 복음에 빚진 자라고 고백한다. 자신은 복음을 부끄러워하지 않는다고 고백한다. 그리고 이 복음만이 모든 믿는 자에게 구원을 주시는 하나님의 능력이라고 고백한다(롬 1:14-16). 이 복음을 교회와 성도가 알리려면 듣고 배워야 한다. 무엇보다 성경을 알아야 한다. 오직 성경을 통해서만 진리를 깨달을 수 있으며, 복음을 듣고 배울 수 있다. 그럴 때 더 많은 사람들이 복음으로 돌아오게 된다. 베뢰아 사람들의 신앙이 확고해지고 성장한 이유는 하나님의 말씀을 간절한 마음으로 받고 날마다 성경을 상고했기 때문이다. 이를 통해 헬라의 귀부인과 남자가 많이 참여하게 된 것이다(행 17:11-12).

에디오피아 여왕 간다게의 내시는 예루살렘에 예배하러 왔다가 돌아갈 때 빌립을 만났다. 빌립은 그에게 이사야의 글로 시작해서 예수님의 복음을 전한다. 이때 에디오피아 내시가 빌립더러 자신에게 세례를 베풀어달라고 요청한다. 이런 일이 일어난 것도 내시가 복음을 들었기 때문이다(행 8:26-38).

그런가 하면 사도 바울이 에베소의 두란노 서원에서 2년간 매일같이 성경을 가르쳤을 때도 놀라운 일이 일어났다. 유대인들과 헬라인들의 많은 무리가 이 복음을 듣고 예수를 믿은 것이다. 뿐만 아니라 바울을 통해서 하나님의 치유가 일어났는데, 희귀한 병들이 고침을 받고 악귀가 쫓겨났다. 마술을 하던 사람들이 자신들의 책을 모아 사람들 앞에서 불살랐는데, 그 책값이 무려 은 5만이나 되었다. 이처럼 하나님의 말씀을 전하고 복음을 증거 할 때 하나님이 역사하신다(행 19:1-20).

복음이 전파될 때 하나님의 역사가 일어난다. 성경을 기록한 목적도 예수님을 믿고 영생을 얻게 하는 복음을 전하기 위한 것으로 집약할 수 있다. "오직 이것을 기록함은 너희로 예수께서 하나님의 아들 그리스도이심을 믿게 하려 함이요 또 너희로 믿고 그 이름을 힘입어 생명을 얻게 하려 함이니라"(요 20:31). 그렇기 때문에 바울은 믿음의 아들 디모데에게 배우고 확신한 일에 거하라고 권면하면서 성경의 능력에 대해 말했다(딤후 3:14-17). 우리가 가장 먼저 해야 할 일은 이 복음을 잘 배우고 전하는 것이다.

이 복음을 배우고 끝나서는 안 된다. 전해야 한다. 다른 사람에게 복음을 전하지 않으면 의미가 없다. 제자는 복음을 전하는 자다. 그리고 제자는 스승을 닮아가는 자다. 주님이 목숨 걸고 복음을 전하시며 우리를 살리신 것처럼 우리도 복음을 위해서 죽을 각오를 해야 한다. 이 복음을 전하는 일에 전념해야 한다. 이것이 교회와 성도가 마땅히 해야 할 사명이다. 바울은 복음 전파에 생명을 걸었다. 감옥에 갇히거나 결박을 당하고 죽는 일이 있다 할지라도 주저하지 않고 사명을 감당하겠노라 고백했다(행 20:22-24). 성경을 통해서 나 같은 죄인을 구원하신 주님의 큰 사랑과 은혜를 배우고 깨닫는다면 주님을 위해 헌신하며 살게 된다. 오늘날은 이 복음의 증인들이 필요한 시대다.

500년 전 루터가 진리를 들고 일어났을 때 놀라운 일들이 벌어졌다. 기독교의 진리를 훼손하고 구원의 길을 잘못 인도하는 것을 견딜 수 없었던 루터가 95개의 항의문을 써서 비텐베르크 성채교회 문에 게시했던 것이다. 놀랍게도 이 소식은 보름 만에 온 독일로 신속히 퍼졌으며, 6주 후에는 온 유럽 사람들이 알게 되었다. 지금처럼 통신이 발달하지 않았는데도 루터의 개혁 소식이 전 독일과 유럽에 급속히 퍼졌다는 사실은 당시에 그만큼 진리에 대한 갈급함과 구원에 대한 사모함이 간절했다는 것을 말해준다.

만약 루터에게 진리와 구원에 간절함 및 갈급함이 없었더라면 그리고 이 사실을 증언하지 않았더라면 종교개혁은 일어나기 어려웠을 것이다. 오늘날 교회와 성도가 해야 할 일은 바로 이 복음을 배우고 전하는 것이다.

복음을 전하는 증인의 삶을 살 때, 하나님께서는 교회와 주님의 제자들을 더 크게 사용하실 것이다. 오늘날의 교회와 참된 제자가 추구하고 실천해야 할 일은 주님의 진리를 전하는 것이다. 그래서 사람을 살리는 것이다. 승천하시기 전에 주님이 남기신 말씀은 교회와 모든 성도들에게 큰 부담이면서 동시에 위로가 된다. 하늘과 땅의 모든 권세를 가지신 주님은 우리에게 가서 모든 민족을 제자로 삼으라고 하셨으며, 주님이 분부한 모든 것을 가르쳐 지키게 하라고 하셨다. 그리고 제자들과 세상 끝 날까지 함께하겠다고 약속하셨다(마 28:18-20). 이 큰 은혜가 모두에게 넘치기를 소원한다.

● **홍동필**

전주새중앙교회 담임목사
제자훈련 목회자 네트워크(칼넷, CAL-NET) 전북 대표

9장

/

제자훈련이 꽃이라면
전도는 열매다

제자훈련이 꽃인 이유

꽃은 언제 보아도 예쁘다. 언제 보아도 아름답다. 그러나 오래가지
않는다. 그래서 설령 꽃이 진다고 해도 낙심하지 않는다. 다시 필
것에 대한 기대감 때문이다.

제자훈련을 할 때 사람이 바뀌고, 변화되었다는 말을 들으면 감
동을 받게 된다. 그보다 아름답고 듣기 좋은 말이 없다. 그런데 때
가 되면 꽃이 시드는 것처럼, 제자훈련을 받고 변화된 모습으로 살
다가 몇 년이 지나면 다시 원점으로 돌아가는 사람들도 종종 본
다. "풀은 마르고 꽃은 시드나 우리 하나님의 말씀은 영원히 서리
라 하라"(사 40:8). 이 말씀에 나오는 풀과 꽃처럼 사람도 인격이 마

르고, 시들 때가 있다. 그렇기에 주님을 친히 본 바울도 이렇게 고백한 것이다. "형제들아 내가 그리스도 예수 우리 주 안에서 가진 바 너희에 대한 나의 자랑을 두고 단언하노니 나는 날마다 죽노라"(고전 15:31).

꽃이 피고 지듯이 인격도 피고 진다. 따라서 제자훈련은 단 한 번이나 몇 년의 기간을 통해서 완성되는 것이 아니라 끊임없이 훈련해나가는 것이라고 본다. 그래서 필자가 아는 어느 교회는 이미 제자훈련을 한 훈련생들에게 5년마다 한 번씩 다시 훈련할 수 있는 기회를 준다고 한다.

제자훈련을 통해서는 변화라는 꽃을 본다. 물론 성경에서는 인격의 열매를 많이 강조한다. 그리고 인격의 변화가 신앙의 열매라고 할 수 있다. 사역적인 관점에서 해석해볼 때 제자훈련을 통해서는 인격이라는 꽃이 예쁘게 핀다. 그러나 사역에서 가장 중요한 것은 열매다. 그 열매의 핵심은 전도에 있다. 아무리 인격이 변화되어도 그것이 전도로 이어지지 못한다면, 예쁘게 생긴 여인이 불임으로 출산하지 못하는 것과 같다. 결혼한 여인이 아기를 낳아봐야 진정한 어머니가 되고 가계를 이을 수 있는 것처럼 전도할 수 있는 성도가 되어야 재생산으로 연결될 수 있는 것이다.

전도가 열매인 이유

"이르시되 우리가 다른 가까운 마을들로 가자 거기서도 전도하리니 내가 이를 위하여 왔노라 하시고"(막 1:38). 예수님은 사역 초기부터 전도를 하셨고, 모범을 보이셨다. 교회에서 새가족이 왔을 때

가능한 한 전도 현장에 데려가서 전도하는 모습을 보여주며 직접 전도를 하게 하면 생각 외로 그의 믿음이 빨리 자랄 것이다.

예수님은 전도로 일관된 사역을 하셨다. 특히 틈만 나면 개인 전도와 노방 전도를 하셨다. 사마리아 여인과 삭개오를 전도하셨고, 심지어는 십자가를 지고 가는 현장에서 구레네 사람 시몬이 억지로라도 십자가를 지게 만드시면서 간접적으로 전도하셨다. 십자가에 못 박히셔서는 한쪽 편의 강도를 전도하셨고, 부활 후에는 도마에게 확신전도를 하셨다.

전도는 목회자가 솔선수범해야 한다. 예수님은 산에서, 배 위에서 가르치셨을 뿐만 아니라 현장을 뛰어다니며 전하셨다. 하지만 주님이 그렇게 전하셨는데도 막상 전도 결과에 대한 기록은 없다. 복음서에 오병이어의 기적으로 음식을 먹은 자의 수는 있지만 전도를 통해서 믿은 자의 수는 기록되지 않았다. 오히려 사도행전에 기록이 남아 있다.

만약 주님의 전도를 통해서 믿음을 갖게 된 사람들의 수가 성경에 나온다면 아마도 우리는 실족할 것이다. 예수님이니까 저렇게 결신의 열매를 거둘 것이라고 하면서 자신은 예수님이 아니기 때문에 못한다고 하는, 그럴듯한 명분을 내세울지도 모른다.

그런데도 주님이 앞장서서 전도하셨다. 모범을 보이셨다. 그것은 우리가 전도를 통해서 끊임없이 야성과 영성을 개발하도록 자극을 주시기 위함이라고 본다. 전도를 하기 전에는 기도하게 되고, 하고 나서도 기도하게 된다. 또한 전도의 현장에만 있는 독특한 하나님의 임재와 축복이 있다. 그렇기에 때로는 욕을 먹으면서도 노방 전도를 하는 것이다.

노방 전도를 무례하게 해서는 안 되지만 목회자가 적어도 일주일에 한 번 이상은 밖에 나가 전도하는 것이 필요하다고 본다. 물론 예의를 갖추고, 가급적 차나 먹거리를 준비하여 사람들과 나누며 전도하는 것이 좋다.

전도를 통해서 교인들은 다양한 체험을 한다. 신앙의 선배들이 전도하는 모습을 직접 보면서 따라 할 수 있다. 혼자서는 전도가 어렵고 오래가지 못하지만 함께 어울려 전도를 하면 서로를 통해 도전과 은혜를 받게 된다. 또한 먼저 믿은 성도들로부터 도전 정신과 야성을 물려받을 수 있다. 전도 후에는 식사 교제 등을 통해 그리스도 안에서 한 가족이 무엇인지를 경험하게 된다. 또한 정기적인 영성훈련을 통해서 서로가 믿음을 다지며 하나 됨을 경험한다. 그리고 간증을 통해서 나도 할 수 있다는 자신감을 갖게 된다.

철저한 전도 전략, '든지훈련'으로 무장하라

(1) '얻든지' 전략

"너는 말씀을 전파하라 때를 **얻든지** 못 얻든지 항상 힘쓰라 범사에 오래 참음과 가르침으로 경책하며 경계하며 권하라"(딤후 4:2, 볼드는 필자 강조).

기회가 주어질 때마다 전도하게 하는 것은 항상 생생한 긴장감을 주고, 사람들을 대할 때 전도에 대한 열정으로 불타오르게 한다.

2017년 1월 산본 양문교회(정영교 목사) 부흥사경회를 인도하던 중 있었던 일이다. 숙소가 수원 노보텔이었는데 사우나가 생각보다 작았다. 심지어 동네 목욕탕보다도 작아 보였다. 모처럼 아들이 방문하여 같이 들어갔는데 접수처도 없고 안내자도 없었다. 탈의실에 들어가서 옷을 넣으려고 했는데 달랑 잠금장치만 있었다. 이런 곳은 태어나서 처음 가봤다.

사람을 불러도 무반응, 여기저기 만지작거려도 무반응… 그러다가 아들이 말했다. "아, 이 목욕탕은 무인 시스템으로 운영되는 것 같네요." 잠금장치가 호텔의 금고와 같은 시스템으로 되어 있었던 것이다.

이어서 어떤 남성이 들어왔는데 경상도 분이었다. 그 사람도 호텔에서 이렇게 해놓은 곳은 처음 보았다면서 난감해하며 직원을 찾아 두리번거렸다. 우리는 선경험이 있었던 터라 그분을 친절하게 안내했다. 그러고 나서 욕탕에 들어가 보니 다섯 명 정도 앉으면 꽉 찰 것 같았다. 나는 아들과 대화를 하다가 옆에 앉은 경상도 분에게 점잖게 다가갔다.

"혹시 교회는 다니세요?"

"아, 예. 그런데 요즘에는 일요일에 일이 많아서 못 간 지 한참 되었습니다."

그에게 혹시 오늘 밤에라도 하나님이 부르시면 천국에 갈 확신이 있냐고 물으니, 전혀 생각해본 적이 없고, 그럴 자신도 없다고 했다. 그의 아내도 교회를 드문드문 나간다고 한다. 그래서 그에게 본격적으로 복음을 전했다. 욕탕 안인데도 그는 진지하게 복음을 받아들였다. 마지막으로 확신 질문을 받고, 결신 기도를 해드리고 싶다고 하자 그는 어떻게 이 목욕탕 안에서 벌거벗고 기도를 하냐며 어색해했다.

나는 우리의 벌거벗은 몸이 언젠가는 하나님 앞에 드러날 테니

괜찮다고 했다. 그리고 서로 마주 보며 앉았는데, 그는 계속해서
어쩔 줄 몰라 했다. 그래서 그의 두 손을 꽉 잡고 기도했다. 그는
결신 기도도 따라서 하고, 다시 교회에 열심히 출석하기로 약속했
다. 그의 이름은 최원수! 나이는 67세이며 두 아들을 둔 근육질의
남자다. 정말 잊지 못할 목욕탕 전도였다.

(2) '듣든지' 전략

"그들은 패역한 족속이라 그들이 **듣든지** 아니 듣든지 그들 가운
데에 선지자가 있음을 알지니라"(겔 2:5, 볼드는 필자 강조).

먼저 믿은 성도들의 사명은 복음을 전하는 것이다. 그런데 우리
는 상대방의 반응을 보려고 한다. 중요한 것은 듣든지, 아니 듣든
지 전하고자 하는 야성이 있어야 한다는 것이다. 열매는 성령께서
맺게 해주시는 것이니, 우리에게 중요한 것은 '듣든지, 아니 듣든
지' 상관없이 복음을 전할 때 전도자 자신의 영혼이 건강해지고,
영감을 얻게 된다는 점이다.

2017년 8월에 부산으로 당회 수련회를 갔다. 참으로 오랜만에
태종대에 가서 배를 탔다. 그런데 파도가 좀 치니까 배가 더 나아
가지 않고 다시 돌아가는 것이다. 그러고는 조금 멋쩍으니까 별로
볼 것도 없는 쪽으로 내리닫기만 했다. 뱃삯도 상당히 비싼데 너무
억울했다. 그래서 선장과 기관장이 있는 운전석으로 갔다. 물론 출
입구에는 "담당자 외 출입금지"라고 적혀 있었다. 그러나 누구도
무시하지 못하는 미소 전략으로 선장실 안까지 들어갔다.

나는 이렇게 싱겁게 돌아가려니까 억울하다고 했다. 그러자 자
기들도 어쩔 수 없다는 답이 돌아왔다. 파도가 조금이라도 세게 치

면 여성 탑승객들이 불안해하고, 더욱이 '세월호 사건' 이후에 조금만 민원이 들어와도 제대로 운항을 하지 못한다는 것이다.

"그러면 처음부터 운항을 하지 말았어야지요. 이대로 돌아가면 뱃삯이 너무 아까운데요."

"저희들도 먹고살아야 하지 않겠습니까?"

"아니, 이렇게 파도가 치면 경찰이 운항을 못하게 하지 않나요?"

"이 정도로는 운항을 금지하지 않습니다."

다만 여성들이 놀랄 수 있으니 배를 돌리는 것이라고 했다. 그래서 아직 놀라지도 않았는데 왜 그러냐고 물었더니, 조금 더 가다 보면 분명히 놀랄 테니 미리 조치를 취한다는 답이 돌아왔다. 엔진 소리가 요란했지만, 나는 이 일을 계기로 복음 전도에 들어갔다. 선장과 기관장은 대번에 십일조 낼 수 없어서 못 간다느니, 주일에도 일해야 한다느니 그럴듯한 핑계를 댔다. 그래도 복음을 듣고, 예수를 믿어야 구원받는다고 전해주니까 나중에 시간이 되면 나가겠다고 했다. 그들은 비록 듣지 않으려고 했지만 나는 복음을 전했다. 이것이 바로 '듣든지' 전략이다. 때가 되면 주께서 열매를 주시리라 믿는다.

그런 의미에서 우리는 '3면 의식'을 가지고 전도해야 한다. 나가'면' 있다. 만나'면' 있다. 말하'면' 있다.

(3) 있든지 전략

"그들이 날마다 성전에 **있든지** 집에 있든지 예수는 그리스도라고 가르치기와 전도하기를 그치지 아니하니라"(행 5:42, 볼드는 필자 강조).

성전이나 집에 있는 사람들은 대부분 신자들일 텐데도 왜 예수는 그리스도라고 가르치기와 전도하기를 그치지 아니했을까? 의외로 성전 안에는 불신자가 많다. 아직 미숙한 사람들과 확신이 없는 사람들, 믿음에 병이 든 사람들에게 복음을 확신시키는 작업이 필요하다. 가족 중에 믿지 않는 사람이 있을 때, 삶을 통해서 그리스도를 보여주며 참된 복음을 전해줄 필요가 있다는 것이다.

성도들이 전도 현장에서 쉽게 외우고 전할 수 있는 전도법, 한국적 상황에 맞게 전할 수 있는 전도법을 소개하며 이 글을 마무리하려고 한다. 용어 자체는 촌스럽지만 누구나 암기하기 쉬울 것이다.

'죄·죽·사·부·영'의 원리

(1) 인간은 **죄**인입니다

죄를 지어 죄인이 아니라 죄인으로 태어났기에 죄인입니다. 인간은 가르쳐주지 않아도 죄를 짓습니다. 배우지 않아도 죄를 짓습니다. 어려서부터 쉽게 거짓말을 하고 자기 욕심만 부리며, 교육을 받으면서는 더욱 지능적으로 거짓말하고, 탐욕을 내고, 미워하고, 음욕을 품고, 남에게 마음의 고통을 줍니다. 이런 것은 죄가 가져오는 표면적인 현상입니다.

그러나 이 땅에서 드러난 죄나 들춰진 죄는 대가를 치렀을 때 나름대로 용서를 받습니다. 세상의 법정에서 재판을 받고 상응하는 대가를 치르면 됩니다. 하지만 마음의 죄는 그대로 남아 있습니다.

죄 중에서도 가장 큰 죄가 있습니다. 가장 악한 죄가 있습니다. 가장 나쁜 죄가 있습니다. 그것은 바로 하나님을 믿지 않는 죄입니다. 원래 인간은 하나님을 믿고, 아름다운 교제를 나누면서 살도록 창조되었습니다. 그것은 바로 하나님을 아버지라고 부르면서 살도록 하나님이 우리를 창조하셨기 때문입니다.

그러나 인간은 교만과 게으름 때문에 하나님을 거부하기 시작했습니다. 교만은 하나님이 없다고 하면서 그분을 향해 공격적인 태도를 보이는 것입니다. 게으름은 바쁘다는 핑계를 대면서 하나님 앞에 나오지 않고 그분을 멀리하는 것입니다.

그런데 이렇게 하나님을 떠나는 죄는 이 땅에서 해결하지 않으면 결코 용서받을 수 없으며, 스스로 해결할 수 없다는 게 큰 문제입니다. 그러면 죄의 결과라는 것은 무엇일까요?

(2) 죽음이 찾아왔다는 것입니다.

사람들은 무엇이 잘못되었을 때 '죽을 쒔다'라고 표현합니다. 인생도 완전히 죽을 쑤는 순간이 있습니다. 바로 죽음이 찾아왔을 때입니다.

세상의 그 어떤 종교도 인간에게 왜 죽음이 찾아왔는지 시원하게 답을 주지 못합니다. 그저 인간의 허무를 이야기할 뿐 왜 남녀노소를 막론하고 죽음을 피할 수 없는지 원인을 규명하지 못합니다. 기껏 한다는 것이 생로병사에 대한 결과론만을 이야기할 뿐입니다. 그리고 그저 건강하게 오래 살려는 것에만 관심이 있을 뿐 도대체 인간은 왜 죽어야 하는지를 설명하지 못합니다.

그러나 성경은 유일하게 그 답을 제시합니다. 로마서 6장 23절은 죄의 삯이 사망이라고 정확하게 지적합니다. 죄 때문에 죽음이 왔다는 것입니다. 이 죄라는 것은 바로 하나님을 떠난 죄입니다.

그런데 우리가 알고 있는 것은 단지 육신의 죽음뿐이지만, 성경에서는 세 종류의 죽음을 말하고 있습니다.

'육신의 죽음'은 심장이 멈추고, 뇌가 그 기능을 하지 않는 것입니다. 이런 죽음은 모든 사람이 피할 수 없습니다. 그다음은 '영적인 죽음'입니다. 짐승과 다르게 사람에게는 영혼이 있습니다. 하나님을 믿지 않고 사는 사람을 가리켜 성경에서는 영적으로 죽었다고 합니다. 영적으로 죽었기 때문에 하나님을 찾는 기능이 완전히 마비된 것입니다. '영원한 죽음'은 하나님과 영원토록 분리되는 죽음입니다. 이 영원한 죽음은 하나님께 완전히 버림받아 심판을 받고, 지옥에 떨어지는 것입니다.

(3) 하나님은 세상을 사랑하십니다.

그런데 하나님의 마음은 그렇지 않았습니다. 세상을 너무너무 사랑하셨습니다. 어느 누구도 심판을 받아 멸망하는 것을 원하지 않으셨습니다. 그러나 죄인인 인간은 하나님께 감히 도달할 수 없었습니다. 인간이 아무리 선행을 하고, 수행을 하고, 덕을 쌓아도 완전하신 하나님께 나아갈 수 있는 길이 전혀 없습니다. 하나님은 참으로 거룩하시고, 완전한 분이기에 어느 누구도 감히 하나님 앞에 나아갈 수 없습니다. 하나님은 자신 앞에 모든 인간을 대신해서 나아올 수 있는 인간이 있는지 찾아보셨지만, 의인은 한 사람도 없었습니다. 그 결과 모든 사람이 죽을 수밖에 없었습니다.

그래서 이 죄를 담당할 수 있는 분을 보내주셨는데, 이분이 바로 예수님이십니다. 예수님은 모든 인류의 죄를 위해서, 나의 죄를 위해서 십자가에 달려 돌아가셨습니다. 그리고 그 십자가에서 모든 죗값을 지불했다고 선언하셨습니다. 그것은 하나님 아버지가 아들보다도 우리를 더 사랑한다는 증거입니다.

(4) 예수님만이 죽음을 정복하고 부활하셨습니다.

하나님은 완전하신 하나님과 불완전한 사람 사이에 다리를 놓고, 하나님께 나아갈 수 있는 유일한 분을 찾았습니다. 바로 예수님입니다. 예수님은 하나님의 영으로 처녀에게 잉태되어 세상에 오셨습니다. 이렇게 오실 수밖에 없는 이유는 죄의 영향을 받지 않기 위함이었습니다. 사람들이 종종 왜 이스라엘 출신의 교주를 믿느냐고 반문하지만, 하나님은 이스라엘 사람이라는 국적과 문화를 사용하셨을 뿐입니다.

세상에서 소위 '4대 성인'으로 손꼽는 인물이 있습니다. 석가모니는 건강 관리를 잘해서 그런지 80세까지 살았습니다. 그리고 인류에게 유익한 교훈을 많이 남겼습니다. 공자는 72세까지 살면서 사람의 도리와 인륜을 가르쳤습니다. 마호메트는 62세까지 살면서 중동과 전 세계에 종교적인 영향력을 끼쳤습니다.

이 세 사람에게는 공통점이 있습니다. 모두가 죽었다는 것입니다. 이들에게는 아주 훌륭한 무덤이 있습니다. 그러나 예수님은 무덤이 없습니다. 왜 그럴까요? 예수님은 하나님의 아들로 이 땅에 오셔서 우리 모두의 죄악을 사하기 위해 십자가에서 죽으시고 3일 만에 부활하셨기 때문입니다.

예수님의 부활은 인류에게 소망을 주었습니다. 우리도 언젠가는 죽겠지만, 그 후에는 반드시 다시 살게 됩니다. 그 시기는 예수님이 구름을 타고 다시 오실 때입니다. 그때 예수님을 믿고 영생을 가진 사람은 부활하여 영원히 삽니다. 그러나 예수님의 생명이 없는 사람은 정죄를 받고 심판의 자리에 서게 됩니다.

(5) 영접할 때 구원을 받습니다

앞서 이야기한 내용은 모두 진실입니다. 그러나 아무리 좋은 내용도 내 것으로 받아들이지 않으면 그림의 떡입니다. 방금 전해드린 말씀을 받아들일 수 있습니까? 그러면 영생을 선물로 받게 됩니다. 영접한다는 말은 동의한다는 말이요, 믿는다는 말의 또 다른 표현입니다. 당신은 어떻게 하시겠습니까?

● **오주환**

예안교회 담임목사
제자훈련 목회자 네트워크(칼넷, CAL-NET) 감사 · 전북 대표

10장

제자의 반항과 자유

오늘날 우리 그리스도인들은 의에 주리고 목말라 하는 모든 세대에 대해서 방관자로 군림하고 있으며, 이런 경향은 그 어느 때보다도 심한 것 같다. 이것은 '세계가 다 내게 속했다'는 약속의 말씀으로 '제사장 나라와 거룩한 백성'(출 19:5-6)이 된 이스라엘이 하나님의 언약을 지키기보다는 세계의 상속에만 관심을 둔 세속적 선민사상에서도 찾아볼 수 있다. 그러면 종교개혁 500주년을 맞이하는 시점에서 그리스도의 제자들은 어떻게 살아야 할까?

1. 제자의 내면적 깊이를 만드는 훈련

보이는 것들은 보이지 않는 것들로 인해서 존재한다. '자신이 하나님을 좇아 사고하고 있음'(케플러)을 알고 사는 그리스도인들은 우리가 하나님의 일을 하며 사는 것이 아니라, 하나님께 쓰임을 받는 삶을 살고 있다는 사실에 특별한 감사와 기쁨을 누려야 한다. 그러나 현 사회는 그리스도인들조차도 '보이는 것'으로 평가를 받는 성과주의의 영향 아래 놓여 있다. 그래서인지 교회 내에서도 '보이는 축복'에 비중을 두는 성향이 있다. 모든 공동체에는 흐름이 있다. 그리고 이 흐름은 어떠한 사상으로부터 영양분을 공급받으며 유지하다가 시간이 차서 무르익으면 행동으로 이어진다. 그런데 중요한 것은 행동을 결정하기 전에 내면적 갈등이 일어난다는 사실이다. 그렇기 때문에 그리스도의 제자들 역시 내면이 건강하게 성장하도록 주기적으로 영적인 점검을 해야 한다.

(1) 병들지 않는 제자훈련을 통해 내면적 깊이를 만들라

제자훈련에 있어서 가장 경계해야 할 질병은 조급증이다. 조급하게 세워진 사람은 쉽게 쓰러진다. 왜냐하면 이 조급증은 그리스도의 제자로 순종하며 사는 기쁨보다 '보여지는 우월감'에 빠지게 만들기 때문이다. 이런 현상들은 복음서에 기록된 예수 그리스도의 제자들에게서도 볼 수 있다. 베드로의 두드러진 실수 역시 조급증에서 오는 충동적인 행동에 기인한 것이다. 그러나 부활의 주님을 만난 후로 이 제자의 내면세계는 깊어졌다. 우리는 베드로의 두 번째 서신을 통해서 탁월해진 그의 영성을 확인할 수 있다. 그는 '세상에서 썩어질 것'으로부터 피할 수 있는 능력은 바로 '보배롭고 지극히 큰 약속'을 소유하는 것이라고 말한다. 그럴 때에 제자의 내면적 깊이가 성장하여 마침내 '신의 성품'에 참여하게 된다(벧후

1:4). 또한 제자들은 부르신 자의 성품을 닮아가며, 비로소 영적 나르시시즘을 유발시키는 환경에서 믿음으로 자신을 지킬 수 있다.

우리는 믿음 안에서 모든 것이 가능하지만, 믿음의 최고 목표는 요한의 고백처럼 '하나님은 사랑이심'을 일상에서 전하며 사는 것이다. 말씀이 육신이 된 것처럼, 내면에 쌓이고 쌓인 사랑이 마침내 행위로 노출되어야 한다. 제자훈련으로 믿음이 성숙해졌다는 것은, 제자의 사랑도 성숙하게 전달된다는 것을 의미한다. 그래서 특히 영성훈련을 할 때는, 훈련자만이 알고 있는 훈련생들의 특성에 따라 거룩한 기다림과 반복적 학습으로 인한 아름다운 수고가 마땅히 동반되어야 한다.

조급증의 반대가 꼭 천천히 진행하는 것은 아니다. 제자훈련을 통하여 내면적 깊이를 만들기 위한 또 다른 학습은 '단순화 훈련'이다. 단순하다는 의미는 불필요한 요소들을 거둬내는 것을 말한다. 중요한 것을 선택하면 그 외의 것들은 포기하게 된다. 제자훈련은 성도들의 삶을 단순하게 만들어주어야 한다. 삶이 복잡해지기 시작할 쯤에 개혁자들의 신앙처럼 '다시 출발점으로 돌아가는 것'을 두려워해서는 안 된다. 단순화 훈련을 통해서 내면적 깊이를 만들기 위해서는 조급함을 버리고, 그 빈 공간을 하나님의 사랑으로 채우는 것에 우선권을 두어야 한다.

조급함을 버릴 때, 우리는 하나님을 기대할 수 있게 된다. 정녕 우리에게 필요한 것은 하나님이다. 그 하나님을 예수님 안에서 볼 수 있는 능력이 제자의 내면적 깊이와 정비례한다. 그러면 하나님의 때에 그분의 방법대로 제자 된 나를 쓰신다는 것을 깨닫는, 참된 기쁨을 누리게 된다.

(2) 동행하는 제자훈련을 통해 내면적 깊이를 만들라

나에게는 영적 안내자가 역할을 하는 선배 목사가 있다. 그에게
는 제자훈련을 목회철학으로 삼고 전력투구하는 목회자들에게서
쉽게 볼 수 없는 훈련 코스가 있다. 훈련생들과 함께 여행을 하는
것이다. 물론 제자훈련, 혹은 사역훈련을 마치고 수료 기념여행을
가는 목회자들이 적지 않다. 그러나 이 선배 목회자는 우리의 상상
을 초월할 만큼 숙련된 영혼의 안내자다. 그는 이미 수십 차례 방
문한 성지순례를 반복할 뿐만 아니라, 세계 각처를 훈련생들과 동
행하면서 '자발적 동고동락'을 나눈다. 이 여행의 목적은 제자훈련
의 성육신화로, 그동안 나눈 말씀의 깊이를 확인하며, 아울러 타
문화와 새로운 환경 때문에 돌발하는 불편함을 즐기는 체험이다.
이는 상황에 따라 제자들에게 '질문'을 통하여 자신이 누구인지를
확인시켜주셨던 예수님의 방법이다. 이런 여행은 참여자들을 '협
력하는 제자들'로 만든다. 또한 무리 속에서 자신을 바라보며 성
장에 대한 열망을 갖고 부르신 자의 일에 쓰임받고 싶은 열정으
로 채워지게 만든다. "하나님은 일을 이루시기 위해 두 가지 방법
을 사용하신다. 자신의 섭리 가운데서 세우신 언약을 통한 방법과
하나님의 축복을 먼저 경험한 사람들을 도구로 사용하는 방법이
다"(월터 카이저, 2000).

2. 제자의 거룩한 반항

지금 우리는 행동주의가 범람한 시대를 맞았고 이런 집단적 타성
을 장려하는 사회에서 살고 있다. 그러나 그리스도인들이 '소극적

저항주의'에 물든 나머지, 교회가 세속화의 혹독한 대가를 치르고 있음에도 제자들은 수동적 자세에 머물러 있다. 외부적으로는 모든 사건마다 목청을 높여 구호를 외치고, 큰 무리를 이루어 길거리로 몰려드는 이때에 교회는 멀리서 작은 불들의 행렬을 숨죽여 지켜보고 있다. '폭력은 부정성에서뿐만 아니라 긍정성에서도 나올 수 있다'(한병철, 2012)고 말한 '과잉 긍정성의 사회' 속에서 과연 그리스도의 제자들은 어떻게 반응해야 할까? 지금이야말로 교회의 세속화와 과잉 행동주의에 대한 제자의 거룩한 반항이 절실히 요구되고 있다.

(1) 교회는 명사가 아니라 동사다

새벽기도, 경건의 생활, 전도, 섬김, 제자훈련, 예배, 선교, 사회봉사, 성도의 교제 등, 이 모든 것은 다 살아 있는 영적 액션이다. 개인의 움직임도 소중하지만, 대부분은 파트너가 필수적인 거룩한 액션들이다. 작고 섬세한 운동이 필요할 때가 있고 큰 운동이 요구될 때도 있다. 민첩하게 나아갈 때가 있지만, 여유를 가지고 지속성을 유지할 때가 있다. 가시적인 큰 무리의 움직임과 한 사람을 세우는 보이지 않는 소그룹의 움직임이 동반되어야 한다. 그리고 이 모든 동작은 '반복'이라는 과정을 통하여 유연해진다. 교회는 목회자와 평신도가 세상 속에서 그리스도의 제자가 되어, 함께 어깨와 어깨를 맞대고 '같은 싸움'(빌 1:30)을 해나가기 위해 움직이는 하나님의 능력이다. 더욱이 교회는 그리스도의 몸이 아니던가!

(2) 꺼져가는 사회의 불을 지피는 제자로 살라

그리스도의 제자들은 어떻게 살아야 할까? 갈수록 이원론으로 나뉘는 세상을 그대로 방관하고 최소한의 신앙생활을 제공하는 교회로 남을 것인가? 이제 우리는 총체적으로 사회와 문화를 바라보는 수준까지 온전한 제자가 되도록, 계속해서 훈련을 보완해나갈 필요가 있다. '한 사람 철학'을 바탕으로 제자훈련을 하는 목회자라면 한 영혼을 바라보면서, 그 속에 담겨진 무궁무진한 가능성을 꿈꾸어야 한다. 목회자 개인의 안목이 아니라, 큰 목자(벧전 5:4)의 마음과 눈으로 맡겨주신 성도를 주목해야 한다. 그것이 바로 각 사람을 부르시고 세우시는 교회의 본질이다. 목회자는 섬기는 교회를 통하여 시대적 · 지역적 사명을 평신도들과 공유할 뿐만 아니라, 하나님의 부르심과 보내심 앞에 함께 나아가며, 함께 성장하는 삶을 추구해야 한다. 왜냐하면 하나님의 부르심과 보내심은 차별이 없기 때문이다.

우리는 일상에서 그리스도의 제자 된 삶을 살아야 한다. 그리고 그리스도의 제자들은 더욱 시야를 넓혀야 한다. 사회 각 분야에 관심을 기울이고 늘 스스로 혁신하는 자세로 성경적 윤리 기준을 위하여 기꺼이 값을 치러야 한다. '누구'나 다 할 수 있다는 아름답고 소박한 희망은 이제는 누구나 '다' 할 수 있다는 놀라운 긍정의 논리 때문에, 사람들의 영혼은 성과에 대한 압박감으로 탈진해버렸다. 이런 시점에 그리스도의 제자들은 사회 각 분야에 적극적으로 참여해야 한다. 이를 위해서라도 철저하고 온전한 제자훈련이 필요하다. '새롭게 일어나는 기독교 문명운동을 위해 미래의 기회를 포착하도록, 우리는 그보다 더한 어떤 일이라도 감수해야 한다'라는 랄프 윈터의 말이 그 어느 때보다도 실감 난다.

3. 제자의 자발적 자유

교회의 지속적인 개혁을 위한 제자의 '자발적 자유'는 무척 고상한 영성이다. 자유를 생각할 때 상실과 박탈감에 대한 두려움을 갖게 된다. 그러나 그리스도가 보여주신 '자발적 상실'은 '게노시스'(빌 2:5-11)를 통해 하나님의 뜻을 다 이루셨다. 그의 자발적 상실은 신성의 본질을 잃어버린 것이 아니다. 완전한 신성을 가지고 인간의 육체로 오셔서 성부 하나님의 뜻을 이루고자 자유롭게 순종하셨다. 우리는 늘 자기주장을 내세우며, 자기 말을 하면서 산다. 자신이 옳다고 생각하는 것은 거리낌 없이 행동으로 옮기고, 그 일에 대한 이유와 변명을 습관적으로 이야기한다. 그러나 그리스도는 '이런 자유'를 자발적으로 상실했고 '보내신 이의 뜻을 행하며 그의 일을 온전히 이루는 것'(요 4:34)을 양식으로 삼았다. 이는 잠시 내려놓는 것이 아니라, 영원히 잃어버리는 것이다. 우리도 그리스도처럼 기쁜 박탈감을 누리며 거룩한 입맛을 소유해야 한다.

(1) 자유의 위대함을 경험하라

그리스도의 순종은 철저하게 고난으로 만들어졌다(히 5:7). 그리고 그리스도의 순종은 자발적 고통이 따랐다. 자발적 고통이 많은 사회일수록 비자발적 고통은 사라진다. 제자의 자유는 자신의 습관성 자유를 상실하는 것이다. 이렇게 제자들이 그리스도의 자유를 닮아갈 때 하나님은 우리에게 위대한 자유를 돌려주신다. 이는 나를 위한 '작은 자유'가 아니라, 많은 영혼들을 구원하기 위한 '큰 자유'인 것이다. 이 자유는 나에게서 너로 시선을 옮겨준다. 나의 가정뿐 아니라 이웃과 사회를 바라보게 하며, 나의 민족에서 더 나아가 열방을 품을 수 있게 해준다. 그리고 조국을 사랑하듯이 하나님의 나라를 실제적으로 사랑하게 해준다. 지역과 문화 및 언어를 넘어 생김새와 피부가 다른 이들과 더불어 살아가는 총체적 사관을 가지게 한다. 이 자유는 스스로 불편함을 받아들이게 한다. 복음의 역사는 언제나 자발적으로 불편함을 선택한 제자들이 한 생명과 한 민족을 위해서 늘 '새로운 땅'을 밟게 했다. 이들이 '새 하늘'을 보는 것은 너무도 당연하지 않은가!

(2) 인간 시장에서 제자의 자유를 누리자!

교회개혁이 5세기를 지나는 동안에 세상은 그 어느 시대에서도 찾아볼 수 없는 '디아스포라 시대'의 전성기를 맞이했다. 늘 그래왔지만, 인간은 본의와 타의에 의해서, 혹은 이민과 난민으로, 또는 시장 확장과 경쟁에서 살아남기 위해 지역을 옮기며 살아간다. 필자가 목회하는 브라질 상파울루는 역사가 토인비의 표현대로 '인간 시장'이다. 이런 사회에서 개인의 습관적·문화적·민족적 자유를 누리겠다는 것은 사회 파괴자가 되겠다는 것이나 다름없다. 이민 국가인 브라질에서는 정부가 특정한 날을 지정하여 각국의 문화 행사를 열도록 한다. 얼마 전 상파울루에서 '한국 문화의 날' 행사가 열렸는데, 그 호응도가 정말 대단했다. 한인 이민자보다 더 많은 브라질 사람들이 참여하여 대성황을 이루었다. 비록 반나절 동안 치른 행사였지만 참석한 시민들은 브라질 사람이기를 포기한 것 같았다. 그들의 즐거움은 습관적 자유를 포기하면서 얻어진 것이었다. 그러나 그런 자유는 오래가지 못한다. '도'를 넘어서 자유를 누릴 수는 있지만, 그것은 파괴와 무질서를 창출하는 그릇된 길로 가는 것이다. 그 광경을 보면서 일상에서 공유할 수 있는 자유의 문화가 필요하다는 것을 절실히 느꼈다. 예수 그리스도는 자유다! 우리는 예수 그리스도의 자유를 배우고 따라야 한다. 그리스도가 보여주신 자유는 결코 과도한 자기주장과 행위를 수반하지 않았다.

계속적인 개혁 '*Ecclesia reformata semper reformanda*'(개혁된 교회는 항상 개혁되어야 한다)는 그리스도의 제자로부터 출발했으며, 계속 진행되고 있다. 그것은 마치 자유롭게 되기 위해서 옛사람과 옛것을 포기하는 것이며, 일상에서 만나는 팩트와 비하인드 스토리에 대하여 하나님의 뜻에 응답하며 나아가는 것이다. 그래서 그리스도의 제자는 언제든지 '광야'로 뛰쳐나갈 준비를 갖추어야 한다. 광야로 나가는 자들은 약속의 땅을 차지할 것이다. 종교개혁 500주년을 맞이하면서 내면적 깊이를 소유한 그리스도의 제자들의 거룩한 반항과 위대한 자유의 행진을 바라본다. "온 세계가 다 무너져도 이것을 놓을 수 없다고, 이것을 위해 살고, 이것을 위해 죽겠다고 하는 목표를 찾아야 한다"(키르케고르).

● **고영규**
브라질 아과비바교회 담임목사
제자훈련 목회자 네트워크(칼넷, CAL-NET) 이사·남미 대표

11장

그 약한 자가
강국을 이룰 것이라

"아빠! 목회 안 하면 안 돼요?"

18년 전 어느 날, 당시 초등학교 4학년이던 큰아들이 불쑥 던진 말이다. 그 말이 무엇을 의미하는지 어렴풋이나마 알았던 것일까? 아들은 들릴락 말락 기어들어가는 목소리로 겨우 그 한마디를 내뱉고는 이내 눈물을 터뜨렸다. 아들을 부둥켜안고 하염없이 울었다. 아내는 물론이요 영문도 모르는 둘째 아들까지 뒤엉켜서 우리는 그렇게 한참을 통곡했다. 그리고 곧바로 짐을 챙겨서 무작정 여행을 떠났다. 처음으로 떠나는 가족 여행이었다. 교회를 개척하고 8년 동안 말로 다 표현할 수 없는 어려움과 아픔이 많았지만 견딜 수 있었다. 참을 만했다. 목사는 당연히 그래야 한다고 생각했다. 그런데 그날 아들의 한마디는 마치 심장에 박힌 비수처럼 고통스럽고 아팠다. 그동안 겪었던 어떤 어려움보다, 어떤 슬픔보다, 어떤 고통보다 더 아프고 괴로웠다. 외롭고 참담했다. '나는 목사의 소명을 받았으니 그렇다 치고, 목회자와 결혼한 아내 역시 스스로 선택한 일이니 어쩔 수 없다 할지라도 자녀들은 도대체 무슨 죄란 말인가?' 처음으로 개척교회 목회자로 살아가는 삶에 대해 심각하게 고민하게 되었다. '이대로 목회자의 삶을 포기할 것인가? 아니면 마음을 추스르고 다시 시작할 것인가?' 중대한 기로에서 나는 갈대처럼 흔들렸다.

개척, 그 망망한 바다에 뛰어들다

나는 1991년 9월 8일에 아무런 연고도 없는 춘천에서 하늘평안교회(구, 춘천시온교회)를 개척했다. 전도사로 섬기던 교회에서 마련해준 2,000만 원으로 시작한 교회 개척은 무모하면서도 위험한 도전이었다. '하룻강아지 범 무서운 줄 모른다'고 했던가. 아무런 계획과 준비도 없이 교회 개척이라고 하는 망망한 바다에 뛰어든 것이다. 그럼에도 교회는 조금씩 부흥하기 시작했다. 비록 작은 부흥이었지만 당시 춘천에 있는 개척교회들의 상황을 감안하면 놀라운 일이었다. 개척 1년 만에 19평에서 60평 건물로 이사할 때까지만 해도 나는 자신감이 충만했다. 하지만 준비되지 않은 목회자와 훈련되지 않은 성도의 밀월은 오래가지 못했다. 중추적인 역할을 감당하던 몇몇 가정이 교회를 떠나면서 교회는 풍랑을 만난 배처럼 흔들리기 시작한 것이다. 설상가상으로 임대료를 올려주어야 하는 막막한 상황에 이르렀다. 결국 버스도 제대로 다니지 않는 시 외곽의 허름한 장소로 교회를 이전해야 했다. 그곳에서의 3년은 내게 가장 암울하고 어두운 시기였다. 지난 2005년 어느 신문사가 공모한 신앙수기에서 아내는 당시의 상황을 이렇게 표현했다. "너무나 가난했다. 아무런 비전도 보이지 않았다. 더 이상 이렇게 사는 것은 그야말로 시간 낭비라는 생각이 들었다. 때로는 수중에 단돈 100원도 없었다. 쌀이 떨어져 라면으로 끼니를 때워야 할 때도 자주 있었다. 당시 난 한 가지 버릇이 생겼다. 길을 걸을 때 땅을 보고 걷는 버릇…. 모든 것이 너무 힘들어서 감히 하늘을 바라볼 엄두를 내지 못했던 것이다."

아내의 말처럼 교회는 아무런 희망이 보이지 않았다. 평생 개척 교회 상황을 벗어나지 못할 수도 있다는 두려움이 나를 엄습하곤 했다. 경제적인 어려움 역시 우리 부부에게는 감당할 수 없는 벽이었다. 끼니를 염려했고, 차비가 없어서 웬만한 거리는 걸어 다녔다. 한참 자라나는 두 아들을 위해 부모로서 아무것도 해줄 수 없다는 자책감 때문에 강대상 앞에 엎드려 소리 없이 울고 또 울었다. 그렇게 끝도 없는 절망의 낭떠러지에서 기적처럼 만난 것이 바로 '제자훈련 지도자 세미나'(CAL 세미나)와 옥한흠 목사님이었다.

광인(狂人) 옥한흠 목사님을 만나다

2000년 3월 13일은 나의 목회 여정에서 가장 기억에 남을 만한 날이다. 제44기 CAL 세미나에서 옥한흠 목사님을 만난 것이다. 세미나에 참석하면서 나는 마치 전기에 감전된 사람처럼 일주일 내내 전율했다. 인자한 듯하면서도 무섭게, 부드러운 듯하면서도 강렬

하게, 조용한 듯하면서도 우레 같은 음성으로 옥 목사님은 세미나를 인도하셨다. 옥한흠 목사님은 별호처럼 광인(狂人)이었다. 제자 훈련에 미쳤고, 목회에 미쳤고, '한 영혼'에 미친 분이셨다. 그때의 감동을 나는 그분의 책《평신도를 깨운다》(국제제자훈련원)의 책 맨 뒷장에 적어두었다. 밤을 하얗게 지새우면서 말이다.

세미나 마지막 날 밤이다. 일주일 내내 빡빡한 일정이었다. 더구나 오늘은 사랑의교회에 가서 실습까지 하느라 녹초가 되었다. 그럼에도 불구하고 잠이 오지 않는다. 이유가 무엇일까? 너무 많은 충격을 받아서일까? 너무 많은 생각이 잠을 쫓아낸 것일까? 그동안의 목회, 나름대로는 열심히 한다고 자부했었는데 지금 돌아보니 참으로 부끄럽다는 생각이 든다. 그토록 열린 마음과 앞선 목회철학을 가지고 평신도를 깨워오신 옥한흠 목사님을 보면서 솔직히 좌절감도 느껴진다. 하지만 아직 늦지 않았다. 이제부터 새로 시작하는 거다. 한 사람이라도, 단 한 사람이라도 제대로 훈련을 시키자. 수적(數的) 성장에 대한 부담을 떨쳐내고 본질에 입각하여 차근차근 시작하자. 하나님께서 내게 맡겨주신 양 떼들, 초롱초롱한 눈빛으로 날 바라보는 양 떼들을 생각하며 죽을 각오로 사역하자. 성령께서 날 붙들어주시길 기도한다. 지금의 이 열정과 자신에 대한 거룩한 분노(?)가 영원히 사그라들지 않도록 말이다.
_2000년 3월 18일 오전1시

당시 옥한흠 목사님이 불을 토하듯 하셨던 말씀이 지금도 귀에 쟁쟁하다. "미치세요. 미쳐야 합니다. 목사가 미치지 않으면 제자훈련은 절대로 성공할 수 없습니다. 미치지 않았다면 제자훈련은 시작도 하지 마세요!"

제자훈련의 씨앗을 심다

CAL 세미나를 마치고 돌아온 후 곧바로 제자훈련 제1기를 모집했
다. 사실, 모집이라 할 것도 없이 반강제로 등록을 시켰다. 남자반
세 명, 여자반 여섯 명. 이렇게 우리 하늘평안교회의 제자훈련이
시작되었다. 처음으로 제자훈련의 씨앗을 심은 것이다. 남자반은
일이 늦게 끝나는 형제가 있어서 금요일 밤 10시부터 새벽 1시까
지 진행했다. 열정 하나로 시작된 제자훈련은 기쁨과 보람도 컸지
만 위기와 어려움도 많았다. 한번은 훈련 시간에 자신의 허물과 약
점이 드러난 한 형제가 제자반을 그만두겠다고 선언한 적이 있었
다. 제자훈련 중에 나타나는 문제들을 다루고 극복하는 방법을 몰
랐던 나의 부족함 때문에 생겨난 일이었다. 가까스로 위기를 극복
하고 나자 이번에는 훈련생 한 명이 교통사고를 당해 3개월 동안
이나 입원해야 하는 문제가 발생했다. 고민하고 기도하던 끝에 병
원 대합실 한쪽 구석에서 매주 훈련을 계속했다. 결국, 세 명 중 두
명이 수료하여 현재 장로와 안수집사로 하늘평안교회를 아름답게
섬기고 있다.

여자반은 더 많은 어려움이 기다리고 있었다. 여섯 명 중 네 명
의 자매에게 아기가 있어서 어린이집에 맡기고 훈련을 했는데, 매
주 아기들을 떼어놓는 것이 여간 어렵지 않았다. 그럴 때마다 아기
들은 울어댔고, 심지어는 제자훈련이 진행되는 내내 울 때도 있었
다. 그뿐만이 아니었다. 엄마들이 아기들 걱정 때문에 제자훈련에

집중하기가 어렵다고 하소연을 시작했고, 급기야는 도중하차를 하겠다는 훈련생이 생겨났다. 한 사람만 중간에 그만두더라도 도미노 현상처럼 다른 훈련생까지 줄줄이 훈련을 포기할 수 있는 위기 일발의 순간이었다. 할 수 없이 몇 주 동안 아기들을 데리고 제자훈련을 해보기로 했다. 하지만 말이 훈련이지 제대로 된 제자훈련은 불가능한 상황이었다. 다시 아기들을 어린이집에 맡길 수밖에 없었다. 그런데 이게 웬일인가! 놀랍게도 아기들이 어린이집에 잘 적응하기 시작한 것이다. 제자훈련을 통해 경험한 첫 번째 기적이었다. 물론, 이 외에도 수많은 위기와 어려움이 있었지만 우여곡절 끝에 우리 교회는 감격적인 제1기 수료식을 하게 되었다. 그토록 어렵게 수료한 1기생들 덕분에 환경과 상황이 아무리 힘들고 어려워도 제자훈련은 반드시 받아야 하는 과정으로 교회 안에서 자리매김할 수 있었다.

오직 은혜로 예배당을 건축하다

제자훈련 제1기를 시작하고 목회의 보람과 기쁨을 새롭게 맛보며 사역하던 어느 날, 뜻밖의 문제가 발생했다. 건물주가 임대료를 터무니없이 올려달라고 요구한 것이다. 보증금 2,000만 원(월세 140만 원)이었던 임대료를 전세 1억 3천만 원으로 올려달라고 했으니 우리 힘으로 감당하기에는 도저히 불가능한 요구였다. 나는 이 문제를 놓고 교우들과 함께 기도하며 의논했다. 참으로 신기한 것은 그 사건이 예배당 건축의 시발점이 되었다는 사실이다. 임대료 문제로 모인 제직회에서 예배당 건축을 결정하게 되었다. 사실, 임대료를 올려줄 돈이 없어서 교회를 건축하게 되었다는 것이 이치에 맞는 일인가? 당시 하늘평안교회의 상황이나 평소 나의 성격으로 보면 임대료 2,000만 원으로 계약할 수 있는 건물을 찾아나서는 게 정상이다. 그런데 오히려 예배당을 건축하다니, '전화위복'(轉禍爲福)이라는 말은 바로 이런 경우를 두고 하는 말일 것이다.

예배당 건축을 결정하고 난 후 우리는 하나님께서 참으로 좋은 장소를 예비해두셨다는 사실을 깨닫게 되었다. 하지만 좋은 장소도 우리에게는 '그림의 떡'일 뿐이었다. 계약금 한 푼 없는 상태에서 예배당을 건축하는 일은 또 하나의 모험이요 무모하기 짝이 없는 도전이었다.

그러나 나는 교회 공동체의 결정이 곧 하나님의 뜻임을 믿고 담대하게 나아갔다. 의지할 사람이 없고, 기댈 곳이 없었지만 돌아보면 그것이 오히려 은혜요 축복이었다. 온 교우가 한 마음으로 오직 하나님만 바라보고, 오직 하나님만 의지하며 기도하기 시작했다. 놀랍게도 기적의 문이 하나둘 열렸고, 결국 아담하고 예쁜 1층짜리 예배당을 건축하게 되었다. 가끔 내 마음이 약해지고, 나태해질 때마다 나는 그때를 회상한다. 순수하고 절박하게 하나님만 바라보았던 순간들, 하루하루 오직 하나님의 은혜만을 갈망했던 순간들을 떠올리면서 마음을 추스르곤 한다.

하나님의 은혜는 거기에서 끝나지 않았다. 건축 후 2년 만에 예배당이 비좁아 로비에 서서 예배를 드려야 할 정도로 교회가 부흥했고, 2005년도에는 본당(2층-5층)을 증축하는 은혜를 부어주셨다. 2006년 1월 22일에 드린 입당예배 때 나는 눈물로 감사의 기도를 드렸다.

주님, 칠흑같이 어두워 한 치 앞도 내다볼 수 없는 상황에서도 당신은 빛으로 다가오셨습니다. 외롭고 쓸쓸하여 황량한 마음으로 방황할 때에도 주님은 유일한 친구처럼 변함없이 함께하셨습니다. 마음 둘 곳 없어, 흐르는 소양강 물줄기를 우두커니 바라보던, 그때에도 주님은 말없이 그곳에 함께 계셨습니다. 주님, 건축을 위해 온 교우들이 한마음 한뜻으로 죽을힘을 다해 나아갈 때마다 굳게 걸려 있던 빗장들을 풀어주심을 감사드립니다. 살얼음같이 아슬아슬했던 순간마다 기적 같은 은혜로 헤쳐 나오게 하심을 감사드립니다. 저희들이 실낱같은 가능성을 포기하지 못하고 지푸라기라도 잡으려는 심정으로 누군가를 향해 은근한 기대를 가질 때마다 그 기대를 무참히 깨뜨려주심도 감사드립니다. 철저히 성경적인 방법, 하나님의 방법으로 예배당을 건축하겠던 저희의 다짐들이 지켜지게 하심도 감사드립니다.

하나님의 은혜가 아니었으면 엄두조차 낼 수 없었던 예배당 건축, 오직 은혜로 건축된 예배당에 앉아 나는 지금도 매주 기쁨과 감격 속에 예배를 드린다.

제자훈련의 열매, 코칭네트워크

하늘평안교회는 2008년 4월부터 3개월 동안 내게 안식월을 갖도록 배려해주었다. 아내와 함께 미국과 독일 등에서 쉼과 재충전의 시간을 가졌다. 안식월을 마치고 돌아올 무렵 하나님은 내게 두 가지 비전을 품게 하셨다. 하나는 교회를 개척하는 일이요 다른 하나는 개척교회 목회자들을 돕는 일이었다. 안식월 이후 하나님은 내게 개척교회 목회자들을 섬기는 사역을 먼저 시작하게 하셨다. 교파를 초월하여 개척교회 목회자들을 위한 세미나에서 강의를 하게 된 것이다. 그들에게 위로와 도전을 주고 싶은 마음이 컸기 때문일까? 개척교회 목회자들 앞에 서기만 하면 눈물이 났다. 하지만 한두 시간의 강의만으로 실제적인 도움을 주기에는 한계가 있었다. 강의를 마치고 돌아올 때마다 허전하고 답답했다. 이에 대한 나의 고민 또한 깊어만 갔다. 그런데 하나님은 전혀 예상하지 못한 방법으로 나를 인도하셨다.

2011년은 하늘평안교회가 창립 제20주년을 맞는 해였다. 우리 교회는 20년 동안 베풀어주신 하나님의 은혜에 감사하는 마음으로 전국의 개척교회 목회자 50가정을 초청하여 2박 3일 동안 세미나를 개최하려는 계획을 세웠다. 제자훈련, 설교 등 전문 강사들을 통해 목회에 도움을 주고, 짧은 기간이나마 정성껏 섬김으로 위로하고 싶었다. 그런데 4월 초쯤 교단(기독교대한성결교회)내 '교회 진흥원'이라는 기관에서 연락이 왔다. 지역별로 모델교회를 선정하여 개척교회나 농촌교회를 지속적으로 돕는 코칭사역을 진행하고 있는데 하늘평안교회가 강원 지역에서 그 사역을 감당해주면 고맙겠다는 요청이었다.

나는 일단 기도해보겠다고 답하며 전화를 끊었다. 물론, 기도할 마음이 전혀 없었던 건 아니지만 거절의 의미가 더 컸다. 나는 그 사역을 감당하기에 적합한 인물이 아니라고 판단했기 때문이었다. 그런데 그 사역을 놓고 기도하던 중에 개척교회 시절 외롭고 고독했던 나의 모습이 떠올랐다. "얼마나 수고가 많으냐? 힘내라"와 같이 누군가의 진심 어린 말 한마디가 절실했던 때가 생각

낳다. 개척교회 목회자들에게 가장 필요한 것은 그들과 함께 웃고 울어줄 '친구'라는 생각이 들었다. 교회 진흥원에서 두 번째 연락이 왔을 때 나는 무조건 수락했고, 강원 지역 목회자 30여 명을 초청하여 1박 2일간 '지역 코칭 세미나'를 개최하게 되었다. 하늘평안교회를 개척하면서 겪었던 아픔들을 진솔하게 나누었고, 제자훈련을 시작하게 된 동기와 에피소드 등을 나누었다. 그리고 그 제자훈련이 지금 어떤 열매를 맺고 있는지를 보여주었다. 세미나를 마친 후 17명의 목회자들이 목회 코칭을 받고 싶다고 신청을 했다. 그렇게 만들어진 것이 바로 '코칭네트워크'(이하 코칭넷)다.

반드시 이루어가야 할 또 하나의 비전, 교회 개척

앞에서 말한 것처럼 2008년 안식월 때 하나님께서 하늘평안교회에 주신 비전, 즉 개척교회 목회자를 섬기는 비전 외에 또 하나의 비전이 '교회를 개척하는 일'이다. 나는 계속하여 이 비전을 품고 교회 공동체와 함께 기도해왔다. 다음은 2013년 '교회 개척주일'에 쓴 목회칼럼이다.

하나님께서 하늘평안교회에 주신 비전들 가운데 특별히 중요한 두 가지가 있습니다. 하나는 교회를 개척하는 일이요 다른 하나는 개척교회 목회자들을 섬기는 일입니다. 이는 2008년 안식월 때 주신 비전입니다. 하나님은 지난 5년 동안 개척교회 목회자들을 돕는 사역을 감당하게 하셨습니다. 사랑의교회에서 주최한 개척교회 목회자 세미나를 시작으로 교파를 초월하여 개척교회 목회자들을 위해 수십 차례 강의로 섬겼습니다. 하지만 한두 시간의 강의만으로 실제적인 도움을 주기에는 한계가 있었습니다. 강의를 마치고 돌아올 때마다 무언가 허전하고 답답했습니다. 그러던 차에 지난 2011년부터 코칭넷 모임을 시작하게 되었고, 매월 코칭넷 모임이 은혜 가운데 진행되고 있습니다.

그런데 우리에게는 아직 이루어가야 할 또 하나의 비전이 있습니다. 바로 '교회 개척'입니다. 여러분이 아시다시피 한국교회는 심각한 위기에 직면했습니다. 이 위기를 극복하는 가장 좋은 방법은 '건강한 작은 교회'를 많이 세우는 것입니다. 하나님은 우리 하늘평안교회를 통해 이 귀한 사역을 이루길 원하십니다. 우리 교회는 지난 2012년부터 주일이 다섯 번 있는 달의 마지막 주일을 '교회 개척 주일'로 지키며 헌금을 해 왔습니다. 또한 매월 '십일조 헌금의 십일조'를 교회 개척을 위해 적립하고 있습니다. 그럼에도 불구하고 우리 교회가 당장 교회 개척의 비전을 이루기에는 역부족인 것이 사실입니다. 하지만 "그 작은 자가 천 명을 이루겠고 그 약한 자가 강국을 이룰 것이라"(사 60:22)는 말씀을 저는 믿습니다.

사랑하는 교우 여러분! 주님께서 우리 교회에 주신 교회 개척의 비전을 위해 함께 기도하고 헌신하는 동역자들이 되어주시기 바랍니다. 하늘평안교회에 제자훈련의 씨앗을 심게 하시고, 코칭넷 사역을 통해 개척교회(목회자)를 섬기게 하신 하나님께서 교회 개척의 비전도 반드시 이루어주시리라 확신합니다.

뜻밖의 장벽 그리고 놀라운 반전

2016년은 하늘평안교회가 창립된 지 25주년이 되는 해다. 창립 제

25주년을 의미 있게 보내려면 어떻게 해야 할까를 놓고 기도하던 중에, 아직 준비는 미흡하지만 분립 개척이 가장 의미 있는 일이라는 결론을 내렸다. 그러나 2016년 4월 말에 개최된 제직회에서 뜻밖의 장벽에 부딪혔다. 재정이 부족하다는 이유로 분립 개척이 연기된 것이다. 물론, 우리 교회의 재정은 여유가 없었다. 하지만 교회를 개척하고 25년 동안 목회를 하면서 주님의 일은 돈으로 이루어지는 것도 아니고, 돈 때문에 지장을 받는 것도 아니라는 것을 뼈저리게 경험한 나로서는 참으로 예상치 못한 결과였다. '하나님의 뜻이 분명하다면 재정적인 문제 역시 하나님의 방법으로 채워진다는 사실을 수도 없이 경험했고 우리 하늘평안교회 동역자들 역시 함께 눈으로 직접 목격한 산증인들인데, 어떻게 재정적인 문제가 분립 개척의 장벽이 될 수 있는 것일까?' 목회에 대한 회의감이 폭풍처럼 몰려들기 시작했다. 이후 나는 극도의 우울증과 영적 침체의 늪에 빠져들었다. 누구도 부럽지 않은 행복한 목사임을 자부하며 목회를 해왔는데, 한순간 낙심과 좌절에 사로잡힌 것이다. 로뎀 나무 아래에 앉아서 "여호와여 넉넉하오니 지금 내 생명을 거두시옵소서 나는 내 조상들보다 낫지 못하니이다"(왕상 19:4)라며 탄식했던 엘리야와 같은 심정이었다.

개척을 연기시킨 이유가 무엇일까를 고민하며 우울한 마음으로 고통스러운 시간을 보내던 어느 날, 문득 '하나님께서 혹시 나에게 다시 한 번 교회를 개척하라는 뜻은 아닐까?' 하는 생각이 들었다. 스스로도 깜짝 놀랄 만큼 충격적인 생각이었다. '교회를 또 개척하다니, 그것도 50대 중반의 나이에…' 아무리 생각해도 쉽게 받아들여지지 않았다. 결국 8월 중순, 아내의 생일에 나는 내 마음속 고민을 아내에게 털어놓았다. 그런데 뜻밖에도 아내는 "하나님의 뜻이라면 순종해야죠"라고 대답하는 것이었다. 당연히 반대하리라고 예상했던 나는 그런 아내의 태도가 너무나 신기하고 놀라웠다. 아내와 나는 2017년 2월까지 기도하고 나서 그때까지 교회 개척에 대한 감동이 사라지지 않으면 하나님의 뜻으로 알고 순종하자고 약속했다. 그리고 2017년 2월, 안식월을 보낸 후 내가 분립 개척교회로 파송을 받는 것이 하나님의 뜻이라고 결론을 내렸다. 처음에는 부담으로만 다가왔던 교회 개척에 대한 비전이 시간이 흐를수록 선명해졌기 때문이다. 다만, 장로님들과 이 문제를 의논하되 만일 누구라도 끝까지 반대하는 사람이 있으면 마음을 접고 대신 부목사를 분립 개척교회 담임목사로 파송하겠다는 생각도 동시에 가졌다.

안식월을 마치고 돌아온 후 나는 장로님들을 불러 그동안 내가 기도하고 결정한 사항을 전했다. 예상대로 반대가 만만치 않았다. 담임목사가 분립 개척교회에 파송되면 하늘평안교회가 어려움을 겪을 것이라고 염려하는 장로님들의 고민은 어쩌면 당연한 것이었다. 나 역시 수십 번, 수백 번도 더 고민했던 일이 아니던가. 하지만 하나님은 사람을 통해 일하시지만 사람에 의존하시는 분은 아니라는 평소의 소신대로 거듭해서 장로님들을 설득했다. 대부분의 장로님들이 목사의 목회철학과 비전에 순종하는 마음으로 겨우 받아들이기 시작했지만 마지막까지 반대한 분이 계셨다. 결국, 마음을 접을 수밖에 없었다.

또 다른 내려놓음

내가 분립 개척교회에 파송을 받으려고 결정했던 이유가 몇 가지 있었다.

첫째는, 종교개혁 500주년에 대한 거룩한 부담감 때문이다. 개혁은 선언문을 작성하고 선포하는 것으로 끝이 아니다. 누군가 자기의 기득권을 내려놓을 때 가능하다. 모두들 한국교회가 위기라고 말하지만 목사든, 성도든 자기가 가지고 있는 기득권을 내려놓지 않는 이상 한국교회는 결코 개혁될 수 없다. 종교개혁 500주년을 맞이하여 내가 내려놓을 수 있는 것이 있다면 하늘평안교회의 담임목사직이라는 생각이 들었다.

둘째는, 언제부턴가 기도할 때마다 우리 하늘평안교회에 새로운 목회자가 필요한 시점이 되지 않았나 하는 고민이 있었기 때문이다. 한 교회에서 오랫동안 목회하는 것이 목사 개인에게나 교회에게 매우 의미 있다는 것은 분명한 사실이다. 더구나 교회를 개척한 목사가 평생 그 교회에서 사역하는 것이야말로 얼마나 복되고 영광스러운 일인가? 그럼에도 새로운 은사와 장점을 가진 목회자가 하늘평안교회의 미래를 이끌어갈 수 있도록 길을 열어주는 것이 교회를 위해 내가 줄 수 있는 최고의 선물일지 모른다는 생각이 마음속에서 떠나지 않았다.

셋째는, 기성교회와는 다른 새로운 목회 패러다임을 제시하고 싶은 마음 때문이었다. 분립 개척교회 파송을 놓고 기도하다 보니 한국교회의 건강한 발전을 위해서는 좀 더 다양한 특징을 가진 교회가 필요하다는 사실을 깨닫게 되었다. 그래서 아직은 구체적으로 계획한 것이 없지만 건강한 작은 교회를 지향하고 공동체성을 강조하는 '다른 교회', '다른 목회'를 해보고 싶은 마음이 든 것이다.

또 하나 중요한 이유가 있었다. 만약 내가 개척교회 목사로 파송을 받는다면, 남은 목회 기간 동안 후진 양성에 힘을 쏟고, 책을 집필하는 사역을 병행하고 싶었다. 나는 현재 서울신학대학교 신학대학원에서 학생들을 가르치고 있는데, 그들을 바르게 교육하는 것이 장차 한국교회를 위해 얼마나 중요한 일인지를 매시간 깨닫는다. 작은 교회, 작은 공동체를 섬기게 되면 아무래도 시간적인 여유가 좀 더 많이 생길 것이고, 따라서 후진 양성이나 책을 집필하는 일에 에너지를 쏟을 수 있을 것으로 생각했다.

위와 같이 아무리 선한 목적과 비전이 있다고 하더라도 행복하고 안정적인 교회를 사임하고 분립 개척교회 목회자로 파송받겠노라 결단하는 일은 결코 쉽지 않았다. 참 많은 고민과 아픔이 있었다. 그때 내가 가장 많이 묵상했던 말씀은 갈라디아서 2장 20절, 빌립보서 2장 5-8절 등이었고, 가장 많이 불렀던 찬양은 〈부름받아 나선 이 몸〉, 〈큰 꿈은 없습니다〉였다.

하지만 분립 개척교회에 대한 마음을 접는 것은 나에게 또 다른 의미의 '내려놓음'이었다. 개척교회 목사가 되기를 결정하는 것 이상으로 힘들고 어려운 일이었다. 나는 하나님께 묻고 또 물었다. "작년 8월부터 지금까지 내 마음에 들었던 생각은 도대체 무엇이었습니까?" 또한 하늘평안교회의 담임목사직을 내려놓고 개척교회 목사로 파송받는 것을 결정하기까지 얼마나 어렵고 힘들게 결단했는지를 잘 아시면서 이제 와서 막으시는 이유가 무엇이냐며 따지기도 했다. 그때 하나님께서 내게 주신 말씀이 있다. "내 아버지 다윗이 이스라엘의 하나님 여호와의 이름을 위하여 성전을 건축할 마음이 있었더니 여호와께서 내 아버지 다윗에게 이르시되 네가 내 이름을 위하여 성전을 건축할 마음이 있으니 이 마음이 네게 있는 것이 좋도다 그러나 너는 그 성전을 건축하지 못할 것이요 네 몸에서 낳을 네 아들 그가 내 이름을 위하여 성전을 건축하리라 하시더니"(왕상 8:17-19). 이 말씀을 묵상하면서 얼마나 큰 위로와 격려를 받았는지 모른다.

살점이 떨어지는 아픔을 감수하고

종교개혁 500주년 기념으로 세워질 분립 개척교회를 위한 준비가 본격적으로 시작되었다. 5-6월은 집중적인 기도, 7-8월은 동역자 모집, 9-10월은 훈련 및 파송의 단계로 계획을 세웠다. 동역자를 모집할 때 몇 가지 원칙이 있었다. "분립 개척교회 파송을 신청할 때 가장 중요한 것은 먼저 기도하는 일이다, 부부는 함께 의논하여 신청한다, 자녀(특히, 청년부 이상)가 부모와 다른 결정을 할 때 존중한다, 교회 안에 있는 다른 동역자들과 의논하지 않는다, 다른 동역자들에게 개인적으로 권면하지 않는다, 교회가 파송 동역자를 결정하여 선포할 때까지 침묵하며 기도한다, 2년 동안 사역 후 돌아오기를 원하는 동역자들은 2년 후에 최종 결정을 한다, 교회에 등록한 지 2년 미만인 동역자들은 파송하지 않는다, 개척교회 파송에 대한 최종적인 결정은 교회의 상황에 따라 변경될 수 있다." 이런 원칙들을 세운 것은 분립 개척 동역자를 파송할 때 혹시라도 사탄이 틈타지 않게 하려는 조치였다. 감사하게도 청장년 약 40여

명의 동역자들이 분립 개척교회에 파송 신청을 했고, 매주 기도 모임을 갖고 있다. 분립 개척교회 이름도 파송받는 동역자들의 뜻을 따라 하늘소망교회로 정했다.

하늘평안교회를 개척하고 26년 동안 목회하면서 이런저런 이유로 교회를 떠나거나 이사를 하는 분들이 있었다. 이유야 어찌되었든 그때마다 가슴앓이를 많이 했다. 비록 하나님의 뜻에 따라 분립 개척교회에 파송을 하는 것이지만 동역자들과의 이별은 여전히 감당하기 힘든 아픔이다. 마치 살점이 떨어지는 것 같은 아픔이라고 하면 지나친 표현일까?

그 약한 자가 강국을 이룰 것이라

하늘평안교회는 춘천 지역에서 이름만 대면 누구나 알 만한 대형 교회가 아니다. 그럼에도 불구하고 하나님께서 우리 교회를 통해 분립 개척을 하게 하시는 이유가 무엇일까? 나는 이사야 60장 22절에서 그 답을 발견했다. "그 작은 자가 천 명을 이루겠고 그 약한 자가 강국을 이룰 것이라 때가 되면 나 여호와가 속히 이루리라."

예수님은 12명, 그것도 무명의 제자들을 훈련하여 하나님의 나라를 확장시키는 위대한 역사를 이루셨다. 우리 하늘평안교회 역시 비록 무명의 교회지만 종교개혁 500주년을 맞이하여 분립 개척이라고 하는 작은 열매를 주님께 드릴 수 있어서 기쁘고 감사하다. 나는 이 일을 진행하면서 주님은 결코 교회의 크기, 사람의 수, 재정 등에 영향을 받지 않으신다는 사실을 다시 한 번 경험했다. 예수님은 거듭남의 의미를 알지 못하는 니고데모를 향해 "바람이 임의로 불매 네가 그 소리는 들어도 어디서 와서 어디로 가는지 알지 못하나니 성령으로 난 사람도 다 그러하니라"(요 3:8)라고 말씀하셨다. 나는 하늘평안교회를 개척하여 26년 동안 목회를 했지만 아직도 목회를 모른다. 마치 바람이 어디서 와서 어디로 가는지 알지 못하듯 하나님의 일은 신비 그 자체이기 때문이다. 분립 개척교회의 모든 과정도 마찬가지다. 작년 4월 말에 분립 개척이 연기된 일, 나로 하여금 다시 한 번 개척에 대한 비전을 갖게 하신 일 그리고 동역자를 모집하여 파송하는 일, 이 모든 것이 나에게는 여전히 신비에 싸여 있다. 언젠가 그 신비를 조금이라도 깨닫게 되는 날, 내 눈에 비늘이 벗겨지는 날이 온다면 나는 분립 개척의 모든 과정을 좀 더 자세하게 깨닫고 이야기할 수 있으리라.

● 오생락

하늘평안교회 담임목사
제자훈련 목회자 네트워크(칼넷, CAL-NET) 강원 대표

12장

평신도가 없는 공동체

은혜의교회 사역을 소개할 때마다 필자의 마음에는 약간의 망설임이 있다. 부담감 때문이다. 그렇기에 이 글을 읽는 분들이 넓은 마음으로 이해해주실 것을 부탁드리고 싶다.

1986년 초, 천막에서 목회를 시작하다

초기에는 여느 교회와 다를 바가 없이 전통적이고 평범한 교회였다. 하지만 전도와 심방에는 열정을 쏟아부었다. 아내와 둘이서 모든 일을 감당해야 했기에, 우리 부부는 한 달에 한 켤레씩 신발이 해질 만큼 전도했으며 많을 때는 하루에 16가정을 심방하기도 했다. 그러면서도 고달픈 삶을 살아가는 성도들과 함께 밤마다 심야

기도회를 진행하며 성령의 놀라운 역동성을 경험하기도 했다. 하지만 방언이며 예언, 입신 같은 성령의 은사들을 통해 뜨거운 체험을 했어도 성도들의 신앙 인격은 좀처럼 변화되지 않았다.

갈등과 충돌 그리고 사역의 전환점

교인 30여 명의 자그마한 교회는 조용한 날이 없었다. 결국 나는 개척을 한 지 2년여 만에 목회를 포기하겠다고 결심했다. 마땅한 구실을 찾기 위해서라도 기도는 해야 했기에, 기도원에 올라가서 한 주간 금식 기도를 했다. 하지만 이미 마음을 정한 상태라서 그런지 기도가 되지 않고 배는 점점 고파왔다. 그래서 성경을 읽기 시작했는데, 바로 그때 내 눈에 들어온 단어가 '예수께서 가르치셨다'는 말씀이었다. 성령의 역동성만을 추구하던 내게 '예수께서 가르치셨다'는 말씀은 커다란 충격으로 다가왔다.

또한 사도행전 2장의 오순절 성령 강림 이후 초대교회가 성령의 역동적인 능력에만 관심을 쏟은 것이 아니라 '가르치고 전파하는 사역'에 집중하는 것을 보며, 그동안 내가 성도들을 가르치지 않고 매우 편중된 목회를 해왔다는 것을 깨달았다. 나는 성경을 가르치는 목회로 다시 한 번 교회를 섬겨야겠다는 결단을 하고, 목회 포기가 아닌 '성령의 은사에 심취함'을 버렸다. 그런 다음 30여 명밖에 안 되는 성도들 중 이미 다른 교회에서 집사로 임명받고 온 성도들부터 16명을 우선 선발하여 매주 한 번씩 성경 공부를 했다. 하지만 지나치게 열심만 앞섰기에 1년 후 성경 공부반을 수료한 인원은 단 1명, 그것도 내 아내뿐이었다. 숫자로 보면 분명 실패였지만, 참 많이도 울었던 그 1년은 가르침의 중요성과 감동을 스스로에게 확증하는 소중한 기회가 되었다.

이후 존경하는 옥한흠 목사님과 제자훈련 세미나를 통해 실질적인 제자훈련 철학과 방법론에 대한 확신을 재점검하고, 더 한층 제자훈련에 임했다. 이를 통해 탁월한 주님의 제자들이 배출되기는 했지만, 전도와 공동체 안에서 봉사하는 일을 제외하면 이들의 역할은 여전히 교역자들을 돕는 것에 국한되어 있었다.

그러다가 제자훈련을 받은 동역자들의 열심이 열매로 나타나기 시작했다. 순장으로 파송받기 시작한 동역자들에 의해서 구원을 얻는 영혼들의 수가 날마다 늘어났다. 그들이 또한 주님의 제자로 양육되어가면서 사랑방(구역)은 성장에 성장을 거듭했고, 이는 공동체의 부흥으로 이어졌다. 이런 모습들이 전통적인 방식으로 교역자들에 의해서 운영되던 다른 사랑방과 현저한 차이를 보이기 시작했다.

저희가 없어도 됩니다

그러나 평신도들의 열정이 교역자들의 마음에 부담으로 자리 잡기 시작했다는 것을 나중에야 알게 되었다. 함께 교역자 제자훈련을 해왔던 여교역자들이 그 부담감을 이기지 못하고 사역을 내려놓은 것이다. 그 전도사님들은 사표를 내면서 만류하는 목사에게 선의의 고언을 남겨주었다. "은혜의 교회는 교역자가 없이도 능히 모든 사역을 잘 감당할 수 있는 공동체라는 걸 말씀드리고 싶습니다. 저희들이 떠나는 이유는 섭섭하거나 부담스러워서가 아니라,

그들도 저희 못지않게 잘할 수 있다는 걸 알기에 그 사역의 물꼬를 트기 위함입니다."

교역자들은 출퇴근도 있고 월요일의 달콤한 휴식도 누릴 수 있지만 평신도들은 밤낮도 휴일도 없이 헌신했기 때문이다. 평소에 구역의 성장을 독려하거나 상호 경쟁을 유도한 적도 없었는데, 교역자들이 인도하는 구역과 평신도 순장들이 인도하는 구역은 날이 갈수록 그 성장의 차이가 커졌다. 그런 상황에서 교역자들이 갖게 될 마음의 부담이 얼마나 컸을까? 지금 생각해봐도 담임목사가 참 무심했구나 싶어 미안한 마음이 든다.

뿐만 아니라 1998년 즈음에 교역자 제자훈련을 하며 함께 부목사로 세워졌던 여러 명의 교역자들이 교회 개척의 열망을 가지게 되었기에, 비슷한 시기에 개척 교회 세 곳을 세우도록 도왔다. 그러다 보니 정작 본교회에는 부목사가 한 사람도 없었다. 주일학교, 학생부, 청년부 등을 담당하던 부목사들은 거의 비슷한 시기에 앞서거니 뒤서거니 교회 개척을 했고 전도사는 유학을 떠났기에 공교롭게도 교역자들이 담임목사 외에는 전부 공석이 되는 상황이 된 것이다. 혹시 평신도들이 부교역자들을 힘들게 하거나 부교역자들의 권위를 인정해주지 않아서, 혹은 부교역자들이 담임목사와의 갈등 때문에 일시에 사표를 낸 것은 아닌지 오해하시는 분들이 계실까 하는 노파심으로 이런 사실을 자세히 밝히는 것이다.

부목사들에게는 은혜의교회 같은 공동체를 개척하려는 갈망이 있었고 공동체에서는 힘을 다해 도왔으며, 본교회도 물질적으로 어려운 가운데서 결코 작지 않은 물질로 개척을 전담했다는 사실 또한 밝히고 싶다.

저희에게 맡겨주시면 어떨까요

기독교 신문에 교역자 청빙 광고를 내고 이력서를 제출한 분들의 면접을 진행할 때였다. 교육 파트를 섬기던 리더(SL)들과 시간을 내어 속 깊은 이야기와 비전을 나누다가 이런 말을 듣게 되었다. "저희에게 맡겨주시면 어떨까요?"

새로운 교역자를 선발해도 먼저 담임목사와 함께 제자훈련 과정을 이수해야 하는 시간적 제약이 있었고, 자칫 교회의 비전이나 각 파트의 철학과는 상관없이 교역자의 의지나 목회 방향에 의해 좌우되는 상황이 만들어질 수도 있기에 나온 말이었다. 어차피 새로운 교역자를 청빙하고 나서 제자훈련 사역의 교회철학을 공유하고 정립하기까지는 1년 남짓한 시간이 소요되며, 이미 한 해를 결산하고 새해의 모든 계획을 수립해야만 하는 연말인지라 시급한 결정도 필요하고 해서 각 파트의 평신도 지도자들에게 그 사역을 일임해보았다.

물론 그 당시는 지금처럼 교역자가 전혀 없이 평신도 리더들만으로 공동체를 섬기게 되리라고는 상상해보지도 않았다. 조금은 못 미더웠지만 우선 급한 불이나 끄자는 심정으로 위임해보았는데, 한 해가 끝나 갈 무렵 놀랍게도 모든 파트가 갑절 이상의 양적 부흥을 이뤄내고 있었다. 앨머 타운즈의 말처럼 "좋은 교사란 많이 배운 자가 아니라 하나님을 사랑하듯 아이들을 사랑하고, 주께서 자신에게 주신 은사를 알고 그 은사를 어떻게 사용할 것인가를 생각하는 자다".

우리가 나아갈 방향을 정하다

그러던 가운데 안성 수양관에서 개최된 사랑의교회 제자훈련 20주년 컨벤션에 교구를 담당하는 동역자들과 함께 참석했다가 그날 밤을 하얗게 지새우면서 우리 공동체의 미래에 대해 비전을 정립하는 기회를 갖게 되었다. 그때 한 동역자가 우리 교회의 나아갈 방향에 대해 기탄없이 자신의 의견을 발표했다.

"어차피 우리 교회는 세계 최대의 교회가 될 수 없겠죠?"

"그렇겠죠!"

"그렇다면 세계에서 유일하게 평신도들이 상호 사역하는 교회를 만들어볼 수는 있지 않을까요?"

내 마음에 큰 충격과 더불어 확신을 갖게 하는 내용이었다. 과연 그것이 가능할까? 그렇다면 어디까지 가능할까? 이런 고뇌와 더불어 이 의견을 공동체의 비전으로 정립하게 되었다. 우리 공동체의 성도 수가 500여 명, 다음 세대는 200여 명일 때였다. 결코 쉬운 일이 아닐뿐더러 얼마나 지속될 수 있는지에 대해서도 전혀 예측할 수 없었다. 그러나 결론부터 말하자면, 현재 출석 성도가 4,000여 명이 넘고 다음 세대가 2,000여 명이 넘으며 지금껏 우리 공통체는 아무런 어려움 없이 지속적으로 성장해왔다.

지난 10년간 새가족반을 졸업하고 교회에 등록하는 인원이 해마다 장년 기준으로 500명이 넘는 상황이다(은혜의교회는 새가족반 5주 과정을 이수해야만 교인 등록을 할 수 있다). 현재 은혜의 공동체 안에는 기본적인 교육 파트(주일학교), 예배 파트(찬양대 등) 외에도 100여 개의 사역 파트가 존재하는데, 그 모든 사역을 평신도 리더들이 섬기고 있다.

매일 새벽기도회가 끝난 직후 성경 공부반의 훈련생들이 화장실을 청소하면서부터 공동체의 하루 사역이 시작된다. 오전 9시, 교회 1층에 자리 잡은 열린 카페 '로뎀나무 아래서'를 담당하는 동역자들은 200여 평이 넘는 넓은 공간을 청소하며 하루 사역을 시작한다. 일주일에 두 번씩, 월요일과 토요일 오전에 각 교구가 맡은 공간을 모든 순원이 함께 청소할 뿐 만 아니라 매 주일의 점심과 저녁 식사를 준비하고 섬기는 봉사를 담당하고 있다(주일 점심 때는 약 1,500명의 성도가, 저녁에는 약 500명의 성도가 식사를 한다).

좋아서, 감격으로 하는 것이 진정한 헌신이다

어떤 대가 지불보다 더 가슴을 뛰게 만드는 것은 좋아서 하는 일이다. 이는 세상의 어떤 가치로도 대체할 수 없다. 사역을 할 때 '전문가인지'의 여부보다는 '하나님의 사람인지' 점검해보는 것이 더 중요하다. 전문적인 지식보다 하나님의 가슴을 소유하는 것이 우선이기 때문이다.

예배 시간에 더 풍성한 은혜를 나누고 싶어서 오케스트라를 조직하려고 했던 적이 있었다. 몇몇 단원은 확보할 수 있었지만, 대부분은 아마추어였기에 지휘자가 원하는 수준의 연주를 할 수 없었다. 그래서. 책임 맡은 분의 요청을 받아들여 유급으로 재능 있는 연주자들을 데려왔다. 분명 음악은 전보다 훨씬 훌륭해졌다. 하지만 예배의 영감은 많이 위축된 느낌이었다. 나중에 알게 된 사실은, 파트타임 연주자들이 토요일에 결혼식 등에서 연주를 하고 주일 예배 후에도 결혼식이나 다른 교회에서 파트타임으로 연주를 하기 때문에 아무래도 예배를 대하는 태도가 소홀할 수밖에 없다는 것이었다.

많은 교회들이 찬양대나 오케스트라를 운영하기 위해서 상당한 재정을 투입한다. 심지어 찬양대의 지휘자뿐만 아니라 솔리스트에게도 사례를 한다. 물론 자타가 인정하는 탁월한 실력자들을 뽑아 찬양대를 운영하는 것도 좋겠지만, 오직 하나님을 사랑하고 그분의 은혜와 사랑을 감사하며 감격의 눈물로 드리는 찬양만큼 감동적인 것이 있을까? 비록 연약하고 부족할 수는 있지만 한 사람 한 사람의 가슴속에 하나님의 은혜를 경험하게 하며, 벅찬 감격으로 주님의 사역에 동참하고 헌신할 수 있도록 성도들을 세우고 발굴하고 위임하는 것이 성경적 가르침 아닐까? "이는 성도를 온전하게 하여 봉사의 일을 하게 하며 그리스도의 몸을 세우려 하심이라"(엡 4:12).

평신도가 섬기는 모든 파트가 다 탁월하지만 그중에서 일부를 소개한다.

(1) 교육 파트

영유아부부터 고등부까지 모든 교육 파트는 평신도 동역자들이 SL(Step Leader)로 사역하고 있다. 그들은 모두 제자반과 사역반 과정을 마치고, 2년 이상 성경을 체계적으로 연구하는 성경대학 이수자들로 세워진다. 그렇기에 담임목사와 목회철학이 동일하며, 다음 세대를 가르치기에 손색이 없는 성경 지식도 가지고 있다.

청년부는 4개 파트로 구성되어 있으며 역시 모든 사역을 평신도들이 감당하고 있는데, 각각의 청년부마다 한 사람의 SL과 그를 돕는 여러 명의 ED(Elder)로 구성되어 있다

(2) 세계 최고의 영유아부

한 사람의 리더와 100명의 동역자들이 주일날 정규 예배 시간마다 아기들을 섬긴다. 단순히 영아들을 보살피는 것만이 아니라 그 아이들을 예배자로 양육하기 위해 예배와 교육을 하고 있다.

(3) 전도 파트

전도폭발훈련을 비롯하여 모든 전도 프로그램을 평신도 리더들이 진행한다. 특히 전도에 대해 거룩한 열망을 품은 동역자들은 전도 대상자들뿐만 아니라 부모와 가족에게도 복음을 전해달라는 지체들의 부탁에 신속히 응답한다. 병상에 있는 분들, 심지어 중환자실에서 사경을 헤매는 환자들을 위해서도 밤낮없이 헌신하고 있는데, 그들 모두는 오직 하나님의 은혜에 감격해서 이 사명을 감당하고 있다.

은혜의교회 평신도들의 사역 영역

그렇다면 어느 영역까지 평신도에게 맡길 수 있을까?

(1) 새벽기도회

대부분은 담임목사가 인도하지만 목사의 유고 시에는 동역자들이 공동체에서 매일 나누는 주제와 본문을 가지고 큐티했던 말씀

을 함께 나눈다. 때로는 제자반이나 성경 연구반에서 함께 공부하며 은혜를 누렸던 내용, 혹은 연구 과제들을 나누게 되는데 그때마다 누리는 은혜는 매우 특별하다

(2) 수요 1, 2부 예배

평소에는 담임목사가 인도한다. 역시 담임목사가 유고할 때에는 공동체의 장로들이나 전도팀장, 평신도 동역자들의 성경 집중 연구와 나눔, 중보 기도를 통해 은혜를 누리고 있다.

(3) 주일 예배

1부에서 5부까지 드리는 주일 낮 예배 때는 외부에 비치는 모양새와 부담감 때문에라도 은혜의 공동체와 제자훈련 마인드가 동일한 목회자들, 혹은 신학대학원 총장 및 교수들을 초청해서 말씀을 듣는다. 자칫 한 사람의 목회자에게만 공급받는 말씀의 편식을 예방함과 동시에 깊은 신앙의 지성을 습득하며 공동체가 갖는 제자훈련 사역의 성경적 근거와 확신을 풍성히 누리는 시간으로 선용한다.

주일 저녁 예배는 공동체 안의 모든 파트들이 전담하여 인도한다. 이 시간에 찬양 및 중보 기도, 간증과 사역의 풍성한 열매 등을 나누게 되는데 매주 저녁마다 그날의 말씀을 근거로 한 스킷 드라마를 진행한다.

저녁 예배 말씀 역시 담임목사가 담당하지만 목사가 유고할 때는 교육 파트 팀장이나 공동체 안에서 신앙 인격과 사역의 조화를 통해 칭찬과 인정을 받는 동역자들이 소중한 은혜와 풍성한 열매

를 나누는 시간으로 선용한다.

은혜의교회 담임목사가 가진 중압감

담임목사가 교회를 비우지 않는 경우에는 매일의 새벽기도회, 매주 7회의 제자훈련과 성경 공부, 수요 예배(1, 2부), 주일 예배(1-5부)와 저녁 예배 설교를 담당한다. 과중한 사역 때문에 목회 사역이 힘들지 않을까 걱정해주시는 분들도 많은 것이 사실이다. 그러나 매일의 새벽기도는 나 자신의 영성을 위해서도 소중한 시간이다. 많은 동역자들이 직장에 출근하거나 사업체를 운영하면서도 새벽을 깨우는 것을 당연히 여기는데, 목사는 더 감격으로 임해야 하지 않을까?

해야 할 설교가 너무 많아서 부담이 커 보일 수도 있다. 하지만 책상에 앉아서 말씀을 연구하고 적용하는 것보다, 제자훈련을 통해 성도들과 함께 울고 웃으며 가슴에 담아두었던 체험적 말씀과 은혜를 나누는 것이 청중의 마음을 더 크게 울린다고 확신한다.

목사에게 지나친 희생을 요구하는 것이 아니냐고 생각할 수도 있다. 나의 목회 사역도 어언 30년을 넘어서고 있다. 초기의 10년 정도는 몇 곳의 신학대학원 과정을 공부했기에, 월요일은 학교 수업에 참여하는 시간이었지만 졸업한 후부터는 월요일에도 제자반이나 성경 공부을 인도하고 있다. 단 한 번의 안식년도 누려보지 못했다. 공동체 앞에 자주 선포하는 고백이기도 하지만, 구원과 복음을 향한 감격이 사그라지는 그때가 안식년을 가져야할 때든지 아니면 내가 죽을 때일 것이라고 생각한다.

미력하나마 지금까지 내가 공동체를 큰 무리 없이 섬길 수 있었던 것은 오직 하나님의 은혜겠지만, 목사를 위해 끊임없이 기도하며 함께 울고 웃어주는 동역자들의 헌신의 덕도 크다는 말씀을 드리고 싶다. 가르치고 설교하는 사역 외에는 모든 동역자들이 솔선해서 감당하기에, 오히려 일반 교회의 목회자들보다 여유가 있는 편이라고 해도 절대 과한 말이 아니다.

우리 공동체의 모든 평신도들은 온 마음으로 하나님과 주님의 몸 된 공동체를 섬기며 자신의 시간, 열정, 물질을 헌신한다. 목회자로서 그들을 대할 때마다 마음 깊은 곳에서부터 감사가 나온다. 한편으로는 가까이서 그들의 삶과 헌신을 경험하며 숙연해지기도 한다. 하나님의 영광을 위해서, 복음과 공동체를 위해서 불철주야 헌신하는 동역자들을 대할 때 나 자신도 약간은 긴장감을 가지게 된다. 또한 그들이 목사의 영성에 자극을 주고 신선한 힘을 공급하는 것이 사실이다.

목회의 조력자에서 목회의 동반자로

평신도들은 단지 목회의 조력자가 아니다. 그들은 단지 목회자를 존경하고 그 말에 전적으로 순종하며 살아가는 수동적인 존재들이 아니다. 그들은 왕 같은 제사장이며 하나님의 백성이며 부름받은 특권자들이자 보냄받은 소명자들이다(벧전 2:9). 그들을 존귀하게 인정하고, 그들의 은사를 찾아 계발해주며 가슴 벅찬 주님의 동역자로 그 사역을 함께 감당하도록 세우는 것이 진정한 목회 사역일 것이다.

언제까지 그 소중한 하나님의 사람들을 하나님과 공동체의 무대 뒤에 머무르게 할 것인가? 지극히 평범한 사람들일지라도 좋아서 하면 재능이 된다. 좋아서 하는 것이 바로 은사다.

부족함이나 모자람이 없다

돌잔치 정도는 각 교구 SL을 중심으로 섬기고, 교역자들이 주로 담당하는 심방 사역(병원 입원 교우, 이사등)은 장로 및 권사들이 SL들과 함께 섬기고 있다. 청년들의 본교회에서 결혼할 경우에는 담임목사가 직접 주례를 담당한다. 장례식은 교장으로 은퇴하신 장로님이 모든 사역을 주관하면서 담임목사가 참석해야 할 장례식을 덕스럽게 잘 구분하여 조율해주신다. 물론 가급적 모든 장례식에 참여하려고 애를 쓰고 있다.

심방은 코치와 교구 SL들이 하고 있다. 코치는 모든 교구 전체를 관리하고 섬기는 사역(일반 교회의 부목사 역할)을 담당하고, 교구 SL은 교구와 순장 및 순원을 관리하고 섬기는 사역(일반 교회의 심방 전도사 역할)을 담당한다.

다만 모든 동역자들이 아무 사례도 없이 새벽부터 저녁까지 고군분투하는 모습을 보며, 은혜의 공동체의 유일한 목사로서 부담감과 긴장감을 느끼는 것이 사실이다. 그러나 그 부담감과 긴장감이 나의 목회 사역에 대한 갈망을 더 견고케 하는 소중한 자산인 것도 사실이다.

함께 뛰는 사역자들

가끔 탐방을 온 신학생들이나 부교역자들에게 '후배들을 잘 훈련해서 교회를 섬기도록 해야 하지 않는가?', '평신도들로 다 채우면 교역자들이 설 곳은 어디인가?' 하는 지적과 비판을 받기도 한다. 그러나 은혜의 공동체가 부교역자들의 역할을 부정하거나 부교역자 무용론을 주장하는 것은 아니다. 다만 이 땅에 건강한 평신도들이 공동체를 섬기고 지속적으로 성장하는 것이 가능한지를 실험하는 현장으로 널리 이해해주셨으면 좋겠다. 모든 교회가 이렇게 해야 된다는 것이 아니라 평신도들도 함께 부르심을 입은 자들로서 거룩한 사명이 있음을 일깨우고 함께 동역하는 현장을 이루고 싶은 열망이 있기 때문이다. 그래서 은혜의교회에서는 평신도라는 용어 자체를 쓰지 않는다. 서로를 '동역자'라고 지칭한다.

우리에게는 앞으로의 비전이자 숙제가 있다. 아직까지는 젊은 공동체이지만 우리도 담임목사와 함께 서서히 나이가 들어갈 것이다. 우리가 어떻게 공동체와 지역을 넘어 세계로 나아갈 것인가? 70세조차도 노인으로 볼 수 없는 장수 시대, 공동체 안에서도 젊은 노인들과 관련된 이슈는 문제와 기회를 동시에 내포하고 있다. 그렇기에 은혜의 공동체 동역자들이 사회에서 은퇴한 이후에 보다 성취된 노년을 맞이하고 누리기 위한 준비를 하고 있다. 함께 지낼 수 있는 공간을 준비할 뿐만 아니라 직접 선교지에 나가서 최고의 노년을 청춘처럼 누릴 계획을 수립하고 차근차근 준비하려고 한다.

또한 언제든지 진리의 말씀은 굳게 사수하지만 공동체의 다양한 가능성만은 끊임없이 실험해보려고 하는 것이 은혜의교회의 철학이다. 앨머 타운즈의 말처럼 "가장 위대한 사람은 변화를 두려워하지 않는 사람이다".

● **박정식**

은혜의교회 담임목사
제자훈련 목회자 네트워크(칼넷, CAL-NET) 이사·인천 대표

3부

제자훈련,
종교개혁의 후예들에게
주어진 사명

Sola Scriptura Sola Gratia Sola Fide Solus Christus Soli Deo Gloria

13장

오늘 우리가 힘써야 할 개혁의 문제들

울산대영교회 다음 세대 사역의 중요한 10가지 원리를 중심으로

츠빙글리와 루터가 종교개혁의 기초를 놓은 불같은 개척자들이었다면 그보다 25년 뒤에 태어난 칼빈은 개신교 신학을 체계적으로 완성한 전략가였다. 츠빙글리와 루터가 종교개혁의 시작을 알렸다면 칼빈이 모든 것을 마무리했다고 다수가 평가할 정도로 그는 뛰어난 인물이었다.

그런데 칼빈의 생애와 사상 그리고 업적을 연구한 많은 글을 보면 그가 특히 교육개혁에 심혈을 기울였다는 것을 알 수 있다. 제네바 시에 학교를 세우고 어린이를 교육하기 위한 자금을 마련해 달라고 요청하면서 그는 이렇게 말했다. "우리는 반드시 우리의 아이들을 가르치고, 목회나 정부의 일을 위해 준비시킬 수 있는 교육 기관을 세워야 한다." 1536년, 제네바 시는 모든 시민이 의무적으

로 자녀를 보낼 수 있도록 학교를 운영하겠다고 맹세했다.

고대 이스라엘에서는 남자아이만 교육을 받을 수 있었지만, 칼빈이 세운 학교에서는 여자아이도 평등하게 교육의 혜택을 누렸다. 많은 어린이가 처음으로 문맹을 타파한 곳이 종교개혁이 일어났던 스코틀랜드와 독일의 몇몇 개신교 지역 그리고 칼빈이 목회하던 제네바 시였다는 것은 종교개혁이 다음 세대와 얼마나 밀접한 관련이 있었는지를 보여준다.

사실 16세기 중반, 유럽 전체는 아비규환이었다. 많은 사람이 교황청과 가톨릭 군주들에 의해 이단으로 몰려 학살당하고 핍박을 당했다. 이때 칼빈은 제네바가 이단을 제외한 모든 개신교의 피난처가 되기를 원했다. 그리고 제대로 된 기독교 공동체의 모범이 되고, 목회 훈련 센터로서뿐만 아니라 다음 세대를 양성하는 교육 기관의 역할을 감당하길 원했다.

그래서 1559년에 제네바 아카데미를 열고 복음 진리만이 아니라 다양한 인문학을 가르쳤다. 이 때문에 박해를 피해 도망 나온 수많은 다음 세대들이 제네바로 몰려왔다. 그들은 이곳에서 짧게는 6개월, 많게는 4-5년씩 공부하며 칼빈의 신학을 흡수하고 하나님의 절대 주권주의에 기초한 훈련을 받으며 성장했다. 그 결과 남부 독일, 네덜란드, 스코틀랜드, 영국의 발전에 이바지했고, 그들 중에는 요한 세바스찬 바흐와 같은 탁월한 음악가를 비롯 존 던과 같은 유명한 시인과 문학가가 많이 배출되었다.

놀라운 것은 이들이 안전한 제네바에서 계속 살 것을 택한 것이 아니라 자신이 배운 것을 가지고 핍박이 들끓고 목숨도 잃을 수 있는 고향으로 돌아갔다는 것이다. 실제로 그렇게 돌아간 이들 중

상당수는 잡혀서 고문을 받거나 죽임을 당했다. 하지만 그들은 제네바에서 배운 말씀의 원리대로 유럽 전역에 많은 대학을 세우고 다음 세대의 교육에 이바지했다. 칼빈주의는 이들의 헌신 덕분에 유럽 전역에 빠른 속도로 확산될 수 있었던 것이다. 다음 세대를 위해 헌신했던 칼빈의 선택이 분명한 열매로 드러났음을 확인할 수 있다.

필자는 2002년 12월 15일 대영교회에 부임할 때부터 2017년 8월 현재까지 "예배와 훈련 그리고 다음 세대"에 목회의 초점을 두고 달려왔다. 울산에 부임할 당시 내 마음에는 오직 한 가지 생각뿐이었다. '어떻게 하면 하나님이 최고로 기뻐하시는 목회를 할 수 있을까? 어떻게 하면 울산대영교회가 하나님이 최고로 기뻐하시는 교회가 될 수 있을까?' 이 고민이 오늘날 울산대영교회를 있게 했고 필자의 목회를 이끌어왔다. 그 결과 하나님께서는 지난 15년 동안 "모든 것이 하나님의 은혜였고 하나님의 기적은 계속됩니다"라는 고백밖에 할 수 없도록 상상을 넘어서는 성장과 부흥을 허락하셨다. 그중에 특히 다음 세대 훈련과 교육은 하나님이 기뻐하시는 되는 가장 중요한 일이 되었음을 확신한다.

사실 교회에서 교육부서는 돈 잡아먹는(?) 부서쯤으로 생각하기 쉽지만, 필자는 지금의 울산대영교회보다 앞으로 5년, 10년 뒤, 아니 15년 뒤가 더 기대되는 교회로 세우고 싶었다. 그래서 약 4년 전에 드림센터를 완공하고 기초석에 이런 문구를 새겼다.

"울산을 성시화하고 다음 세대 인물을 키우는 교회"

다음 세대에 집중하는 담임목사의 한결같은 목회철학에 따라 당회의 지원과 응원 그리고 전교인의 전폭적인 관심 가운데 대영교회는 2002년 12월 필자가 부임할 당시 청장년 출석 600여 명, 다음 세대 교회학교(영아부-고등부) 출석 250여 명이었으나 2017년 8월 현재 청장년 출석 3,600여 명, 다음 세대 교회학교 출석 2,100여 명으로 건강하게 성장할 수 있었다. 다음 세대 훈련과 사역에 집중한 결과, 2002년 12월 부임 당시 출석 성도 90퍼센트 이상이 50대 이상이었으나 2017년 8월 현재는 출석 성도 90퍼센트 이상이 50대 이하가 되었다는 점도 무척 고무적이다.

아직도 부족하고 모자란 부분이 너무 많지만, 그래도 지난 15년 동안 울산대영교회가 다음 세대 사역을 하며 직접 경험한 몇 가지 원리를 지면을 통해 나누고 싶다.

1. 담임목사와 모든 성도의 특별한 관심과 사랑을 받는 교회학교

사실 이 말은 너무 많이 들어와서 조금은 식상할 수도 있다. 그러나 필자의 현장 경험에 비추어봤을 때 이 말은 진실이다. 정확하게 담임목사의 목회 방향에 맞추어 교회는 성장하고 자란다. 사실 담임목사는 교회학교의 교장이다. 그런데 교장이 이름뿐이거나 아예 관심이 없다면 학교가 성장하고 발전할 리 만무하다.

필자는 부족하지만 다음 세대를 끊임없이 고민하고 교회가 그들에게 어떻게 하면 최고의 선물을 줄 수 있을까를 늘 생각한다. 그래서 매 주일 아침 800명이 넘는 교회학교 교사들을 격려하기 위해 교사 칼럼을 통해 필자의 마음과 생각을 전달하고 매년 정기적으로 다음 세대 교육과 동기부여 설교를 통해 교사들 마음에 다시 불을 붙이는 일을 반복하고 있다. 또한 교사들을 위한 세미나와 교육을 위해 아낌없이 재정 지원을 하며, 12월 중순에는 다음 해를 섬길 교사들을 소개하고 세우는 교사 총회를 열어 교역자와 부장 그리고 교사의 역할론 강의를 진행한다. 이를 통해 자칫 갈등 관계가 될 수 있는 그들과 끈끈한 팀 빌딩을 형성한다. 또한 교사 부흥회 형식으로 미취학 부서와 취학 부서, 청소년 부서별로, 전국 최고의 전문 사역자를 초청하여 교사를 시작하려는 성도의 가슴에 불을 붙이는 일도 한다.

또한, 다음 세대를 위한 역사관 건립으로 그들이 우리나라 복음 전래의 역사와 함께 대영교회의 역사를 바로 알 수 있도록 했으며, 하계 모든 행사가 끝난 직후, 8월 15일이 속한 한 주간, 월요일부터 토요일까지 온 가족이 함께하는 다음 세대 특별 새벽부흥회를 열어 부모와 자녀들이 함께 나와서 말씀을 듣고 기도하면서 교회와 가정이 함께 다음 세대를 품을 수 있도록 돕는다.

근래에는 청년들에게 특별한 관심을 가지고 5명의 풀타임 목회자를 세워서 집중하게 했다. 4부 예배에는 온 성도들이 군에 입대하는 지체를 위해 함께 기도하며 선교사를 파송하는 심정으로 그들을 보내고, 양육 과정과 각종 훈련 학교를 운영하여 청년 세대를 이 시대의 영적 첨병으로 재무장하고 있다.

2. 전통적인 심방이 살아 있는 교회학교

대영교회 교회학교에는 12월부터 약 2월까지 교사와 아이들을 대심방한다. 심방은 각 부서의 특성, 각 세대 연령대에 따라 진행되고 이 기간 교회학교 전체는 교회와 가정을 잇는 중요한 역할을 담당한다.

특히 유아, 유치부는 연령대에 맞추어 먼저 교역자와 교사가 아이들과 함께 놀아주고 부모와 상담하는 심방으로 진행하며 유년, 초등, 소년부는 교역자와 교사 그리고 아이와 부모가 함께 만나 기도제목을 나누는 심방으로 진행한다.

중등부는 U&I 심리 검사를 바탕으로 자녀의 학습 유형을 파악해서 가정 방문을 진행하며, 고등부는 부장, 교사, 학생 임원 들이 함께 동행해서 부모 교육 자료를 가지고 자녀의 기도제목과 부모의 기도제목을 들은 후 함께 뜨겁게 기도하는 기도 심방으로 진행한다. 특히 고3 학생은 청년부와 연계해서 수능을 앞두고 고3 수련회 이후 진로 진학을 위한 개인 심방을 진행하고 있다.

청년부서는 특성상 소그룹 심방으로 이루어지는데, 목회자와 간사 그리고 리더와 조원이 함께 주신 말씀을 기초로 한 해를 살아갈 수 있도록 결단과 헌신의 시간을 갖는다.

3. 현장으로 들어가는 교회학교

대영교회 주일학교는 현장 접촉을 가장 중요시한다. 주일 예배도 중요하지만, 그것만큼 중요한 것이 평일의 삶이다. 이 평일의 삶에서 다음 세대와 교사 및 교역자는 자주 함께하며 의도적 만남을 이루어간다.

영아부는 주중에 아기 학교와 돌 예배 참석으로 아이뿐 아니라 아이 부모와도 깊은 유대감을 맺어가고 있으며 유년, 초등, 소년부는 주중 학교 거점 전도를 하면서 학교 앞에서 아이들을 자주 만나 그들에게 복음과 교회를 소개한다.

청소년부는 스쿨 처치, 즉 학교 안에 교회를 세우는 운동으로 현재 중등부는 약 12개의 학교, 고등부는 약 7개의 학교에 스쿨 처치를 운영한다. 일부 학교에는 교역자가 직접 상담 교사로 들어가 교회와 학교를 연결하는 중요한 매개가 되고 있다.

2016년부터 청년부도 역시 이 사역에 함께하여 매주 대구 부산 포항 등으로 차량을 운행하며 캠퍼스 처치를 세워나가고 있다. 또한 일터에 교회를 세운다는 의미로 잡(job) 처치를 만들어 각자가 처한 삶의 자리에서 성도의 교제를 통해 보이지 않는 교회가 학교와 일터에 세워질 수 있도록 최선을 다하고 있다.

4. 교육을 중시하는 교회학교

토요 학교와 청년 양육 훈련 프로그램은 대영교회의 큰 자랑이다. 영아부 주중 아기 학교, 유아부 성품 리더 학교, 유치부 큐티 학교, 유년부 꿈마루 제자훈련, 초등부 사도신경/주기도문 학교, 소년부 교리 학교, 중등부 제자훈련, 고등부 제자훈련, 진로 진학 세미나, 입학 사정관, 청년부 예배 학교, 선교 학교, 리더 학교 및 양육 훈련 등 각 분야에 꼭 필요한 교육과 훈련을 실시한다. 특히 영아부에서 유치부까지는 부모와 연계한 교육을 실시하며 청소년부는 철저한 제자훈련을 바탕으로 발달 연령에 꼭 필요한 교육을 실시한다.

아직 머리가 무를 때 신앙으로 훈련하고자 4세부터 7세까지의 유아와 유치부 연령대의 아이들은 30년이 넘은 대영 선교원이 맡아 신앙 교육에 힘쓰고 있다. 유치원이나 어린이집으로 운영하면 물질적으로 많은 혜택을 받을 수 있지만, 100명이 넘는 아이들을 신앙으로 교육하기 위해 교회는 그것을 마다하고 2억 이상의 예산을 더 지원하며 매일 교역자가 돌아가면서 예배를 인도한다. 교회는 최고의 교사들을 모시고 최선을 다해 투자하면서 신앙을 우선으로 교육하면서 양질의 일반 교육도 하고 있다.

또한 교회 드림센터 안에 만들어진 역사관은 그 자체로 교회학교의 중요한 교육이 된다. 대영교회 역사관은 기독교 초대교회로부터 시작해 한국에는 어떻게 복음이 들어왔는지 그리고 울산의 복음 전래와 100년 이상 된 13개의 지역교회, 또한 울산 복음화에 영향을 끼친 선교사 및 한국교회 초창기 지도자에 대해 배우면서 복음의 역사를 함께 공부한다. 또한 1960년 1월부터 시작된 58년 된 울산대영교회의 역사를 배우면서 교회의 역사를 다음 세대에게 가르친다.

5. 지역사회와 함께하는 교회학교

매주 월요일 대영교회에서는 나눔 봉사단을 중심으로 지역사회 독거노인에게 도시락을 배달한다. 아울러 토요일과 주일에는 외국인 노동자를 중심으로 한글학교를 진행한다. 또한 탈북민을 섬기기 위해 탈북민부가 주일 낮 3부 예배 후에 따로 진행된다. 울산이라는 지역에 이런 계층의 사람들이 많이 있기에 그들에게 교회의 특별한 관심과 사랑이 요구된다.

중등부와 고등부는 이런 나눔 봉사단 및 외국인 한글학교와 연계해서 토요일 독거노인을 위한 말벗 도우미 그리고 외국인 한글학교의 보조 교사로 섬긴다. 진학을 위해 사회봉사 점수를 취득하는 데도 도움이 되지만, 그들의 아픔을 함께 이해하고 필요를 채워주는 다음 세대 리더를 세우는 데 그 초점이 있다.

6. 부모와 함께하는 교회학교

앞에서 언급했듯이 매년 모든 교회학교의 여름 사역이 마무리된 후에 진행되는 '온 가족이 함께하는 다음 세대 특별 새벽부흥회'는 대영교회의 또 다른 자랑이다. 매년 전국에서 다음 세대 사역으로 유명한 강사들을 모시고 1,300명 이상의 아이들과 부모들이 일주일동안 새벽에 함께 모여서 각 교육부서 교사들의 특송과 다음 세대 교육을 위해 꼭 필요한 말씀을 듣고 기도에 불을 지피면서 가을 새 학기를 준비한다. 2017년부터는 청년들도 함께 참석해서 청년 세대를 향한 하나님의 마음을 함께 담고 온 교회가 뜨겁게 기도로 움직이고 있다.

7. 성경학교와 수련회로 믿음을 벌크업 하는 교회학교

대영교회 성경학교 및 수련회는 그야말로 은혜의 축제장이다. 담임목사의 목회철학에 따라 좋은 간식이나 먹이는 데 초점이 있지 않고 좋은 말씀의 꼴을 먹이는 수련회와 성경학교를 지향하기 때문이다.

수련회를 기획하는 모든 교역자는 기본적으로 어떻게 하면 가장 좋은 말씀의 꼴을 줄 수 있을까를 고민한다. 그래서 대영교회는 항상 최고의 말씀 강사진을 준비한다. 그러나 그것만으로는 안 된다. 철저한 대상 연구와 이해에 따른 맞춤식 교육이 필요하다. 그래서 2017년 여름부터는 모든 어린이 부서가 연합해서 울산 전역에 있는 모든 유년, 초등, 소년부 학생들에게 단 한 번이라도 복음을 듣게 하려고 '대영 워터 페스티벌'을 준비했다. 교회 1, 2 주차장 전부를 다 사용해서 대형 물놀이 시설을 만들고 혹시나 있을 안전사고를 대비해 바닥 전면에 부직포를 설치하여 아이들이 넘어지거나 다치는 일이 없도록 안전에 만전을 기했다.

물론 그것만으로는 안 된다. 물놀이 자체는 그 이상도 그 이하도 아니기 때문이다. 그래서 준비한 것이 총 9개의 서로 다른 형태의 복음 제시방이다. 사영리, 글 없는 책, 복음 큐브 등 총 9개의 서로 다른 복음 방을 만들고 복음을 들으면 간식을 얻을 수 있는 쿠폰을 주어 아이들에게 다양한 복음 메시지를 듣게 했다. 그 결과 약 1,400명의 어린이들이 신나는 물놀이와 풍성한 복음 메시지를 들을 수 있었다.

또한 중등부는 한꺼번에 많은 인원수가 아니라 통상 3차까지 나누어서 수련회를 진행한다. 약 40-60명 정도의 최소 인원이 수련회에 참석하며 교사들과 스텝들이 구원 상담부터 기도의 깊은 세계에 이르기까지 맨투맨으로 영적 안내를 한다. 기도회 시간에는 아이들 한 명 한 명을 붙잡고 뜨겁게 기도하며, 또한 말씀을 듣고 어떤 반응을 보이는지도 계속 점검한다.

2017년에 고등부는 낮에는 지리산 둘레 길을 걸으면서 스트레스를 풀고 청소년의 넘치는 혈기를 발산한 뒤, 밤과 새벽에는 풍성한 말씀과 기도를 통해서 깊은 은혜의 자리로 나아가도록 시도했는데 반응이 매우 좋았다. 또 고3 수련회는 자신들이 직접 기획하고 계획해서 진행한다. 직접 아이들도 섭외하고 찬양 팀도 자기들끼리 구성해서 얼마 남지 않는 수능과 진로에 대한 염려를 하나님께 맡긴다.

8. 대예배를 통해 영적 통합 세대를 꿈꾸는 교회학교

원래 대예배는 모든 세대가 함께 드려야 맞다. 그러나 현대교회의 특성상 부서별로 나누어 교회학교 예배로 따로 드린다. 하지만 엄밀한 의미에서 대예배는 하나다. 모든 세대가 함께 모여 한 분 하나님을 찬양하고 예배하며 말씀으로 하나 되어야 한다. 그런 의미에서 대영교회의 대예배는 항상 은혜와 감격이 넘친다.

대영교회 청소년부 같은 경우 제자훈련생들은 부서 예배뿐 아니라 반드시 대예배를 드리도록 훈련한다. 모든 설교마다 노트를 적도록 하고 또한 대예배를 통해 받은 은혜를 함께 나눌 수 있도록 확인하고 체크한다. 교회학교에서 대예배가 중요한 이유는 특히 청년이 되었을 때 교회에서 잘 적응하고 정착하기 위함도 있지만, 궁극적으로는 어른들과 함께 공 예배에 참석하여 어른 세대가 보고 느끼고 체험하는 것을 공유하면서 온전한 예배자의 자세를 확립하기 위함이다.

현재 대영교회 4부 예배에는 참석 인원의 80퍼센트가량이 청년이다. 4부 예배 후에 청년 모임을 따로 하지만, 청년들에게는 주일 예배에 꼭 참석하도록 독려한다. 이 예배에서 청년들은 담임목사의 목회철학을 공유하며 공통의 방향을 지향한다. 이로써 교회의 모든 세대는 같은 방향, 같은 마음, 같은 말, 같은 행동으로 하나 됨을 이루어갈 수 있다.

그런가 하면, 부흥회와 전도 집회 등 특별한 집회와 행사가 있는 경우에는 부모와 함께 온 유아부 이상 소년부 자녀를 위해 교회학교 교역자들이 '점프점프 축제'를 진행한다. 이를 통해 자녀뿐만 아니라 부모도 그 시간에 은혜를 공급받도록 힘쓰고 있다.

9. 전도에 힘쓰는 교회학교

매주 학교 앞 전도를 나가는 어린이 부서의 경우, 불신 부모의 신고로 전도가 중단되기도 한다. 또한 청소년부는 학교에 교회를 세우는 스쿨 처치를 하다가 학교에서 강제 추방을 당하기도 한다. 그럼에도 불구하고 포기하지 않는다. 복음을 전하다 보면 쫓겨나고 수모당하며 멸시받고 천대받는 일이 당연하기 때문이다. 바로 여기에서 교회학교의 야성이 생긴다.

그래서 대영교회는 끊임없이 전도 방법을 고민하고, 모든 방법을 동원해서 끊임없이 후회 없이 전도한다. 모든 부서가 정말 열심히 전도한다.

10. 단기 선교를 통해 열방을 품는 교회학교

해마다 진행되는 단기 선교는 일정 기간 토요일마다 훈련 시간을 두고 선교단체 대표로 섬기는 여러 선교사를 모시고 강의를 들으면서 철저하게 훈련된 아이들을 파송한다. 매년 단기 선교 발대식을 열어 온 교회가 다음 세대 자녀들을 열방으로 파송한다.

2017년은 태국의 2곳 그리고 필리핀, 인도, 일본, 제주도로 다음 세대를 계속 파송하면서 믿음으로 열방을 품는 다음 세대로 자라게 하고 있다. 그 결과 1년 또는 2년 동안 단기 선교사로 헌신하는 청년도 점점 늘고 있다. 선교를 관장하는 세계선교위원회가 이 일에 함께 헌신한다.

지금까지 울산대영교회의 다음 세대 교육에 대해 몇 가지를 나누어보았다.

얼마 전 한국교회사를 읽다가 전율을 느낀 부분이 있었다. 우리나라 최초로 신사참배를 거부했던 교회가 어느 교회인 줄 아는가? 강경 성결교회라는 곳이다. 그러면 그 교회에서 누가 제일 먼저 신사참배 반대를 외치고 일어났는지 아는가? 놀랍게도 교회학교에 다니던 초등학교 아이들이라고 한다. 그래서 공식적으로 우리나라에서 신사참배를 반대했던 이들은 강경 성결교회 교회학교 학생들이다. 6.25 전쟁 당시 전교인이 순교했다는 유례없는 순교의 역사를 가진 야월교회는 65명의 순교자들 가운데 상당수가 바로 교회학교 청소년이었다.

어쩌면 한국교회의 마지막 물맷돌은 다음 세대가 아닐까 생각한다. 다음 세대가 신앙의 유산을 제대로 물려받을 수 있다면 그들은 필시 이 나라를 흔들고 남는 위대한 인물로 세워질 것이다.

그런 의미에서 필자는 종교개혁은 지금도 계속 진행 중이어야 한다고 생각한다. 종교개혁의 핵심 동력은 성경을 평신도의 손에 들려주어 읽게 하는 것 그리고 그 일을 통해 평신도가 깨어나는 것이었다. 현재 진행되고 있는 종교개혁의 핵심 동력은 성경을 다음 세대의 손에 들려주어 그들을 깨어나게 하는 일이라고 생각한다.

현재 한국교회는 마지막 심폐소생술을 기다리고 있는 절체절명의 환자와 같다. 바로 지금, 이때가 '골든타임'이다. 중요한 것은 심폐소생술을 언제까지 해야 하는가이다. 언젠가 심폐소생술 전문가의 강의를 들었는데, 심폐소생술은 이러다가 내가 죽을 것 같다고 느껴질 때까지 하라고 했다. 하다 보면 '이거 완전히 죽었는데' 하는 의심이 들더라도 계속 해야 한다는 말도 들었다.

한국교회가 정확하게 그 상황이다. 우리가 언제까지 교회학교 현장에서 이렇게 발버둥을 쳐야 하는가? 그렇다. 다음 세대를 살리다가 내가 죽을 것 같다고 느껴질 때까지, '이거 완전히 죽었는데' 하는 의심이 들더라도 우리는 계속 한국교회를 향해 그리고 다음 세대를 향해 남은 시간을 쏟아부어야 한다.

다른 세대가 아니라 다음 세대가 되기를 소망하며….

● **조운**
울산대영교회 담임목사
제자훈련 목회자 네트워크(칼넷, CAL-NET) 이사·울산 대표

14장

제자훈련을 통한 다음 세대 교육

1. 한국교회, 다음 세대에 대한 근심

한국교회가 다음 세대를 두고 고민하기 시작한 것은 그리 오래되지 않은 일이다. 그러나 불안한 움직임은 소리 없이 진행되고 있었다. 급격히 줄어든 출산율은 자연적으로 다음 세대의 인구 감소로 나타났고, 경제성장과 주 5일제 근무로 인해 많은 가정이 주말이면 휴양지로 떠나고 있으며, 영상 매체와 컴퓨터 기술의 발달로 인한 수많은 유혹이 아이들을 교회에서 사라지게 하고 있다.

최근 총회와 많은 기독교 단체에서 앞다투어 교회 안에 급격히 줄어들고 있는 다음 세대에 대한 대안을 제시하며 위기를 탈출하기 위해 애쓰고 있다. 이러한 현상이 비단 우리나라에서만 벌어지는 것은 아니다. 미국과 영국 등 서구권 교회의 다음 세대 이탈은 교회의 노령화와 급속한 기독교 인구의 감소로 이어져왔고 그 경고를 우리에게도 보내고 있다.

다음 세대의 신앙 교육을 어떻게 할 것인가? 제자훈련이 답을 제시할 수 있는가? 나는 감히 자신 있게 그렇다고 말할 수 있다. 지금까지 대흥교회 속에서 펼쳐진 일들을 통해 함께 나누고자 한다.

2. 대흥교회 다음 세대 사역의 현황

대흥교회는 20세 미만이 40퍼센트 이상을 차지하고 있다. 그 기준이 미혼 남녀가 된다면 50퍼센트에 육박한다. 교회의 역사는 40년이지만 그 역사보다 더 젊은 교회가 되었을 뿐 아니라 이들은 대한민국의 신앙 유산인 새벽기도와 말씀으로 신앙을 다지며, 제자훈련을 통해 굳건한 믿음의 다음 세대로 자라나고 있다.

대흥교회의 다음 세대 사역은 주일 사역과 주중 사역으로 구분되어 이루어진다. 주일 사역은 일반 교회와 동일하다. 모든 교육부서는 연령대로 구성된다. 축복의 씨앗으로 불리는 영아부와 유치부인 축복의 샘 그리고 주일학교 부서인 예꿈과 예닮, 청소년 부서인 다이비드 그리고 대학부인 디모데와 직장인으로 구성된 바울이 있다.

여느 교회와 다른 점이 있다면 사역을 평신도가 주도한다는 점이다. 최근 1, 2년 사이 교회 내에서 부교역자가 더 세워지면서 교역자 수는 조금 늘었지만, 그 전까지는 성도가 100명일 때나, 10배 가까이 늘었을 때나 교역자 수가 변동이 없었다. 그 비결은 모든 사역에서 훈련된 평신도가 오랫동안 자리를 지키면서 함께했기 때문이다. 한 부서의 교사들은 보통 10년, 20년 이상 자리를 지키며 영적 부모로서 아이들을 돌보고 교육하고 훈련한다. 이 교사들은 오랜 기간 담임목사 부부와 제자훈련을 통해 세워진 평신도 사역자들이다. 말씀과 기도를 통해 성령의 사람으로 자라 교회와 함께 '예수 제자 비전'의 꿈을 꾸고 있다.

교사들은 아이들을 예수 그리스도의 제자로 자라게 하고, 몸 된 교회를 사랑하며, 진리의 가르침에 순종하고, 세상 문화를 분별해 스스로 분리할 줄 알고, 필요한 것을 취할 줄 아는 능력을 갖추어 다음 세대의 지도자로 자라도록, 온 교회와 더불어 한마음으로 성실하게 가르치고 있다.

교육부서가 아이들의 주일 신앙을 책임지고 있다면, 평일 사역은 에듀센터가 맡고 있다. 에듀센터는 대흥교회에서 평일에 진행되는 학원 사역을 총칭하는 이름이다.

대흥에듀센터 내에는 CMS 초중등 영수 학원과 탑 피아노, 그리고 두 곳에서 펼쳐지는 어린이집 사역이 있다. 모두 법적으로 인가된 공식 교육기관이며 4백 명가량의 아이들이 매일 이곳을 방문하며 직간접으로 복음을 접하고 있다.

하늘꿈 어린이집은 말씀으로 아이들을 양육하려는 열정에서 출발했다. 교회 한 켠에 적은 수로 인가받아 시작되었는데, 현재는 두 곳에서 125명의 아이들을 가르치고 있으며, 대기자가 많아 들어가기도 쉽지 않은 최고의 교육기관이 되었다.

CMS 영수학원은 15년 전, 맞벌이하는 교인 자녀들이 오후에 방치되어 있는 것을 보고 안타까운 마음이 들어 말씀으로 훈련된 영어 전공 교사에게 제안하며 세워졌다.

4년 전 독립된 학원 건물을 신축하여 150여 명의 학생과 13명의 교사로 이뤄진 학원으로 당당히 서게 됐다. CMS 영수학원을 통해 복음을 듣고 전도되어 교회로 오게 된 경우도 많다. 실력을 높이고 복음을 전하는 통로의 사명을 잘 감당하고 있다.

탑 피아노 학원은 뜻하지 않게 하나님께서 주신 선물이다. 경영이 어려워진 교회 인근 피아노 학원에서 먼저 제의가 들어와 운영하게 되었으며 말씀으로 훈련된 최고의 피아노 전공자들이 103명의 아이들을 가르치고 있다. 덕분에 지역사회에 좋은 소문과 함께 복음의 통로 역할도 하고 있다.

제자비전아카데미는 대흥에듀센터의 유일한 비인가 교육기관이다. 기독교대안학교의 형태로 진행되는 초중고 교육기관이다. 2009년 11월 초등 3, 4학년의 11명의 학생으로 시작되어 8년이 흐른 지금 초중고 12개 학년의 학생들로 구성되었고, 양적으로나 질적으로 많이 성장했다. 에듀센터의 다른 기관이 복음 전파와 실력 양성에 목표를 두고 있다면 제자비전아카데미는 강력한 복음으로 무장된 예수 제자를 길러내는 데 목표가 있다. 성경 진리 위에 실력과 체력, 인격과 품격과 영성을 골고루 갖추어 다음 시대를 이끌 예수님의 제자로, 선교사로 훈련하고 있다.

제자비전아카데미의 교육 목표는 마태복음 28장의 대사명이다. 예수님의 마지막 명령을 수행하는 예수 닮은 제자를 어릴 적부터 제대로 교육하고 훈련하기 위해 세워졌기 때문에 모든 입학생은 교회 내에서 제자훈련을 마친 가정의 자녀로 입학을 제한하고 있다. 교회와 함께 신앙의 공유가 이뤄지지 않고서는 제대로 된 다음 세대의 교육이 불가능하기 때문이다.

말씀과 기도로 훈련받고 교육받은 아이들의 대학 진학 결과는 성적 또한 복음이 먼저 들어가면 된다는 것을 보여주시는 하나님의 사인으로 받아들여진다. 5회까지 졸업생 모두가 일취월장한 실력으로 대학에 들어갔고, 그렇게 훈련된 졸업생들은 지금 대흥교회에서 교사로, 셀 리더로, 또 제자비전아카데미 교사로 헌신하며 기성세대와 더불어 교회를 세워가고 있다.

이외에도 한시적이자 특수 목적으로 시행되는 다양한 과정에서 다음 세대가 자란다.

썸머스쿨과 윈터스쿨은 여름 및 겨울방학마다 교회에서 3, 4주간 동안 실시하고 있다. 일반 학교 학생들에게 제공되는 방학교육 프로그램으로 방학 동안 교회 안에서 신앙과 실력을 쌓을 수 있도록 돕는다.

토요학교는 6년 전부터 시작되어 지금까지 이어지고 있는데, 1, 2교시는 제자훈련을 하고 3, 4교시는 다양한 예체능 선택 강의를 개설해 운영하고 있다. 주5일제 수업이 도입된 후, 아이들을 세상의 교육에 빼앗기지 않고 교회로 오게 하여 말씀을 가르치고 다양한 강의들을 통해 은사를 발견하고 개발할 수 있는 새로운 장이 되어준다. 토요학교 선택 강의는 훈련된 성도들의 자발적 재능 기부를 통해 사랑과 섬김으로 이루어지고 있다.

아트스쿨은 기타, 드럼, 베이스 등의 차세대 예배자들을 길러내기 위한 연주자 육성 과정이다. 아트스쿨을 통해 배출된 연주자들이 현재 모든 예배를 섬기고 있으며 이들이 또한 다음 세대를 기르는 사역을 감당하고 있다.

대흥에듀센터는 양질의 교육을 통해 주변 지역민에게 인지도가 높으며 교인 가정의 자녀는 물론 불신 가정의 자녀들까지 이곳을 통해 실력을 키우고 더불어 복음도 전해듣고 있다. 이러한 일이 일어나는 것은 제자훈련을 통해 훈련된 평신도가 있기 때문이다.

에듀센터의 모든 교사는 대흥교회에서 제자훈련을 수료한 평신도가 맡는다. 이들은 모두 관련 교육 분야를 전공했으며 전문가들이다. 교회의 비전을 함께 붙잡고 자신의 인생을 이 사역에 드렸다. 더 나은 직장을 버리고 이곳에 와서 함께 헌신했고, 더 나은 직장으로 갈 수 있는 기회를 하나님께 드리고 이 사역에 뛰어든 사람들이다. 이런 일이 가능한 것은 말씀을 통해 복음의 가치, 교회의 가치, 다음 세대를 향한 비전이 공유되었기 때문이고 그 중심에는 제자훈련이 있다.

대흥교회는 지금보다 10년 뒤, 100년 뒤가 더 기대되는 교회다. 기도와 말씀으로 훈련되고 복음으로 무장된 예수 그리스도의 제자들이 통일한국시대에 북한과 열방으로 뻗어나가 예수님의 마지막 지상명령을 수행하는 그날이 눈앞에 그려지는 것 같아 행복하다. 예수님의 12명의 제자가 유대와 사마리아와 땅끝으로 나아갔던 것처럼 말이다.

3. 대흥교회 제자훈련 목회의 본질과 역사

대흥교회에서 나같이 부족한 사람을 통해 어떻게 이런 역사가 일어날 수 있었을까? 오직 하나님이 일하신 것이다.

나는 고향 마을에서 제일 먼저 복음을 받아들인 증조할아버지로부터 내려온 믿음의 4대 가정에서 태어나고 자랐다. 교회는 내 삶의 터전이요 사랑이고 희망이었다. 그러나 20세에 목회자로 하나님의 부르심을 받았을 때는 망설일 수밖에 없었다. 스스로 생각해도 목회자로서 아무런 자질도 없어 보였기 때문이다. 어린 시절부터 사람들 앞에 나서기를 두려워하고 사람들 앞에만 서면 새가슴에 울렁증까지 폭발했다. 거기다가 발음도 분명하지 않았고 떨릴수록 말을 더욱 더듬었다. 이런 내가 설교를 하고, 가르치는 사역을 통해 성도를 이끌어간다는 것은 불가능하게 보였다. 그러나 하나님의 생각은 나와 달랐다.

하나님은 모세와 예레미야를 부르실 때의 장면을 보여주시며 '내가 너와 함께하겠고 네 입술에 할 말을 주겠다'라고 약속하셨다. 결국 나는 그 하나님을 신뢰했고 고향인 낙동강 한 지류인 위수강변 모래사장에 무릎을 꿇고 주의 종으로서의 삶을 헌신했다.

그럼에도 불구하고 설교는 너무 힘들었다. 홈런이나 안타를 칠 때는 괜찮지만 삼진을 먹을 때는 정말 낙담이 되었다. 설교를 끝내고는 나도 한심해서 '하나님! 이렇게 평생 어떻게 삽니까?' 하며 하소연을 했다. 그러고는 다시 더 철저하게 준비하고 기도하면서 겸손하게 배우려 힘을 썼다. 하나님이 쓰시는 교회와 목사들의 목회와 설교를 읽고 들으면서 열심히 배워갔다. 아내 앞에서 먼저 설교 연습을 하기도 했다.

전도사 시절 청도 동산기도원 간 적이 있었는데 갑자기 나에게 대표 기도를 시켰다. 갑작스러운 기도 요청에 버벅대고 횡설수설하며 기도를 마쳤다. 예배를 마친 후에 얼마나 부끄럽고 창피한지 쥐구멍에라도 들어가고 싶었다. 이 사건 때문에 모든 경우를 생각하면서 대표 기도문을 미리 다 작성하기도 했다.

목회자로서 말을 잘 못하고 발음이 분명하지 않은 것들이 나를 계속 괴롭혔다. 그런데 이런 연약함이 나를 더 겸손하게 만들었고, 더 철저하게 준비하게 했다. 더 하나님만을 의지하게 되었고, 더 성령의 능력을 의지하게 되었다.

이제는 거룩한 배짱과 담대함이 생겨나 '죽을 쓰면 죽이 환자에게는 약이 될 것이고, 말 못하면 온몸과 표정으로 하나님의 마음과 심정을 전달하면 되지' 하고 강단에 선다. 돌아보니 놀랍게도 40년 동안 말씀을 전하고 가르치는 삶을 살게 하셨다. 이제는 여러 곳에서 강의와 설교 요청이 오고, 일주일에 5-6개의 소그룹을 인도하면서 제자훈련과 가르치는 사역을 감당하고 있다.

나의 목회 이력은 정말 독특하다. 대흥교회에서 가장 오래된 교인은 바로 담임목사이다. 1977년 몇 명의 청년들이 모여 '부흥과 세계 선교'를 꿈꾸며 설립예배를 드릴 때, 나는 20세의 청년으로 그 자리에 함께 있었다. 나는 그 꿈이 참 좋았고 그 꿈을 믿었고 그래서 그 꿈을 붙잡았다. 그때 나는 이렇게 기도했다. "보잘것없어도 좋으니 우리 교회가 하나님의 꿈을 성취하는 데 제가 쓰임받게 해주세요." 그 청년이 전도사가 되었고, 1992년 6월, 2대 담임목사로 위임받아 지금에 이르러 40년 동안 한 교회를 섬기고 있다.

하지만 목회자가 되어 교회를 섬기는 일은 결코 순탄치가 않았다. 신학교 시절부터 많은 어려움이 있었다. 7년 동안 신학을 공부하면서 제때 등록금을 낸 것이 딱 한 번이었다. 등록금을 제때 내지 못한 탓에 총신 신대원에서 똑같이 공부하고도 학점을 인정받지 못해 한 해 늦게 졸업했다. 신학교 시절 이 문제로 저녁마다 학교 강당에 올라가 하나님께 얼마나 기도했는지 모른다. 세월이 흘러 오늘에 와서 보니 그 고통이 축복이 되어 있었다. 나의 역경 지수가 높아졌고 그것이 실력이 되어 대흥교회에서 여러 번 땅을 사고 건축을 하면서도 재정 사고 한 번 없이 철저하게 물질 관리를 할 수 있었다.

전도사로 섬기던 때에 교회가 많이 어려워지면서 교회에서 내 입지가 좁아졌다. 교회에 계속 있어야 할지 떠나야 할지 심각하게 고민하며 앞으로 또 어떻게 목회를 해야 할지를 두고 절박한 마음으로 기도할 때 주님은 내게 '나처럼 하라'고 하셨다. '주님이 무엇을 하셨죠?'라고 질문할 때 3년 공생애 동안 가르치시고 전파하시고 고치시는 사역을 하신 것을 떠올리게 하셨다. 그리고 주님은 더 중요한 사역으로 12명의 제자들과 함께 생활하시며 제자훈련을 하셨고 이 연약한 제자들에게 지상명령이자 위대한 과업을 부탁하셨다는 것을 깨닫게 되었다. 주님의 지상명령인 마태복음 말씀을 통해 이 제자 비전을 확신시켜 주셨다. "예수께서 나아와 말씀하여 이르시되 하늘과 땅의 모든 권세를 내게 주셨으니 그러므로 너희는 가서 모든 민족을 제자로 삼아 아버지와 아들과 성령의 이름으로 세례를 베풀고 내가 너희에게 분부한 모든 것을 가르쳐 지키게 하라. 볼지어다. 내가 세상 끝 날까지 너희와 항상 함께 있으리라 하시니라"(마 28:18-20).

하늘과 땅의 권세를 가지신 만왕의 왕 예수님께서 승천하시면서 남기신 명령이 모든 민족으로 제자 삼으라고 하는 것이다. 제자 삼기 위해 모든 민족으로 가야 한다. 제자 삼기 위해 삼위 하나님의 이름으로 세례를 베풀어야 한다. 제자 삼기 위해 가르쳐 지키게 해야 한다. 이 명령에 순종할 때 주님이 세상 끝 날까지 함께하시 겠다고 약속하셨다.

주님의 마지막 지상명령을 수행하는 것이 예수님의 제자다. 결국 제자들을 키워야 이 사명을 감당할 수 있음이 내 마음속에 깊이 새겨지면서 나의 목회는 더욱 중심을 잡을 수 있었다.

제자가 되고 제자 삼는 일에 내 인생을 헌신하고 1985년 3월, 총신대 신학대학원 1학년에 다니면서 교회 청년 몇 명과 함께 제자훈련을 시작했다. 그리고 어려운 형편이었지만 '제자'라는 단어가 들어가는 책은 다 구입해서 보았고, 신대원 졸업논문도 '제자'에 관해 쓰며 나의 모든 사명을 여기에 두었다.

1985년부터 시작된 제자훈련은 처음에는 다양한 주제와 다양한 책과 함께 시작했고 예수님이 하신 것처럼, 예수님을 닮은 사람을 길러내고 싶은 열망으로 가득했다. 훈련이 거듭될수록 더욱 이 길밖에 없다는 것을 확신하게 되었다. 1993년 11월 칼(CAL) 세미나를 접하면서 제자훈련에 대한 철학과 원리가 더욱 선명해졌고, 평신도를 훈련된 사역자로 세워가는 일에 더욱 힘을 쏟았다.

대흥교회는 꿈은 컸지만 걸어온 과정은 순탄하지 않았다. 교회는 다툼과 분열, 여러 가지 경제적인 어려움을 겪으며 작은 교회가 더 작아졌고 그나마 있던 교회 처소마저 없어졌다. 그래서 교회의 모든 기물을 김천 금릉의 예수마을이라는 곳에 맡겨두고 수요일과 주일을 이곳저곳에서 더부살이를 하면서 예배를 드렸다. 새벽기도는 모 교회 집사님이 경영하는 한의원 로비를 빌려 돗자리를 펴놓고 드리면서 처소 없는 교회로 명맥을 이어가기도 했다.

당시 주일날 점심을 먹고 나면 교회의 중심이 되는 집사님들이 각 집에 돌아가며 모이곤 했는데, 모이면 교회와 목회자인 나에 대해 불평을 했다. 구역예배를 드리면서도 원망하고 불평했다. 그래서 구역예배를 2-3년 쉬기도 했다. 아무리 설명해도 성도들은 듣지 않았다.

교인들 간에 다툼도 심했는데 한 집사님은 내 앞에서 윗옷을 벗어 던지면서 "내가 왕년에 깡패 출신인데 한번 해볼래?" 하며 서로 싸우기도 했다. 과거 이런 일들이 일어나는 교회였다.

그러던 어느 날 새벽기도 차량 운행 중에 하나님의 큰 위로를 경험하게 되었다. 10년 가까이 차량 운행을 해왔는데 이 시간에 〈주 안에 있는 나에게〉, 〈태산을 넘어 험곡에 가도〉, 〈고요한 바다로〉, 〈험한 시험 물속에서〉, 〈내 주를 가까이 하게 함은〉, 〈주여 지난 밤 내 꿈속에〉 등등의 찬송을 많이 불렀다.

그날도 새벽기도 차량을 몰면서 찬양을 했다. 그러다가 "주님! 아시지요? 너무 힘들어요" 했을 때 그때 주님이 말씀하기를 "내가 너의 마음을 안다"라고 하셨다. 그 음성을 듣고는 눈물이 비 오듯이 쏟아져서 주체할 수가 없었다. 그때 그 위로가 내 마음의 고통을 사라지게 했다.

이렇게 힘든 시절을 이겨내고 버틸 수 있었던 것은 주님의 말할 수 없는 위로와 절박한 마음으로 드린 기도들, 그리고 함께 제자훈련을 했던 젊은 교인들이 있었기 때문이었다. 강도사 인허를 받으면서 일주일을 금식하고, 목사 안수를 받으면서 10일을 금식하고, 교회가 한참 어려울 때는 3년 동안 강단에서 밤에 기도하며 잠을 잤다.

기도원에 가지 않고 40일 금식을 하면서 강단을 지키며 기도했을 때는 제자훈련을 받은 젊은 성도들이 아침 한 끼씩 금식하면서 목회자와 교회를 위해 헌신하며 기도에 동참해주었다. 그 결과 교회의 모든 문제는 잠잠해졌고 15년 동안 예배당 없이 떠돌던 교회가 작은 건물을 매입하여 예배당으로 사용하는 축복을 받았다.

제자훈련을 하면서 기도를 강조했다. 새벽기도 나오는 사람을 나의 동역자로 생각하고 새벽기도를 강조하며 전화벨을 울렸다. 새벽기도 참석자 명단을 적으면서 지금은 내가 이름을 적지만 후에는 이름을 적을 수 없을 만큼 많이 나오게 해달라고 기도했는데 지금은 그 기도대로 되었다.

현재 대흥교회는 어릴 때부터 새벽을 깨우고 하나님을 만나서 성령으로 살아가도록 훈련하고 있다. 화요일이면 어린아이부터 전교인이 새벽기도를 하고 있다. 평소에도 교인의 50퍼센트가 항상 새벽을 깨우는 교회가 되었다.

2010년 교회는 전교인이 함께 3년 작정기도회를 하기로 했다. 3년 동안 새벽기도와 저녁 8시에서 10시까지 시간을 정해서 기도를 했다. 교인들의 50퍼센트가 함께 동참했고 2013년 6월 9일 주일날 3년 작정기도회가 끝났다. 끝날 무렵 마지막 10일간은 성경에 나온 대로 '오로지 기도회'를 했는데 새벽에 2시간, 오전에 2시간, 오후에 3시간, 저녁에 2시간, 하루 총 9시간을 기도했다.

이렇게 시작된 기도가 지금도 계속되고 있다. 교회 본당에는 기도 소리가 그치지 않는다. 많은 성도가 자유롭게 새벽과 낮 시간과 저녁 8-10시까지 기도를 하고 있다. 어려울 때 기도를 붙잡으면서 기도가 가장 소중하다는 것을 배웠고 기도는 부담이 아니라 행복이고 축복이라는 것을 배웠다. 영혼 사역은 기도를 통해 이루어지고,

제자는 말씀과 기도를 통하여 성령으로 세워진다는 것을 배웠다. 그래서 다음 세대들에게 더욱 철저하게 기도훈련을 시키고 있다.

15년 동안 땅 한 평 없고 건물 하나 없던 교회가 이제는 아파트 단지 중앙에 꽤 넓은 땅을 아홉 차례에 걸쳐 확장했고, 교회 본당, 어린이집, 비전센터, 영수학원 등의 건물을 짓고 다음 세대를 키우고 있다. 여기에 국한되지 않고 더 멀리 내다보며 대구 근교에도 사역의 현장을 넓혀놓았다.

제자훈련 목회를 통하여 교회는 더욱 건강해지고 든든하게 세워지며 확장되어 왔다. 대흥교회의 모든 장로 부부와 모든 교역자 그리고 모든 교사와 평신도 소그룹 리더인 목자 부부까지 모두가 제자훈련으로 세워졌다. 비전과 목표가 한 성령 안에서 하나가 되었기에 지금까지 사역해올 수 있었다.

대흥교회는 제자훈련에서 '제자', '성령', '복음', '교회', '선교'의 5가지 핵심 가치를 잡게 한다. 이것들이 상호 유기적으로 돌아가면서 하나님 나라가 이 땅에서 세워져 가는 것을 교회 안에서 경험하고 있다.

4. 대흥교회 제자훈련, 걸어온 30년 그리고 다음 세대 비전

2015년 주일 오후 어느 날이었다. 주일 오후예배를 마치고 성도들에게 인사를 하기 위해서 예배당 로비에 서 있었는데 성도들은 집에 돌아갈 생각을 하지 않고 있었다. 급히 무언가를 준비하던 예배 스텝들은 나와 아내를 본당 입구에 결혼식 입장 대열로 세웠다. 그리고 그 앞에 카펫을 깔고 꽃으로 장식된 아치를 세웠다. 강단까지 입장하는 동안 모든 성도가 기립박수를 치며 우리 부부를 향해 사랑의 환호를 보내주었다. 성도들이 몰래 준비해준 제자훈련 30주년 기념식이었다.

첫 제자훈련 졸업생으로 지금은 장로 부부가 된 성도들의 축하영상 메시지와 모든 목장에서 자발적으로 쓴 편지와 선물은 강단을 한가득 채웠고 리더들이 우리 부부와 기념촬영을 하며 모든 성도와 함께 축하와 기쁨을 나누는 시간을 가졌다. 나도 감격하고 성도들도 감격했다. 늦게 교회에 나온 새가족들은 이 광경을 보며 이렇게 목사를 존경하고 사랑하고 따르는 모습을 보면서 정말 감동을 받았고 더욱 교회를 사랑하는 마음을 갖게 되었다고 고백했다.

모든 목사에게 교회는 자기 삶의 전부이겠지만 특별히 나에게 대흥교회는 내 인생의 시작과 끝이다. 개척 당시 강단에서 선포되어 나를 사로잡은 교회의 비전은 지금도 살아 있어서 그 비전을 위해 순전한 마음으로 살기를 소원하고, 다음 세대에 전수되기를 소망하고 있다.

제자훈련은 목회자와 성도가 서로 사랑하게 하고, 성도가 교회를 사랑하게 하고, 예수 그리스도께 헌신하게 한다. 이런 모습을 교회 속에서 보고 배우고 자란 다음 세대는 자연스럽게 이 신앙을 이어간다.

우리 교회에는 변치 않는 표어가 있다. 그것은 바로 '제자 되어 제자 삼는 건강한 교회'이다. 강단 앞에는 "모든 민족으로 제자를 삼으라"(Make disciples of all nations)는 말씀이 새겨져 있다. 이 표어와 이 주제는 내가 천국에 간다 해도 영원히 대흥교회 속에 남아 다음 세대에 이어질 것이다. 교회 안에서 보고 듣고 배운 말씀이 되었고 삶으로 가르친 말씀이 되었기 때문이다.

다음 세대는 알고 있다. 지금 세대가 삶으로 보여주는 신앙을 말이다. 교회를 어떻게 사랑했고 한 영혼을 어떻게 사랑하고 섬겼는지를 목회자와 부모, 교사를 통해 보았고 배웠고 함께했다. 그러기에 방황은 있을 수 있지만 이탈은 없다. 복음과 성령 안에서 참된 제자로 살아가는 지금 세대가 있다면 다음 세대 역시 그렇게될 수밖에 없다. 이 진리에 투자하기를 아끼지 않고, 한 걸음 한 걸음 나아간다면 대흥교회 속에서 일하신 성령께서 우리 모두를 통해 일하실 줄 믿는다. "그 작은 자가 천 명을 이루겠고 그 약한 자가 강국을 이룰 것이라 때가 되면 나 여호와가 속히 이루리라"(사 60:22).

● **정명철**

대구대흥교회 담임목사
제자훈련 목회자 네트워크(칼넷, CAL-NET) 대구 대표

15장

종교개혁은 함께하는 것이다

로마서 16장과 함께 소고

종교개혁 기념일을 앞두고 의미 있는 시간을 보내면서 새벽기도 시간에 성경으로 돌아가자, 교회를 개혁하자고 깃발을 들고 불속으로 뛰어든 개혁자도 있지만, 이 일을 위해 아무런 보상과 인정을 바라지 않고 묵묵히 자기 일을 감당했던 위대한 사람들이 많이 생각난다.

"존귀 영광 모든 권세 주님 홀로 받으소서. 멸시 천대 십자가는 제가 지고 가오리다. 이름 없이 빛도 없이 감사하며 섬기리다"(찬송가 323장 3절). 이 찬송을 계속 읊조리며 루카스 크라나흐(Lucas Cranach the Elder, 1472-1553) 그리고 게오르크를 생각하게 된다. 이름 없이 빛도 없이! 따지고 보면 이것이 만약 그때 그 북유럽에서의 찬양이었다면 종교개혁의 정신이 담뿍 묻어 있는 찬송가가 아니겠는가?

우리가 알고 있는 루터와 칼빈, 존 녹스 외에도 78명의 많은 사람이 그 일들을 도왔기에 종교개혁이 이루어졌다. 대사를 이루는 것은 혼자서는 안 된다. 더불어 함께 목적을 두고 진행할 때 놀라운 영적인 시너지 효과가 있고, 뜻을 같이하는 무리들이 거대한 눈덩이처럼 커짐을 경험한다.

루터보다 200년이나 전에 성경으로 돌아가자며 하나님의 주권을 강조하던 영국의 부자 루스발데스는 이단으로 정죄를 받아 처형되었으며, 우리가 잘 아는 체코의 얀 후스는 그다음 굵은 개혁의 주를 이루어나간다. 그 외에도 하나님의 섭리 속에서 농사와 도시로의 자본 집중, 제후와 성당 간의 마찰 등 역사와 정치 경제에서 간접 도움을 준 사람과 환경이 많다.

1517년 어느 날 아침 수도사의 망치 소리가 비텐베르크 성당에서 들렸다. 여기서 시작된 개혁이 전 유럽으로 뻗어나가게 된 것은 또한 이름 없이 빛도 없이 도운 사람들 덕분이다. 마치 로마서 16장에 나오는 37명의 믿음의 선진들과 같다. 그들 역시 바울을 도와서 위대한 사역에 동참했다. 이름 없이 빛도 없이 당시에 개혁자로 나선 이들이다.

첫째 용사 뵈뵈는 겐그리아 교회의 일꾼이었다(롬 16:1). 일꾼은 헬라어로 '디아코노스'인데 이 단어는 바로 집사를 말한다. 집사는 기독교 초기에는 남자만 임명했으나(행 6:1-7) 곧 여자 집사들이 등장한다(딤전 3:11). 뵈뵈도 자매였다. 바울이 동역자로 지명한 첫 번째 일꾼이 바로 여성이었다. 가나안 땅에 가장 먼저 묻힌 사람도 여자인 사라였다. 주 안에서 남을 도울 줄 아는 성도였다.

또한 뵈뵈는 과부요 부자였다고 알려졌다. 아마 지역 유지로서 선교 차 방문했다가 핍박받았던 바울을 여러 모양으로 도왔던 것 같다. 바울은 뵈뵈가 살던 겐그레아에서 머리를 깎았는데(행 18:18) 아마 뵈뵈는 방패막이 되어 법률적으로 바울을 도왔을 것이다. 바울은 뵈뵈에게서 여러 도움을 받았다. 하나님은 이렇게 지혜로우며 용감한 성도들을 쓰신다.

바울은 이런 뵈뵈를 주 안에서 영접하고 도우라고 말한다. 뵈뵈는 개인적인 볼일과 바울의 부탁을 받고 이 편지를 가지고 로마까지 갔다. 뵈뵈는 로마서가 오늘날 세상에 전해지는 데 하나님이 사용한 숨은 공로자였다. 하나님은 이런 일군을 도우라고 말한다.

둘째, 브리스가와 아굴라는 바울의 동역자요 부부였다. 이들은 바울과 함께 텐트를 만들던 동료들로 유대인이었고(행 18:2), 로마에서는 로마식 이름으로 살고 고린도에 정착했다가 바울을 만나(행 18:1-2) 그와 함께 나그네처럼 사역했다(로마-고린도-에베소-다시 로마-다시 에베소로 동행).

그들은 사도인 바울을 위해 목숨까지 내어놓은 사람들이었다. 자기를 위한 신앙이 아니라 예수를 위해 자기 삶을 던진 사람들로 바울의 1, 2, 3차 여행에 동행했고 아볼로에게 성경을 체계적으로 가르친 사람들도 이들이었다. 바울은 말년에 로마 감옥에서도 이들 부부에게 안부를 전한다(딤후 4:19). 교회가 수고와 헌신을 인정하는 부부였다.

이들 부부의 집이 곧 교회였다. 하나님은 이런 부부들이 교회에 얼마나 필요한지를 잘 아신다. 성경에 나타난 여러 가정 교회를 보면, 마가 다락방 교회(행 1:13), 마가의 집(행 12:12), 빌립보의 루디아 집(행 16:40), 골로새의 빌레몬 집(몬 1:2), 라오디게아의 눔바라는 여성의 집(골 4:15), 고린도 가이오 집(롬 16:23) 등이 있다.

셋째, 에배네도는 바울이 사랑하던 자이자 아시아에서 처음으로 맺은 열매였다. 에배네도는 '칭찬받는'이란 뜻으로 사람이 첫사랑, 첫 자녀를 유난히 잊지 못하듯 하나님도 첫 열매를 잊지 않으시고 칭찬하고 기뻐하신다.

넷째, 마리아는 로마교회를 위해 많이 수고한 여성이었다. 하나님은 성실하게 수고하는 자매를 기뻐하신다. 우리가 세상에서 주는 보상을 기대하는 것은 아니지만 하나님은 이렇게 묵묵히 수고하는 일꾼에게 반드시 복을 주신다. 어느 교회나 방문해보면 자손이 잘된 가정(세상적인 형통과는 조금 다르다)은 그 교회에서 오랫동안 많이 수고한 가정인 경우가 많다.

다섯째, 안드로니고와 유니아는 바울의 친척이었다. 유대인이었다는 의미다. 안드로니고라는 이름은 헬라식 왕족 이름이고, 유니아는 로마식 이름으로 이들 두 사람이 부부인지 아닌지는 불분명하다. 그들 역시 바울과 함께 복음의 고난을 받은 사람들이었다. 그리스도인으로 이름이 많이 알려진 유명한 믿음의 일꾼이었다.

여섯째, 암블리아는 바울이 사랑한 사람인데, 아마 노예였을 것이다(노예의 라틴식 이름). 암블리아는 노예이면서도 인정받는 교인이었다. 교회는 이권을 따라 사람을 선택하거나 불러 모으는 곳이 아니라 이렇게 세상에서 연약한 자들이 믿고 하나님 은혜로 일꾼이 되는 곳이다.

나머지 용사들을 보자.

우르바노와 수다구는 라틴식 노예 이름을 의미하며, 아벨레는 인정받은 일꾼이었다. '인정'은 본래 '불 속에서 금을 제련하는 것'을 말한다. 참 믿음은 오히려 시험과 환란 가운데 더 단단히 자란다. 아리스도블로는 헤롯의 증손이라는 설이 있다. 그 가족의 일원 중 그리스도인이 있었다는 뜻이다. 헤로디온(바울 친척)과 나깃수(로마 글라우디오 황제에 의해 해방된 유명한 노예 이름)의 권속 중에 그리스도인들이 있었음을 알 수 있다.

드루배나와 드루보사에 대해 바울은 주 안에서 수고한 자들이라고 부른다(버시를 포함하여 자매 지간이다). 버시는 주 안에서 많이 수고하고 바울이 사랑하는 자였고, 루포와 그 어머니는 바울을 아들처럼 대해 주는 사람이었다. 이들을 향해서는 주 안에 택함을 받았다고 말하는데[루포는 구레네 시몬의 아들(막 15:21)이며 흑인일 가능성이 있다].

아순그리도와 블레곤과 허메와 바드로바와 허마(블레곤을 제외하면 모두 노예 출신이었다).

빌롤로고와 율리아와 네레오와 그 자매 올름바와 그들과 함께한 자들(모두 가정 교회 멤버들이었다).

탁월한 변증법으로 그리스도를 소개한 바울과 동역했던 무명의 사람들이 이렇게 많았다. 종교개혁자 루터를 위대한 개혁자로 세운 것 또한 이름 없는 사람들이다. 가령 성경을 성경으로 보는 눈을 열어 성경 번역과 원서 해독에 엄청난 도움을 주었던 멜랑히톤(21세에 베테베르그 대학의 그리스어 교수가 될 정도로 고어에 능통했다)을 보자. 당시에는 토마스 아퀴나스, 둔스, 아리스토텔레스를 주로 읽었고, 로마서는 간단하게 토론하는 정도로 간주하며 넘어갔는데, 원전으로 돌아가는 것을 강조하며 함께 공부하며 눈을 열어

준 친구이자 스승과 같은 존재가 바로 베테베르그 대학의 동료교수 멜란히톤이다. 그 외에도 뜻을 같이한 요나스 유스티스, 부겐하겐 목사, 칼슈타트 교수가 있다.

또한, 당시 프리드리히 선제후의 도움으로 바르트부르크성에 은신하면서 짧은 기간에 성경을 번역할 때 목숨 걸고 도왔던 인물들이 있다. 성경 안에 삽화를 그려 넣었던 화가가 바로 루카스 크라나흐였다. 당시 독일 평민들이 성경 자체의 뜻을 밝히 알지 못할 때 쉬운 그림으로 종교개혁의 참뜻을, 성경의 바른 의미를 전달하는 데 크게 공헌했다.

그리고 1521년 보름스 국회로 소환되어 자객들에게 죽임 당하기 직전에 루터의 목숨을 보호했던 작센 영주 프리드리히.

내외적으로 보호받으며 언제 죽을지 모르는 숨 막히는 위협 속에서 신약성경을 번역할 때, 한스폰 베를 렙쉬, 멜란히톤, 슈바르제르트, 슈팔라탄, 니콜라우스 폰 암스도르프, 요한 프리드리히, 알브레 히트 뒤러, 루카스 크라나흐, 멜키오르 로터가 큰 도움을 주었다.

그리고 인쇄업자 카다린을 통하여 성경이 인쇄되어 널리 퍼졌다. 루터가 죽을 때까지 이 성경이 350판이나 인쇄되었다고 하니 경이적이다. 불가타 구텐베르크 성경은 소 200마리나 되는 돈으로 사야 했지만, 이제는 상인 가정의 하녀들, 농부들도 100분의 1값에 지나지 않는 돈에 쉬운 독일어로 쓰인 성경을 볼 수 있었다.

그뿐 아니었다. 음악으로도 종교개혁을 도운 사람이 많다. 특히 요한 세바스찬 바흐가 그랬다. 당시 교회에서 성가는 대중은 알아들을 수 없는 라틴어로 성가대만 부를 수 있었고, 회중은 구경만

했다. 다성음악으로 어려운 음악인데도 루터는 매우 쉽게 〈내 주는 강한 성이요〉를 작사 작곡했다. 바흐는 독일의 성토마스 성당 악장으로 있으면서, 그의 종교개혁 음악을 적극 지지했다. 그래서 그의 작곡집 앞에는 항시 SDG(Sloli Deo Gloria)로 명기되었다. (교회에서 회중들이 찬양을 부르게 하고 그들을 가르쳤던 얀 후스는 그것으로 정죄를 받았다.)

화가였던 루카스 크라나흐는 바르트부르크성에서 성경 번역 작업에 삽화를 그려 넣어 확실한 도움을 주었다. 그는 루터에게 영향을 받은 수녀 9명이 수도원에서 탈출한 뒤 갈 곳이 없어 도망 다닐 때에도 그들을 보호했다. 후에 1524년 가을, 42세에 루터는 카타리나 폰 보라를 아내로 맞이한다. 그 중매 역할을 크라나흐가 했다. 아내 폰 보라 또한 큰 내조를 했다. 여섯 자녀를 낳고, 여섯 자녀를 입양하여 종교개혁자들 또한 가정을 갖고 가정 사역의 중요성을 일깨웠다.

칼빈은 어떠한가? 1533년 팔복에 대한 설교로 연루되어 프랑스 남부지방 생통 주로 피신하여 간신히 연명할 때 친구 루이 뒤 티에는 자기 집에 칼빈을 은신시켜 《기독교강요》의 초판을 집필하는 일을 철저히 도왔다. 그 뒤에 친구 뒤 티에는 바젤까지 보호하고 인도하여 그곳에서 시몬 그리나이우스, 오스발트, 미코니우스, 마틴 부처, 볼프강, 카피트, 세바스티안 뮌스터, 니콜라 코프, 하인리히 불링거 등을 만나 1536년 《기독교강요》 초판을 출판한다.

유럽의 역사에서 종교개혁은 결코 빼놓을 수 없는 흐름이다. 황제와 교황이 긴밀히 연결되어 있던 당시 유럽의 상황에서 종교야말로 정치의 판도를 바꾸는 힘을 가지고 있었다. 그렇기 때문에 종교의 부패와 타락은 자연스레 한 나라의 정치 타락으로 이어지기 십상이었고, 이는 가문 간의 결혼을 통해 결속력을 다져온 유럽 전체에 영향을 미쳤다. 종교의 개혁은 동시에 유럽의 개혁이기도 했다. 부패할 대로 부패한 종교를 향한 개혁의 외침은 유럽의 역사를 뒤흔들 거대한 소용돌이를 만들었다. 용기와 결단, 투쟁과 죽음으로 이루어낸 종교개혁은 유럽의 역사를 바꾼 커다란 사건이다. 그 뒤에는 놓치기 쉬운 숨은 조력자들이 있다.

종교개혁자 20인의 투쟁과 희생이 이뤄낸 쾌거 뒤에는 로마서에 나온 30여 명의 동역자처럼, 78인의 숨은 조력자가 있었다. 종교개혁이 시작되어 절정에 이르고 또 막바지에 치달을 때까지 수많은 종교개혁자가 죽음의 고비를 넘기거나 화형을 당하는 시련을 겪었다. 화형을 당하는 순간에도 개혁의 횃불을 치켜들 백조의 등장을 예언한 존 위클리프, 루터의 뒤에 가려졌지만 천재적인 두뇌로 루터의 개혁을 도운 필립 멜랑히톤, 냉혹한 열정으로 제네바의 종교개혁을 견지한 존 칼빈, 갤리선의 노예에서 스코틀랜드 종교개혁의 주역이 된 존 녹스, 메이플라워호를 통해 미국의 역사를 시작한 윌리엄 브래드 포드, 냄비 땜장이에서 영국 최고의 작가가 된 존 버니언, 종교의 자유와 관용을 설파한 존 로크까지. 그야말로 한 편의 소설과 같다. 희생을 두려워하지 않는 이들의 용기가 있었기에 유럽의 종교와 정치가 새롭게 변화하는 쾌거를 이룰 수 있었다.

지금도 종교개혁은 진행형이라고 하지만, 그들 뒤에는 자기 자리에서 그 재능으로 개혁을 세워나가는 믿음의 사람들이 있다. 그들은 천국에서 해같이 빛날 것이다. 주님이 기억하시면 그것으로

족하다면서 형장의 이슬로 사라지면서도 로마서 1장 17절을 세 번 외치며 순교한 사람도 있었다.

지금 우리가 감당하는 제자훈련에서 평신도 사역자들이 바로 천국에서 해같이 빛날 사람들이다. 바울은 이러한 성도의 잠재력을 극대화시켜서 탁월한 능력을 가진 지도자요 온전한 자로 세우는 데 최선을 다했다. 지렛대 역할을 하며 해산의 수고를 했다. 그래서 바울의 동역자들 앞에는 수식어가 붙는다. 나의 보호자, 나의 동역자, 처음 익은 열매, 나와 함께 갇힌 자, 내 사랑하는 자, 그리스도 안에서 인정함을 받은 자, 주 안에서 많이 수고한 자, 내 어머니, 나의 친척 등등의 별명을 붙여준다.

그들의 충성, 그들의 값진 인생에 대해서는 오직 예수님만이 정확히 알고 계신다. 세상에 이름이 알려져 있지 않지만, 천국에서 유명한 사람은 따로 있을 것이다. 이름도 없이 빛도 없이 섬기는 바로 당신이다!

주님이 당신의 이름을 부르면 목이 메일 것이다. 개혁은 함께하는 것이다.

• 우봉석
북삼제일교회 담임목사
제자훈련 목회자 네트워크(칼넷, CAL-NET) 경북 대표

16장

그리스도의 제자가 되려면

나는 늘 사역자들에게 내 꿈을 말한다. 우리가 비록 작은 도시에서 목회를 하고 있지만 이 작은 도시에 옥합을 깨뜨린 여인처럼 하나님의 가슴에 기억되는 교회를 세우는 것이다. 그리고 이를 통해서 하나님께 영광을 돌릴 뿐만 아니라 많은 선후배 교역자들과 선교 동역자들 그리고 교우들에게 새로운 희망과 도전을 주는 것이다. 그런데 '하나님의 가슴에 기억되는 교회'는 단순히 사람들이 많이 모이고 건물이 큰 교회가 아니다. 그것은 모든 성도가 교회와 삶의 현장에서 참된 그리스도의 제자로서 살아감으로써 가능하다.

이를 위해 두 가지 목표를 가지고 사역한다. 첫 번째는 온 교우들을 성숙한 삶의 예배자로 세우는 것이다. 이것은 삶의 모든 순간 순간을 하나님께 드리는 예배라고 생각하며 살아가는 것이다. 하나님이 정말 기뻐하시는 예배는 예배당 안에서 드리는 예배만이 아니라 우리 삶의 현장에서 삶으로 드리는 예배다. "그러므로 형제들아 내가 하나님의 모든 자비하심으로 너희를 권하노니 너희 몸을 하나님이 기뻐하시는 거룩한 산 제물로 드리라. 이는 너희가 드릴 영적 예배니라"(롬 12:1). 오늘날 많은 그리스도인들의 가장 심각한 문제는 신앙과 삶이 일치하지 않는다는 것이다. 좀 더 구체적으로 말하면 '신앙고백'과 '삶'이 다르고, '교회'와 '생활현장'에서의 모습과 행동이 다르다는 것이다. 흔히 '무늬만 그리스도인', 'Sunday Christian', '예배당 교인'이라고 일컬어지는 분들이다. 그 결과 많은 그리스도인들이 초대교회 성도들처럼 역동적인 신앙생활을 하지 못할 뿐만 아니라 삶의 현장에서 빛과 소금의 역할을 제대로 감당하지 못하고 있다. 따라서 우리가 정말 하나님의 가슴에 기억되는 그리스도의 참된 제자가 되려면 예배당 안에서만이 아니라 삶의 모든 현장에서 말씀을 실천하는 성숙한 예배자가 되어야 한다.

두 번째는 온 교우를 사역의 중심에 서는 성숙한 사역자로 세우는 것이다. 교회는 소수의 리더에 따라 움직이는 공동체가 아니다. 모든 성도들이 사역에 참여할 뿐만 아니라 주역이 되어 사역을 이끌어나가는 것이 바람직하다. 실제로 하나님께서 원하시는 교회는 소수의 탁월한 리더가 이끄는 교회가 아닌 모든 성도가 각자에게 주어진 은사에 따라 주도적으로 사역을 감당하는 교회다. 이것이 진정 하나님께서 세우시고자 한 신약교회다. 그러나 오늘날 많은 교회가 그렇지 못하다. 대다수 교우들이 사역의 중심에 서지 못할 뿐만 아니라 참여하지도 않고 있다. 대다수는 방관자, 관중의 자리에 머물러 있다. 그 결과 교회는 무기력해지고 병이 들어간다. 그리고 교우들은 하나님이 각자에게 주신 은사들을 마음껏 발휘하지 못할 뿐만 아니라 현장에서 경험할 수 있는 하나님의 놀라운 역사와 감격을 누리지 못하고 있다. 그리고 교회 공동체에 대한 애착도 없어 아웃렛에서 쇼핑하듯이 이 교회 저 교회로 떠돌아다닌다. 따라서 우리가 정말 건강한 교회와 성도를 세우려면 온 성도가 사역의 중심에 서도록 해야 한다.

그런데 이런 성숙한 예배자와 사역자는 그저 시간이 흘러가면 만들어지는 것이 아니다. 끊임없는 양육을 통해서만 이루어진다. 그럼에도 불구하고 많은 이들이 성숙한 예배자와 사역자가 경륜만 있으면 가능하다고 생각한다. 다시 말해 시간이 지나고 신앙생활의 경험이 축적되면 자연스럽게 이루어지는 것으로 생각한다. 물론 그렇게 생각할 수 있는 면도 있다. 신앙생활을 오래한 분들을 보면 어느 정도 능숙한 부분이 있기 때문이다. 그러나 그것은 진정한 성장이 아니라 그저 익숙해진 것일 뿐이다. 기억하라. 진정한 신앙 성장은 양육을 통해서 이루어진다.

또 어떤 이들은 봉사를 많이 하면 신앙이 성장한다고 생각하여 그저 봉사에 목을 맨다. 이것은 체계적으로 공부를 하지 않아도 시장에서 장사를 많이 하면 수학을 잘할 수 있게 된다고 생각하는 것과 같다. 이런 신앙생활은 결코 신앙 성장을 가져다주지 못한다. 도리어 심각한 왜곡과 상처만을 남길 뿐이다. 따라서 우리가 정말 성숙한 예배자, 사역자가 되려면 먼저 양육을 받아야 한다. "그가 어떤 사람은 사도로, 어떤 사람은 선지자로, 어떤 사람은 복음 전하는 자로, 어떤 사람은 목사와 교사로 삼으셨으니 이는 성도를 온

전하게 하여 봉사의 일을 하게 하며 그리스도의 몸을 세우려 하심이라"(엡 4:11-12).

그렇다면 어떻게 양육을 받아야 할까? "그러므로 너희는 가서 모든 민족을 제자로 삼아 아버지와 아들과 성령의 이름으로 침례(세례)를 베풀고 내가 너희에게 분부한 모든 것을 가르쳐 지키게 하라. 볼지어다. 내가 세상 끝 날까지 너희와 항상 함께 있으리라 하시니라"(마 28:19-20). 여기서 '가르치는 것'은 '교육'을 강조하고 '지키게' 하는 것은 '훈련'을 강조하는 것이다. 그리고 '교육'은 신앙생활의 이론적 측면을 강조한 것이고 '훈련'은 실천적 측면을 강조한 것이다. 즉 '훈련'이란, 이론을 실제 생활에서 실천하기 위해 반복 연습을 하는 것이다. 따라서 우리가 정말 성숙한 예배자와 사역자로 양육받기를 원한다면 이 '교육'과 '훈련'을 균형 있게 병행해서 받아야 한다.

여기에 우선순위가 있다. 양육의 첫 자리는 성경 진리를 배우는 교육으로부터 시작해야 한다. 성경을 모르고 신앙생활을 하는 것을 '맹신'이라고 한다. 이런 맹신적인 신앙생활은 결코 신앙 성장을 가져다줄 수 없고 심각한 오류만을 범하게 할 뿐이다. 따라서 우리가 정말 건강한 신앙생활, 더 나아가 성숙한 예배자와 사역자가 되려면 먼저 성경을 배워야 한다. 그리고 이어 그 말씀을 실천하는 훈련을 해야 한다. 오늘날 우리 신앙생활의 가장 큰 문제는 신앙 훈련을 받지 못해 말씀과 삶이 유리되어 있다는 것이다. 따라서 우리가 정말 성숙한 예배자와 사역자가 되려면 말씀을 삶 속에서 실천하는 훈련을 해야 한다.

우리가 그리스도의 참된 제자가 되려면 교육과 훈련에 앞서 먼저 갖추어야할 것들이 있다.

1. 건강한 인격과 가치관을 갖추어야 한다

인도의 유명한 지도자 마하트마 간디에게 어느 날 영국인 기자들이 질문했다. "인도의 시급한 과제는 무엇입니까?" 그때 간디는 "지금 인도에 주어진 시급한 과제는 경제적 부강이나 사회복지의 건설이 아니라 국민들의 올바른 인격 건설입니다"라고 했다. 아무리 경제적 부와 사회복지가 잘 갖추어져도 그 바탕이 되는 인격이 건강하지 못하다면 그 모든 것이 소용없기 때문이다. 이처럼 우리도 그리스도의 제자가 되려면 먼저 건강한 인격을 갖추어야 한다. 우리가 그림을 그릴 때 캔버스가 깨끗하지 않고 그 면이 고르지 않다면 명암과 원근감이 생생하게 살아 있는 그림을 그리기가 어렵다. 우리가 건강한 인격을 갖추지 못했다면 그리스도의 제자로 양육을 받기 힘들다.

그렇다면 건강한 인격을 갖추려면 어떻게 해야 할까? 그것은 바로 건강한 가치관을 갖는 것이다. 좀 더 쉽게 표현하면 건강한 생각을 하는 것이다. 생각이 인생에 강한 영향력을 발휘하기 때문이다.

한 예언자가 어느 스페인 왕에게 '마드리갈'에 이르면 죽게 되니 가지 말라고 했다. 그래서 왕은 그곳에 좋은 별궁이 있었지만 가지 않았다. 그러던 어느 날 왕이 지방을 여행하다가 어떤 촌락에서 병이 났다. 그는 부하에게 그 지방이 어디인지 물어 보았다. 그러자 부하가 그 곳이 '마드갈레'라고 했다. 그런데 왕은 '마드갈레'를 '마드리갈'로 잘못 알아들었다. 그 순간 왕은 예언자를 떠올렸다. 그때부터 왕에게 두려움과 고통이 몰려오기 시작했다. 결국 왕은 시름시름 앓다가 며칠이 못 되어 죽었다.

이처럼 생각은 우리 삶에 강한 영향력을 발휘한다. 특히 우리의 생각과 가치관은 우리의 인격 형성에 직접 영향을 미친다. 재질, 크기, 모양이 똑같은 두 개의 상자가 있다. 그런데 그 안에 무엇이 담겨 있는가에 따라 각각의 가치가 달라진다. 상자 안에 보석이 들어 있으면 그 상자는 귀중한 보석함이 되고 그 안에 모래가 들어 있으면 보잘것없는 모래 상자가 되고 만다. 마찬가지로 우리의 인격이라는 상자도 우리가 어떤 가치관을 갖고 있느냐에 따라 달라진다. 따라서 우리가 건강한 인격을 갖추려면 먼저 건강한 가치관을 가져야 한다.

그렇다면 건강한 가치관을 가지려면 어떻게 해야 할까? 건강의 핵심은 균형이다. 따라서 건강한 가치관은 곧 균형 잡힌 가치관을 말한다. 한쪽으로 치우치면 안 된다는 것이다. 균형이 잡히지 않은 가치관은 건강하지 않을 뿐만 아니라 우리의 인격을 왜곡시키고 파괴시키기 때문이다. 오늘날 많은 인격적인 문제들이 가치관의 균형 상실로부터 시작되었다. 따라서 우리가 정말 건강한 가치관을 갖고 신앙생활을 하려면 먼저 우리의 가치관이 균형을 잃지 않도록 노력해야 한다. 이것은 신앙생활도 마찬가지다. 건강한 신앙이란 말씀과 삶의 균형, 기도와 말씀의 균형, 교회 생활과 직장 생활의 균형을 잡는 것이다. 그러나 오늘날 많은 그리스도인들이 신앙의 균형을 잃어버리고 있다. 그리고 그것을 신령한 것으로 오해한다. 마치 고린도 교회의 모습을 보는 것과 같다. 이것이 오늘날 한국교회를 왜곡시키고 병들게 했다. 따라서 건강한 신앙생활을 하려면 신앙의 균형을 잡아야 한다.

다시 원점으로 돌아와 가치관의 균형을 잡으려면 어떻게 해야하나? 귀를 열고 마음을 열어야 한다. 균형감을 상실한 분들의 문제가 무엇인가? 한쪽에만 귀를 열고 다른 쪽은 닫아버린다. 극단적 이념 교육은 특정 이념 서적을 탐독하게 하면서 동시에 다른 것에는 귀와 마음을 닫게 한다. 그렇게 하면 가치관은 그들이 숙지한 이념에 의해 극단적인 방향으로 형성된다. 그 결과 그들은 정치, 경제, 문화, 교육 등의 모든 분야를 극단적 이념의 잣대로 보고 판단하고 행동한다. 신앙생활도 한쪽에 대해서만 귀와 마음을 열고 다른 쪽에는 막아버리면 신앙이 왜곡되고 병이 든다. 특히 처음 신앙생활 할 때 배운 말씀 외에 다른 말씀을 받아들이길 거부하면 결코 변화와 성장은 없다. 내 생각과 맞는 것은 차곡차곡 쌓고 다른 것은 아예 거절해버리면 그 신앙은 말 그대로 독선이 된다. 독서를 많이 하는 이들 중에도 아집에 사로잡혀 있는 사람이 많다. 그들도 편식을 했기 때문이다. 이런 분들은 차라리 책을 읽지 않는 것이 낫다. 따라서 우리가 정말 건강한 가치관으로 건강한 그리스도의 제자가 되기를 원한다면 진리의 문제 외에는 모든 것에 대해 열린 생각과 마음을 가져야 한다.

2. 참된 그리스도인이 되어야 한다

우리가 그리스도의 제자가 되려면 먼저 참된 그리스도인이 되어야 한다. 그 이유는 그리스도인이 되지 않고는 그리스도의 제자가 될 수 없기 때문이다. 그리스도인이 되지도 않고 제자가 되겠다고 하는 것은 마치 학교에 입학도 하지 않고 학교를 일등으로 졸업하겠다는 것과 같다. 그런데 안타깝게도 많은 이들이 그리스도인이 되지도 않고서 그리스도의 제자가 되겠다고 한다. 이것이 한국교회의 어처구니없는 현실이다. 그리스도의 참된 제자가 되기를 원하는가? 그렇다면 먼저 그리스도인이 되라.

그렇다면 그리스도인이 되려면 어떻게 해야 하는가? 먼저 예수 그리스도께서 우리의 죄를 대속하시기 위해 십자가에서 죽으시고 죽으신 지 사흘 만에 다시 살아나신 것을 믿어야 한다. "하나님이 세상을 이처럼 사랑하사 독생자를 주셨으니 이는 그를 믿는 자마다 멸망하지 않고 영생을 얻게 하려 하심이라"(요 3:16).

더불어 참된 그리스도인이 되려면 성경을 삶의 기준으로 삼고 살아야 한다. 기독교는 계시의 종교다. 우리의 구원도 신앙생활도 철저히 말씀으로부터 시작된다. 따라서 그리스도인은 말씀을 삶의 기준으로 삼아야 한다. 물론 그리스도인도 말씀대로 살지 못할 때가 많다. 그러나 그 기준만은 분명해야 한다. 그래야 우리가 무엇이 잘못되었는지를 정확히 알고 그것을 회개할 뿐만 아니라 그 회개의 열매로 진정한 회복의 치유를 경험할 수 있기 때문이다. 그런데 오늘날 많은 이들이 그리스도인이라고 하면서도 삶의 기준을 말씀이 아니라 자신의 경험이나 지식 그리고 환경과 형편에 두고 있다. 물론 그들도 자기 삶의 기준이 말씀이라고 강변한다. 그러나 실제로는 하나님의 말씀보다 자신의 경험이나 지식 그리고 환경과 형편을 더 많이 언급하고 그에 따라 행동한다. 물론 이해할 수 있는 면이 있다. 우리는 지금 천국에 살고 있는 것이 아니라 이 땅과 현실 속에 있기에 주어진 상황을 무시할 수 없기 때문이다. 그러나 우리가 지금 이 세상에 살지만 이 세상에 속한 것은 아니다. 우리는 하나님께 속한 그리스도인들이다. 그렇다면 우리의 기준이 자신의 경험이나 지식 그리고 환경과 형편이 아니라 하나님 말씀이 되어야 한다.

그럼에도 우리가 경험이나 지식 그리고 환경과 형편에 초점을 맞추어 산다면 진정한 그리스도인이라고 할 수 없을 것이다. 따라서 참된 그리스도인이 되길 원한다면 비록 말씀대로 살지는 못하더라도 하나님 말씀을 우리 삶의 기준으로 삼아야 한다. 특히 이것은 우리가 그리스도의 제자가 되는 데 무척 중요하다. 신약성경 서신서에서는 '그리스도의 제자'를 '온전한 사람'으로 표현한다. 그 '온전함'은 하나님의 말씀으로 이루어진다. "또 어려서부터 성경을 알았나니 성경은 능히 너로 하여금 그리스도 예수 안에 있는 믿음으로 말미암아 구원에 이르는 지혜가 있게 하느니라 모든 성경은 하나님의 감동으로 된 것으로 교훈과 책망과 바르게 함과 의로 교육하기에 유익하니 이는 하나님의 사람으로 온전하게 하며 모든 선한 일을 행할 능력을 갖추게 하려 함이라"(딤후 3:15-17). 따라서 우리가 자신의 경험이나 지식 그리고 환경과 형편을 주목하며 하나님의 말씀을 외면한다면, 결코 그리스도의 참된 제자로 성장할 수가 없다.

자신의 경험이나 지식 그리고 환경과 형편에 초점을 맞추면 그리스도의 제자로 성장할 수 없을 뿐만 아니라 늘 그 안에서 헤매게 된다. 돈을 기준으로 삼으면 돈 주변에서 맴돌게 되고, 건강, 학식, 명예를 기준으로 삼으면 늘 그 주위에서 벗어나지 못한다. 그러나 하나님의 말씀에 초점을 맞출 때 지금은 비록 힘들고 어렵지만 언젠가 주님께 한 걸음 더 가까이 다가서게 된다.

제자와 무리의 차이가 무엇인가? 오병이어의 기적 후에 많은 이들이 주님을 임금으로 삼으려 하자 예수님은 그 자리를 피하셨다. 그러자 무리가 예수님을 찾아 나서 마침내 예수님을 만났다. 그런데 예수님은 그들의 먹는 문제를 해결해주기보다 자신이 진정한 생명의 떡이라는 말씀을 하셨다. 그러자 많은 무리가 예수님을 떠났다. 그때 예수님이 제자들에게 "너희들도 떠나려느냐?"라고 하시자 시몬 베드로가 "영생의 말씀이 주께 있사오니 우리가 누구에게로 가리이까"(요 6:68)라고 했다. 여기서 우리는 '무리'와 '제자'를 구분할 수 있다. '무리'는 '환경'과 '상황'에 지배를 받는 자이지만 '제자'는 말씀을 따르는 이들이다. 따라서 무리는 환경과 상황이 변하면 그들도 변한다. 그러나 제자들은 늘 말씀을 기준으로 삼기에 주님을 떠나지 않는다. 그리스도의 참된 제자가 되길 원하는가? 늘 예수님 곁에 머물기를 원하는가? 먼저 말씀을 삶의 기준으로 삼는 참된 그리스도인이 되라.

3. 그리스도의 몸 된 교회의 지체가 되어야 한다

우리가 그리스도의 제자가 되려면 먼저 그리스도의 몸 된 교회의 지체가 되어야 한다. 좋은 목사와 장로가 좋은 성도가 되는 것이 아니라 좋은 성도가 좋은 목사와 장로가 될 수 있다. 그리스도의 좋은 제자가 좋은 지체가 되는 것이 아니라 좋은 지체가 그리스도의 좋은 제자로 성장하는 것이다. "나는 포도나무요 너희는 가지라 그가 내 안에 내가 그 안에 거하면 사람이 열매를 많이 맺나니 나를 떠나서는 너희가 아무것도 할 수 없음이라"(요 15:5). 이 말씀은 우리가 그리스도의 참된 제자가 되려면 먼저 그리스도의 몸 된 교회의 지체가 되라는 뜻이다.

그런데 왜 예수님은 제자가 되려면 먼저 지체가 되어야 한다고 하실까? 우리가 예수 그리스도의 제자가 되려면 먼저 예수 그리스도를 체험적으로 알아야 하는데 예수님을 체험하는 가장 좋은 방법은 그리스도의 몸 된 교회의 지체가 되어 섬기는 것이기 때문이다. 즉 우리가 예수님의 손과 발이 되어 예수님께서 하시는 일을 직접 경험하는 것이다. 그리고 지체 간에 서로 동역할 때 주님의 제자로서 사명을 넉넉히 감당할 수 있다. 그래서 그리스도의 참된 제자가 되려면 지체가 되라고 하신 것이다.

왜 주님께서 열두 제자를 부르셨을까? 주님의 귀한 사명을 감당하기 전에 먼저 교회의 지체가 되는 것을 훈련시키기 위함이었다. 그리고 주님이 맡기신 귀한 사명은 열두 명의 제자가 그리스도의 몸 된 교회의 지체로서 한 몸을 이룰 때 감당할 수 있기 때문이다. 따라서 우리가 그리스도의 제자가 되려면 먼저 몸 된 교회의 지체가 되어야 한다.

안타깝게도 오늘날 많은 그리스도인들이 주님을 닮고자 하지만 그리스도의 몸 된 교회의 지체가 되려고 하지는 않는다. 그렇게 하면 우리는 주님을 닮은 제자가 될 수도, 그 귀한 사역을 감당할 수도 없다. 이것은 나 자신의 문제가 아니다. 하나님은 우리가 구원받을 때 주님의 몸 된 지역교회의 지체가 되게 하셨다. 하나님께서 아무 계획도 없이 여기저기 나누어 주신 것이 아니라 각 지역교회를 통해 하실 일들을 수행하도록 붙여주신 것이다. 따라서 우리 모두가 그 몸 된 교회의 지체로서 각자에게 맡겨진 역할을 충성되게 감당할 때 비로소 그 교회는 주님께서 주신 위대한 사명을 온전히 감당할 수 있을 것이다. 왜 가룟 유다가 죽은 후에 맛디아를 새로운 제자로 뽑았을까? 주님의 몸 된 교회로서 제자 모임과 사역에 12명, 모두가 한 팀으로 필요했기 때문이다. 따라서 우리가 지체로서 역할을 감당하지 않을 때 그 교회는 병들게 된다. 오늘날 한국 교회의 근본 문제가 바로 여기에 있다. 한번은 신학생을 대상으로 특강하면서 그 자리에 참석한 신학생들에게 교회의 청년부에서 활동하고 있는지 물었다. 대다수가 그렇지 않다고 대답했다. 신학생, 전도사는 청년이 아닌가? 우리의 이런 모습이 청년을 이해할 수 없게 하고 진정한 목사도 될 수 없게 한다. 그리고 청년부를 병들게 했다. 오늘날 교회도 마찬가지다. 지금 당신이 지체로서의 사명을 감당하지 않고 있다면, 당신 때문에 교회가 병들고 절름발이가 된다는 사실을 기억하라. 따라서 우리가 진정한 그리스도의 제자가 되려면. 먼저 몸 된 교회의 지체가 되어야 한다.

강대열
진해침례교회 담임목사
제자훈련 목회자 네트워크(칼넷, CAL-NET) 경남 대표

17장

제자훈련이 소그룹에 끼치는 영향

나는 개척 초기부터 사람 세우는 사역에 목회의 사활을 걸어왔다. 건물이나 숫자, 제도, 전통보다 사람 하나하나를 훈련하고 가르치는 일에 전념해왔다. 10년이 지난 때부터는 훈련받은 성도들이 마음껏 사역하며 헌신할 수 있는 환경이 무엇일까 고민하다가 소그룹 사역을 깊이 생각하게 되었고, 큰 공동체 안의 기초 공동체인 가정교회는 제자훈련을 통해 세워진 사람들이 자신이 가진 역량과 물질, 시간과 은사 등을 최대한 발휘하여 사역할 수 있는 환경임을 절실히 깨달았다. 이때부터 나는 제자훈련과 가정교회를 목회의 두 기둥으로 삼았고 현재도 이 두 가지 사역에 집중하고 있으며 앞으로도 이것을 목회의 핵심 가치와 기둥으로 삼고 목회할 것이다. 더 나아가 나는 다시 목회한다 할지라도 '제자훈련과 가정교회'를 목회 핵심 가치로 삼고 지금처럼 할 것 같다.

1. 제자훈련과 가정교회 소그룹을 목회의 두 기둥으로 삼은 이유

(1) 성경에서 말하는 참 공동체의 모습이며 본질적인 사역이기 때문이다

예수께서도 이 땅에 오셔서 하신 주된 사역이 제자훈련과 소그룹 사역이었다. 예수님은 제자들을 끊임없이 훈련시키고 12명, 즉 소그룹을 형성하여 하나님 나라를 가르치며 늘 데리고 다니면서 동고동락하셨다. 무리에게 투자한 시간보다 소그룹(제자들)에 투자한 시간이 비교할 수 없을 정도로 많았음을 복음서에서 쉽게 발견할 수 있다. 그만큼 본질적인 사역으로 중요하기 때문이다.

(2) 제자훈련과 가정교회 소그룹은 균형 있는 공동체의 모습을 보여주기 때문이다

제자훈련에서 얻은 은혜를 가정교회에 가서 나누고 가정교회에서 얻은 축복을 제자훈련반에 가서 나누어 줌으로 서로 보완하는 유기적 관계 속에서 수혈을 받는다. 훈련만 받고 사역하지 않으면 신앙이 성숙할 수 없고, 훈련이 안 되어 있는데 사역만 하면 매너리즘에 빠져 허우적거리며 죄를 짓고 덕도 안 된다. 또 훈련만 받고 사역하지 않으면 남에게 덕이 되지 않으며 경건의 모양만 있을 뿐 능력 없는 무능한 그리스도인으로 전락하게 된다. 하나님께서 교회의 영적 지도자를 세우신 이유를 에베소서에서는 이렇게 말하고 있다. "성도를 온전하게 하여 봉사의 일을 하게 하며 그리스도의 몸을 세우려 하심이라"(엡 4:12).

(3) 풍성한 열매가 나타나기 때문이다

이 두 가지 사역은 수십 년 목회하면서 기차가 레일 위에서 정상으로 달리는 것처럼 혹은 비행기가 이륙하여 정상고도 위치에서 안전하게 비행하는 것처럼 느껴지게 한다. 탄탄대로에서 안정적으로 달리는 자동차처럼 두 가지 사역을 통해 나타나는 간증과 열매들은 무궁무진하다. '어떻게 저렇게까지 변화될 수가 있을까?', '사람이 어떻게 저 정도로 헌신할 수 있지?' 나는 제자훈련 사역과 가정교회 사역을 하면서 한 영혼에게 주어진 엄청난 변화와 무한한 가능성을 발견할 수 있었다.

2. 제자훈련은 무엇인가

(1) 자기를 죽이는 훈련이다

"나는 날마다 죽노라" 고백하던 바울과 같이 나의 옛 자아, 구습 등을 십자가에 못 박고 성령의 능력으로 하나님의 형상을 회복하여 새 삶을 살게 하는 훈련이 제자훈련이다. 디트리히 본회퍼(Dietrich Bonhoeffer)는 "그리스도께서 사람을 부르실 때에는 그로 하여금 와서 죽으라고 명령하시는 것이다"라고 말했다. 내일의 풍성한 열매를 기대하며 자신이 한 알의 썩는 밀알이 되는 것이 제자훈련이다(요 12:24).

(2) 전인격의 변화에 역점을 두는 훈련이다

오늘날 제자훈련은 어느덧 프로그램처럼 되어가고 있으며 율법적이고 권위주의적으로 전락해가고 있다. 그 결과 삶 속에서 성화된 모습을 찾아보기가 힘들다. 훈련받지 않은 사람들과 별반 다르지 않고, 심지어 인격이나 삶이 일반인보다 미숙한 경우도 있다. 경건의 모양과 형식만 남아 열매도 없고 능력도 없다. 지도자 자신이 본을 보이며 전인격과 의식 변화에 역점을 두었더라면 잎만 무성한 무화과나무처럼 되지는 않았을 것이다.

사람의 전인격 변화는 일차적으로는 주님을 인격적으로 깊이 만남으로 시작되며, 성령의 도우심과 임재 속에서만 가능하다. 그러나 인간 편에서는 자신의 무능력을 철저히 인정하며 말씀, 기도, 섬김 등 기본 생활에 충실해야 하므로 훈련이 필요하다.

(3) 공동체를 세우는 훈련이다

데이빗 왓슨(David Watson)이 말한 대로 그리스도인의 제자도에 있어서 가장 우선시 되어야 할 것이 '공동체성'이다. 예수께서는 3년 동안 친밀한 관계를 유지하시며 먹고 자고 함께 살면서 참된 교회의 모델을 제시하셨다. 초대교회 성도들도 함께 식사, 함께 기도, 함께 예배, 함께 사역, 함께 전도, 함께 나눔 등으로 주님이 보여주셨던 참된 공동체의 모습을 보여주었다. 교회의 본질은 공동체성이다. 제자훈련은 나 홀로가 아닌 성령 안에서 형제 의식과 가족 의식을 지체들로 하여금 깊이 체험하게 한다. 상호의존의 관계 속에서 친밀감을 갖게 하며 하나님을 사랑하고 이웃을 사랑하며 균형 있는 삶을 살아가도록 훈련하는 것이 제자훈련이다.

(4) 예수님을 닮아가게 하는 훈련이다

예수님을 닮아가는 것이 제자도다. 수많은 과제물과 큐티, 성경

암송, 독서를 잘 감당해내더라도 삶과 인격 속에 주님의 품성이 드러나지 않는다면 그 제자훈련이 무슨 필요가 있겠는가? 제자훈련을 통하여 예수님을 깊이 만난 제자라면 하늘의 보화와 가치를 발견했기에 하나님 나라 가치관을 가지고 스스로 고난의 길을 간다. 그 자체를 영광스럽게 생각하며 어떠한 희생과 헌신도 아끼지 않으려고 한다. 이러한 일은 제자훈련을 통해서만 가능하다.

(5) 소그룹 지도자를 만들어 내는 훈련이다

소그룹의 생명은 훈련된 지도자에게 달려 있다. 제자훈련은 소그룹의 지도자가 될 사람을 훈련하여 그들이 가진 역량과 은사 그리고 시간과 물질 등을 공동체를 위해 발휘할 수 있게 한다. 훈련이 없으면 사역을 위임할 때 사람 세우는 일에 큰 실수를 하게 된다. 제자훈련을 통하여 검증된 사람을 소그룹 지도자로 세울 때 하나님 나라를 경험할 수 있는 아름다운 소그룹, 역동성 있는 소그룹으로 성장해갈 수 있다. 뿐만 아니라 본보기로 인한 또 다른 제자를 길러낼 수가 있다.

(6) 세상을 변화시키는 훈련이다

평신도를 훈련하여 온전한 그리스도인을 만들어내되 세상 속에서 사명을 감당하는 영향력 있는 사람을 길러내야 한다. 세상 사람의 관점에서 제자훈련 받은 사람들을 볼 때 매력 있는 그리스도인으로 여겨질 만큼 훈련해야 한다.

초대교회 성도들의 모습은 하나님과의 관계뿐 아니라 세상 사람들과도 바른 관계가 확립되어 세상 사람들이 인정할 만큼 매력 있는 그리스도인들이었다.

"온 백성에게 칭송을 받으니 주께서 구원받는 사람을 날마다 더하게 하시니라"(행 2:47).

"제자들이 안디옥에서 비로소 그리스도인이라 일컬음을 받게 되었더라"(행 11:26).

(7) 한 사람을 온전히 세우는 훈련이다

예수께서 한 사람 베드로, 한 사람 삭개오, 한 사람 사마리아 여인 등 한 사람 한 사람에게 집중하신 것처럼 각 사람을 권하고 가르치고 세우는 일에 목회를 거는 것이 제자훈련이다. "우리가 그를 전파하여 각 사람을 권하고 모든 지혜로 각 사람을 가르침은 각 사람을 그리스도 안에서 완전한 자로 세우려 함이니"(골 1:28).

준비된 한 사람을 훈련하여 온전히 세울 때 그 영향력이 얼마나 큰가? 한 사람 아담으로 말미암아 온 인류가 사망에 이르게 되었고 한 사람 예수 그리스도로 말미암아 모든 사람에게 생명이 주어지게 된 것이다. "너희가 정의를 행하며 진리를 구하는 자를 한 사람이라도 찾으면 이 성읍을 용서하리라"(렘 5:1).

3. 왜 제자훈련을 해야만 하는가

(1) 사람은 훈련을 통해서만 온전해질 수 있기 때문이다

사람 세우는 일은 본질적인 사역이며 주님도 이 땅에서 주된 사역으로 이를 감당하셨다. 하나님께서 교회에 영적 지도자를 세우신 목적은 평신도를 훈련하여 온전한 주님의 제자로 만들라는 것이었다. "이는 성도를 온전하게 하여 봉사의 일을 하게 하며 그리스도의 몸을 세우려 하심이라"(엡 4:12). 예수께서도 말씀 선포(케리그마)보다 가르치시고 훈련(디다케)하는 사역에 역점을 두셨음을 쉽게 발견할 수 있다(마 5:2, 5:19, 7:28-29, 9:35, 막 1:21-22).

(2) 사람을 세우는 일이 중요하기 때문이다

중요한 자산은 사람이다. "당신이 내 공장을 가져가고 건물을 불태우더라도 직원만 돌려준다면 나는 회사를 곧 다시 일으킬 수 있다"(헨리 포드). 마지막에 남는 것도 사람이다. 또 차세대 일꾼을 계속 길러내야 하기 때문이다. 예수께서도 사람 세우는 사역을 주로 하셨다. 예수님을 닮았던 바울도 선교하면서 사람 세우는 일에 주력했다. 훈련된 평신도 한 사람의 영향력은 그 무엇과도 바꿀 수 없다. 예수님 닮은 사람을 만들어 작은 예수로 세상에 살도록 하는 것이 제자훈련이다.

(3) 사역을 평신도에게 위임하기 위해서다

유능한 지도자는 다른 사람에게 사역을 위임할 줄 알고 자기보다 더 탁월한 사람을 쓸 줄 아는 사람이다. 사람은 사역을 할 때 변화와 성숙을 경험한다. "또 네가 많은 증인 앞에서 내게 들은 바를 충성된 사람들에게 부탁하라 그들이 또 다른 사람들을 가르칠 수 있으리라"(딤후 2:2).

(4) 세계 복음화를 위해서다

세계 복음화의 지름길은 사람을 훈련하여 제자 삼는 일이다. 훈련되지 않은 사람을 최전방으로 파송한다면 영적 전투에서 패할 것은 불 보듯 뻔한 일이다. 세계 복음화를 위해서는 훈련된 사람을 내보내야 한다. "그러므로 너희는 가서 모든 민족을 제자로 삼아 아버지와 아들과 성령의 이름으로 세례를 베풀고 내가 너희에게 분부한 모든 것을 가르쳐 지키게 하라 볼지어다 내가 세상 끝 날까지 너희와 항상 함께 있으리라 하시니라"(마 28:19-20).

(5) 바른 동기와 태도로 사역하기 위해서다

우리가 무슨 사역을 얼마나 많이 하느냐가 중요한 것이 아니다. 바른 태도와 동기를 가지고 사역할 때 주님이 받으시고 공동체에 유익과 덕이 된다. 훈련 없이 사역을 하면 인간의 연약함과 죄성으로 인하여 넘어지는 것뿐 아니라 자신과 공동체에 전혀 유익이 되지 않는다. 하나님 나라 가치관이 서 있지 않은 가운데 세속주의적 가치관을 가지고 사역하면 하나님의 교회에 도리어 해를 끼칠 수 있고 열심히 사역하면서 죄만 짓게 된다. 그러므로 제자훈련은 모든 사역의 기초이고 원천이며 바탕이 되기 때문에 바른 태도와 동기를 갖고 사역하게 한다. 그 결과 영광스런 하나님의 나라와 공동체에 큰 유익을 가져올 수 있다.

(6) 주님의 명령이기 때문이다

제자훈련은 선택 사항이 아니다. 필수 사역이다. 제자 삼으라는 명령은 지상 최대의 명령이며 주님이 마지막으로 분부하신 것인데 오늘날 한국교회가 이 본질적인 명령을 포기하고 외면한 채 비본질적인 것에 집중한다면 목회를 포기하는 것과 다를 바가 없다.

4. 왜 가정교회 사역을 하게 되었는가

나는 오랫동안 바른 목회를 위한 고민을 많이 해왔다. 지금도 계속하고 있다. 화평공동체는 사람 세우는 제자훈련을 통하여 평안하고 든든히 세워져갔다. 양적인 면에서나 질적인 면에서 변함없이 성장하고 있다.

1988년 개척 이후 제자훈련을 바탕으로 교회는 꾸준히 성장해 갔다. 장년부가 400명 이상 모이고 예배 처소도 더 크게 확장되고 신실한 일꾼들도 많아졌지만, 마음 깊은 곳에는 고민이 떠나지 않았다. 교회를 더 크게 확장하고 더 많이 모이는 교회로 만들려는 고민이 아니라 바른 교회, 성경에서 말하는 참된 교회의 모습이 무엇일까에 대한 것이었다. 교인 수는 점점 늘어가는데 어떻게 하면 이들을 바르게 훈련하여 세우고 효율적으로 돌보고 섬길까 하는 고민이었다. 더 나아가 훈련된 평신도 사역자들이 주님 나라와 공동체를 위해 자신이 갖고 있는 은사, 시간, 물질, 역량을 마음껏 헌신할 수 있는 최고의 환경이 무엇일까에 대해 고민했다. 결국 얻은 결론은 소그룹을 형성하여 훈련된 평신도 사역자들에게 사역을 위임하는 것이었다. 그리고 그들에게 목회 에너지를 집중하기로 결심했다. 다시 말하면 가정교회 소그룹 사역을 하기로 작정하고 다짐한 것이다. 이렇게 정리하고 나니 마음에 평화와 기쁨, 그리고 비전과 확신이 넘쳤다.

'평신도를 지도자로 세우는 교회, 소그룹 중심으로 성숙해가는 교회.' 설립 10주년이 되던 1998년 1월에 새롭게 비전을 선포했다. 이 준비를 위해 안식년을 갖기로 했다. 약 6개월 동안 아내와 함께 소그룹 리더십에 관한 연구와 준비를 철저히 했다. 책과 사람과 학교와 현장을 통하여 소그룹 사역에 대한 그림을 그렸다.

안식년을 마치고 돌아와 평신도 사역자들을 모아놓고 화평교회 비전 세미나를 개최했다. 평신도 사역자들 중 제일 좋아할 것 같은 사람이 오히려 반응이 없었고, 대략 80퍼센트 이상은 좋기는 하지만 지불해야 할 대가 때문에 염려하는 모습이었으며, 나머지는 지금까지 목사님이 해온 사역이 성경에 근거한 것이었으니 소그룹 사역(가정교회)이 무엇인지는 잘 모르지만 순종하면 손해날 것이 없을 것이라는 생각이었다. 나중에 본인이 말해서 알게 된 일이지만 가정교회 사역을 하면 이사 가야겠다고 마음먹었던 사역자도 있었다.

가정교회 사역을 하면 가장 크게 동역해주리라 기대했던 사람이 가장 소극적인 태도와 모습을 보였을 때 그날 밤 나는 잠을 이루지 못했다. 당시 그들은 지금도 교회가 평안함 속에서 꾸준히 성장해가고, 성도들이 행복하고 만족한 신앙생활을 하는데 왜 색다른 사역을 해야 하는지 꼭 그렇게 할 필요가 있는지 물었다. 하지만 나는 반드시 이 사역을 해야 한다고 굳게 마음먹었다. 그 이유는 간단했다. 이 사역이 성경에서 말하는 사역이고 주님이 세우셨던 건강한 교회의 모습이라는 확신 때문이었다. 이 사역에 집중할 때 교회가 현재보다 균형 있게 그리고 더 건강하게 성숙해갈 것이라는 기대가 생겼다.

나는 목회를 그만두는 일이 혹 일어날지라도 이 가정교회 사역만큼은 반드시 해야겠다는 다짐을 했다. 그때부터 나는 3개월간 가정교회 사역을 준비했다. 설교, 주보 칼럼, 기도회, 세미나 워크

숍 등으로 '가정교회가 무엇인가!', '왜 우리가 이 길로 가야 하는가?' 등을 가르치며 비전을 제시하고 청사진을 보여주었다. 그러고 나서는 가정교회 리더로 세울 만한 사람들을 데리고 수양관으로 가서 수련회를 가졌다. 이런 과정을 거쳐 가정교회가 탄생된 것이다.

결과는 "심히 좋았더라"라고 자신 있게 말하고 싶다. 소그룹 사역 혹 소그룹 목회는 선택 사항이 아니라 반드시 해야 할 본질적인 사역임을 해가 거듭할수록 더욱 확신한다. 가정교회는 이 시대 사회적 요구만이 아니라 성경의 요구이며 주님이 디자인하신 참된 교회의 모습이다.

5. 화평교회 가정교회 소그룹의 특성

한국교회 안에서 실행되는 여러 소그룹(Cell)과 화평교회 소그룹 가정교회는 초대교회를 모델로 한다는 점에서 비슷한 점이 있지만 다른 면이 더 많다. 1998년 24개로 시작한 가정교회는 현재 100개 이상의 가정교회와 200명 이상의 가정교회 지도자로 성장했다. 80퍼센트 이상은 남자들이 가장(리더)으로 사역하고 있다. 화평공동체 가정교회의 특성은 다음과 같다.

(1) 제자훈련을 기초로 한다

훈련된 사람이 가정교회 지도자로 세워져 섬긴다는 것이다. 화평공동체 안에서는 여러 교육과 훈련 프로그램이 있다(새가족반, 양육반, 제자반, 지도자반, 신구약반, 전도폭발반, 부모역할반, 중보기도학교 등).

이러한 과정을 이수한 사람 중 관계가 원만하고 성실하며 소그룹에 대한 비전이 있는 사람을 리더로 세운다. 리더가 되어 사역하는 중에도 계속적인 돌봄과 충전이 필요하기에 주일 오후(2시 30분-4시 30분)에 그들을 위한 교육과 훈련과 나눔 등을 실시하고 있다. 화평교회는 훈련된 사람을 구심점으로 큰 공동체나 기초 공동체가 사역을 계발, 발전시켜나가고 있다. 훈련되지 않은 평신도 지도자가 소그룹을 운영하고, 인도할 때 그 소그룹은 결코 건강하게 성장할 수 없기 때문이다.

(2) 공동체성을 지향한다

공동체성은 교회 본질과 관련이 있는 중요한 원리다. 공동체의 근원은 삼위일체 하나님에게서 찾아볼 수 있다. 아무리 소그룹(Cell)이 양적으로 활발하게 모이고 있다 할지라도 공동체의 특성인 상호의존성, 자발성, 자율성, 신뢰성이 없으면 그 소그룹은 생명력이 없어 병들거나 죽은 것이나 별 다를 바가 없다. 서로 친밀감 속에서 결속되고 자발적으로 활성화될 때 건강한 소그룹으로 정착되고 그 후에 자연스레 번식이나 분가가 이루어진다.

화평교회 소그룹(가정교회)은 숫자보다는 공동체성 정도에 따라 분가하거나 머물게 해줌으로써 균형을 이루려 하고 있다. 따라서 구성원의 수가 많아도 획일적으로 분가하지 않는다. 그만큼 소그룹의 핵심 가치가 공동체성에 있기 때문이다. 화평교회의 가정교회는 속성상 일반적인 소그룹과는 많은 차이가 있다. 화평교회 소그룹이 관계 중심, 구성원 중심, 새가족 중심이라고 한다면 기존 구역이나 속회는 지역 중심, 리더 중심, 기존 신자 중심이라고 할 수 있다. 구역이나 다락방이 성경 공부 중심, 인도자 주도적인 모임이라 한다면 화평교회 가정교회는 삶의 나눔과 사역 분담을 중요시한다. 셀이나 일반 소그룹이 번식과 분가를 중시하여 사람을 전도의 도구화 혹은 피라미드식 다단계 같은 거대한 경영 조직으로 전락할 위험성이 있는 반면 화평교회 가정교회 소그룹은 제자훈련을 기초로 한 공동체 성숙에 역점을 두고 있다. 이것은 교회론에 입각한 공동체성을 중시하기 때문이다.

(3) 말씀을 소홀히 하지 않는다

큰 공동체든, 기초 공동체든 말씀이 바탕이 되지 않으면 그 공동체는 바로 설 수 없다. 모래 위에 집을 짓는 격이 된다. 요즈음은 셀 교회들이, 새가족이나 초신자들이 쉽게 적응할 수 있는 분위기를 조성하기 위하여 말씀을 약화시키거나 훈련받은 소그룹 지도자에게 말씀 가르치는 권한을 부여하지 않고 구성원 중에 은사가 있다고 생각되는 사람에게 위임하는 경우가 있다. 그러나 화평교회에서는 지도자(가장)가 말씀을 가르치고 양육하게 한다. 가정교회 지도자들은 이미 필수적으로 큰 공동체에서 제자훈련과 신구약반 등을 통하여 2년 이상 공부했기 때문에 큰 무리 없이 가르칠 수 있다. 평신도 사역자들이 하나님 말씀을 바로 알고 바로 가르치며 바로 행하게 하는 일에 집중하고 있다.

(4) 균형을 중요시한다

아무리 소그룹(가정교회)이 가치가 있다고 할지라도 큰 공동체인 교회도 소홀히 할 수 없다. 작기 때문에 강점과 단점이 있듯이 크기 때문에 강점이 있고 또 단점이 있다. 기초 공동체인 가정교회의 약한 부분을 큰 공동체에서 보완해주고 큰 공동체의 약한 부분을 기초 공동체인 가정교회에서 보완해줌으로써 서로 독립적이면서도 유기적 관계 속에서 돕는다. 그렇게 할 때 치우치지 않는 균형 잡힌 성도, 균형 잡힌 신앙생활로 나아갈 수 있다.

6. 제자훈련을 통해 얻은 열매

(1) 신실한 평신도 사역자(목회자)를 배출하게 되었다

소그룹의 생명은 훈련된 리더에 달려 있는데 그 소그룹의 지도자를 길러내는 훈련이 바로 제자훈련이다. 제자훈련은 평신도를 2년 이상 훈련시켜 그들이 가지고 있는 역량을 최대한 주님 나라와 공동체를 위하여 헌신하게 한다. 특히 소그룹은 훈련된 평신도 사역자가 마음껏 섬기기에 최고로 좋은 환경이다. 화평교회는 제자훈련을 통해 훈련된 평신도 사역자가 많이 배출되어 가정교회 소그룹을 든든히 세워가고 있다. 현재도 계속 제자훈련을 통해 평신도 사역자 후보생을 훈련하고 있으며 앞으로도 계속하여 지도자들이 나올 것이다.

(2) 바른 교회관을 확립하게 되었다

흔히 한국교회 성도들은 '교회' 하면 건물이나 숫자만 연상한다. 그러나 성경은 성도들이 모인 무리, 공동체를 '교회'라 칭한다. 화평가족들은 제자훈련을 통하여 교회가 무엇이며 교회의 존재 이유와 사명을 알고 바른 태도와 동기를 가지고 공동체를 섬기고자 힘쓰고 있다. 건물 중심이 아닌 사람 중심, 수직적 구조가 아닌 수평적 교회로, 조직체가 아닌 유기체로, 상하 구조가 아닌 섬김의 공동체로, 지체 의식과 가족 의식을 가지고 주님의 나라를 위하여 헌신하고 있다.

(3) 친밀한 관계가 형성되었다

성도 간에 형제 의식이 얼마나 강한지 관계 속에서 고와 낙을 같이하는 공동체가 되었다. 초대교회 성도들처럼 네 것 내 것이 없는 영적 가족 의식으로 신앙생활을 하고 있다. 업무 지향적인 교회가 아니라 관계 지향적인 모습이 되었다. 교회에서 제일 많이 듣는 소리는 "교회 생활이 너무 행복하다"라는 말이다. 이것은 화평 가족들이 하나님 나라의 대행 기관인 교회 공동체를 통하여 하나님 나라를 충만히 경험하고 있다는 증거다.

(4) 가정교회가 탄생되었다

제자훈련을 통하여 훈련된 사람이 많아지면서 교회는 평안하고 든든해졌지만 훈련받은 그들이 마음껏 사역할 수 있는 현장은 별로 없어 안타까웠다. 오랫동안 고민을 많이 하다가 얻은 결론은 소그룹 환경이라는 것을 깨달았다.

가정교회 소그룹은 제자훈련을 통하여 준비된 평신도 지도자들이 하나님 나라를 위해 시간과 은사와 역량을 송두리째 바칠 수 있는 최고의 환경이다. 훈련된 사람들이 퇴보하지 않고 계속하여 성장할 수 있는 길은 사역을 하는 것이다.

7. 가정교회 소그룹 사역을 통해 얻은 열매

왜 교회가 소그룹사역으로 돌아와야 하는가? 최첨단 교회 혹은 건물이나 숫자적인 부흥 성장을 위해서가 아니다. 거대하고 화석화되어 있는 조직 체계나 중앙집권식 관리로는 성경에서 말하는 유기적인 교회를 세울 수가 없다. 함께 지어져가는 유기적인 교회를 이루려면 소그룹 안에서 관계성이 회복되어야 한다. 소그룹 목회는 지체들로 하여금 사랑과 신뢰를 배우게 하며 하나님 나라의 한 가족으로서 공동체성 회복을 경험케 한다. 뿐만 아니라 섬김과 나눔과 훈련의 장이며 변화와 성숙을 가져오게 한다.

(1) 원형교회 회복(행 2:46-47, 10:24-25)

기독교 역사상 나타났던 가장 이상적인 교회는 초대교회다. 초대교회는 주일날 큰 공동체로 모이고, 주간에는 기초 공동체인 가정교회 소그룹으로 모여 삶을 나누며 식탁 교제와 기도와 말씀과 전도에 힘썼다. 오늘날도 교회가 비본질을 추구하는 모습으로 변질될 때 한국교회 지도자들은 "초대교회로 돌아가게 하옵소서"라고 기도한다. 초대교회로 돌아가자는 말에는 "소그룹 교회로 돌아가자"라는 뜻이 담겨 있어야 한다.

초대교회는 오늘날 우리에게 복음을 통합적으로 잘 보여줄 뿐만 아니라 균형 잡힌 교회의 모습으로도 본이 된다. 초대교회가 큰 공동체와 기초 공동체로 온 백성에게 칭송을 받을 때 주께서 구원받는 백성의 수를 날마다 더하게 하셨다(행 2:47).

로버트 뱅크스(Robert Banks)는 오늘날 교회가 초대교회에 대해

두 가지 면에서 조심해야 한다고 말한다. 초대교회를 이상화하는 것과 또 다른 하나는 무시하는 것이다. 중요한 것은 초대교회(소그룹)가 가지고 있는 정신과 역동성을 시대 상황에 맞게 발전시키고 계승해야 한다는 점이다. 당시 상황과 오늘날은 그 모임의 형태나 권위 계통이나 관계 그리고 지리적, 역사적, 문화적 측면에서 많은 차이가 있기 때문이다(로버트 뱅크스).

초대교회는 콘스탄틴 대제의 밀라노 칙령(313년)까지 가정교회(소그룹)였지만 교회가 세속화되고 변질되면서 소그룹 교회의 모습이 사라지기 시작했다. 윌리엄 바클레이(William Barclay)가 말한 것처럼 성직 제도가 들어서고 형식화되면서 가정이 건물로 대체되어 가정이 공중 모임으로, 주의 만찬이 상징적으로, 단순함이 화려함으로 변했으며 평신도 사역이 없어지고 사제 제도가 들어서기 시작한 것이다.

(2) 관계 속에서의 친밀감

오늘날 현대인의 문제는 서로 친밀성이 없다는 것이다. 소그룹은 상호 신뢰 관계에 바탕을 두기 때문에 구성원의 삶과 관계에는 변화가 일어난다. "서로 사랑하라"는 새 계명은 소그룹이 아니고서는 도저히 지킬 수 없는 계명이다. 게리 스몰리(Gary Smalley)가 말한 것처럼 "관계는 모든 것이고 다른 것은 부수적인 것이다." 사람은 관계를 위해 창조되었다. 소그룹은 지체들이 관계 속에서 친밀감을 갖게 한다. 왜 중국의 가정교회가 삼자교회로 나오지 않는가? 공안의 제재나 핍박 때문이라기보다는 삼자교회에 관계가 적고 나눔도 없기 때문이다. 가정교회(소그룹)에서만 맛볼 수 있는 깊은 관계가 없기 때문에 가정교회에서 삼자교회로 나오지 않는 것이다. 삼위일체이신 하나님은 관계적 존재로 우리를 부르셨다. 하나님 나라의 한 가족으로 우리를 부르신 것이다.

(3) 무한한 가능성과 잠재력

한 사람이 온전히 설 수 있는 최고의 환경은 소그룹이다. 소그룹에서 한 사람이 변화하기 시작하면 그 영향력이 삽시간에 퍼져 모든 사람이 함께 변화되고 성장한다. 또한 한 사람 한 사람의 형편과 처지를 쉽게 알 수 있기 때문에 상대방의 눈높이와 상황에 맞게 돌봄과 섬김과 나눔이 가능하다.

소그룹 사역은 한 사람을 소중히 여기는 일에 집중하기 때문에 가능성이나 잠재력을 관찰할 수 있다. 따라서 섬김과 훈련의 과정을 거치면서 서로의 성장에 기여할 수 있고, 사람을 세우는 일에도 효율적이다.

(4) 안정감과 소속감

현대인이 가장 원하는 것은 안정감과 소속감이다. 개인주의의 팽배로 소외와 고독을 느끼는 시대이기 때문이다. 소그룹 자체가 사람들에게 안정감을 주고 소속·사랑의 욕구를 충족시킨다. 또 소그룹은 수평적·상호 의존적 구조의 공동체이기 때문에 자율성이 보장되고 신뢰감이 형성된다. 더군다나 주님 안에 서로 지체 의식을 가지고 섬겨나가기 때문에 소그룹에 대한 애착심과 강한 소속감을 갖는다. 소그룹 관계에서 느끼는 관심과 사랑은 그 어떤 관계에서도 경험하기 힘든 것이다. 예수님이 세우신 제자 공동체가 그러했듯이 동고동락하는 소그룹을 통해 삶을 공유하면서 서로에게 연결되고 결속력이 있는 끈끈한 공동체가 된다.

(5) 학습의 효과(Modeling)

소그룹에서는 양육을 위한 가르침은 물론 삶에서 보고 배우는 학습 효과 때문에 구성원 모두 함께 배우며 함께 자라갈 수 있다. 사람은 듣는 것보다는 보는 것에서, 보는 것보다는 행동할 때 큰 변화를 경험한다. 소그룹은 이러한 요소를 다 갖추었기 때문에 학습 효과가 크다. 구성원들은 지도자의 삶을 보고 배우며, 지도자를 포함한 모든 구성원은 함께 먹고 함께 봉사하고 함께 행하면서 체득한다. 공동체 안에서 각자 자신의 것을 내어줄 수 있을 때 성장한다. 헌신된 소그룹 지도자를 보면서 제2, 제3의 지도자가 나온다.

(6) 회복과 치유의 효과

삶의 나눔과 교제를 통해 내면의 깊은 것을 드러내놓을 수 있는 환경은 소수의 작은 그룹이 최적이다. '나만 겪는 일이 아니라 다른 지체들도 겪고 있구나'를 깨달을 때 많은 위로와 힘을 얻는다. 다른 지체가 문제를 어떻게 극복했는가를 나눌 때, 신뢰할 수 있는 관계 속에서 아픔과 상처 그리고 꿈과 희망을 나눌 때, 함께 울고 함께 웃을 수 있는 분위기, 그리스도 예수 안에 형제 됨을 느끼는 수용적 분위기에서 치유와 회복이 일어난다. 큰 공동체에서는 기대하기 어려운 일들이다. 소그룹에서 깊은 관계가 형성되었을 때 지체들은 서슴없이 속에 있는 것을 내놓는다. 때로는 소그룹 안에서 또다시 관계의 아픔을 경험하기도 하지만 새로운 관계를 통해 회복과 치유의 은혜를 경험하는 일이 더 많다.

(7) 전체 성도의 사역화

사람의 변화와 성숙은 일차적으로는 훈련과 교육을 통해서 그 다음은 사역을 통해서 이루어진다. 훈련 없이 사역만 할 때나 훈련만 받고 사역하지 않을 때, 사람들은 매너리즘에 빠진다.

소그룹은 훈련된 사람이 마음껏 주의 나라와 교회를 위하여 사역할 수 있는 최고의 환경을 마련한다. 자기가 가진 은사, 역량, 시간과 물질을 총동원하여 헌신할 수 있는 현장이다. 구성원 모두가 자기가 받은 은사대로 공동체를 위해 사역할 수 있다. 큰 공동체(대그룹)에서는 몇몇 사람만 사역한다. 일찍이 그레그 옥던(Greg Ogden)은 "교회 내에서 10퍼센트만 사역하고 80-90퍼센트는 관람객, 청중이다"라고 지적했다. 그러나 소그룹에서는 각기 역할이 주어진다. 찬양, 새가족, 전도, 친교, 선교, 생일, 기도, 독서 등 각 담당이 있어 구성원 모두가 사역을 하며 보람과 기쁨을 누린다.

(8) 전도와 선교의 역동성

아무리 훌륭한 소그룹이라 할지라도 새 생명이 탄생하지 않으면 죽은 모임이다. 나눔과 교제가 있더라도 새가족이 영입되지 않으면 그 소그룹은 정체된다. 소그룹의 건강 정도는 전도된 새가족이 있는지 없는지, 새가족이 적응하기에 적합한 분위기인지 아닌지에 따라 가늠할 수 있다.

전도 지향적인 소그룹이 되려면 전도에 대한 나눔과 분기별로 소그룹 전도 축제, 이벤트 등을 열면 매우 효과적이다. 각 소그룹

별로 선교사와 선교지를 정하여 기도와 물질로 후원하고 교제할 때 친밀한 관계 속에서 생명력 있는 전도와 선교가 이루어질 수 있다. 소그룹은 믿지 않는 남편을 전도하기에도 좋은 환경이다. 구성원들이 적극적으로 협력하기 때문이다.

(9) 인재 발굴

대그룹 안에서는 누가 어떤 은사를 가지고 있는지 발견하기 쉽지 않으나 소그룹은 각 사람의 은사를 발견하기도 쉽고 받은 은사대로 섬길 수 있는 최적의 분위기다. 이렇게 사역함으로써 공동체에서도 덕이 되고 본인에게도 보람과 유익이 된다. 나아가 큰 공동체 안에서도 적재적소에 인재를 배치할 수 있다.

(10) 균형 있는 건강한 공동체

오늘날 한국교회는 기초 공동체인 소그룹(다락방, 구역, 속회 등)이 무너져가고 있다. 주일날 큰 공동체에서 모이는 수에 비해 소그룹에 모이는 수가 20-30퍼센트밖에 되지 않으며 전통적인 교회일수록 그러한 현상이 두드러진다. 남자 성도들이 소그룹에 참여하는 비율은 미미하다. 화평교회는 큰 공동체 예배에 참석하는 성도들 중 기초 공동체인 가정교회 소그룹에 참여하는 성도들의 비율이 80퍼센트 이상이다. 신앙생활의 환경 면에서 볼 때, 교회가 크더라도 장단점이 있고 작더라도 장단점이 있기 때문에 큰 공동체와 작은 공동체에 함께 속한 성도는 행복할 수밖에 없다. 화평교회는 큰 공동체와 기초 공동체가 서로 보완, 유기적 관계 속에서 균형을 이루어 건강한 공동체를 세워나가고 있다.

제자훈련과 소그룹은 서로 떼려야 뗄 수 없는 유기적 관계라 볼수 있다. 어찌 소그룹의 리더가 될 사람을 훈련하지 않고 기초 공동체인 소그룹을 맡길 수 있는가? 훈련된 리더 없이 건강한 소그룹이 어찌 세워질 수 있겠는가? 다시 강조하고 싶은 것은 소그룹의 생명은 훈련된 리더에 달려 있다.

　오늘날 교회 소그룹(Cell)의 가장 큰 문제점은 잘 훈련되어 준비된 리더의 부재 현상이다. 화평공동체에서는 제자훈련을 통해서세워진 사람들에 의해 역동성 있는 소그룹 사역이 이루어지고 있으며, 앞으로도 계속 제자훈련을 통해서 리더들이 준비되고 그들이 중심이 되어 건강한 소그룹이 많이 탄생되리라 기대한다. 주님이 디자인하신 교회를 온전히 세워가기 위하여 오늘도 평신도 사역자들은 해산의 수고를 아끼지 않고 있다.

● **최상태**
　화평교회 담임목사
　제자훈련 목회자 네트워크(칼넷, CAL-NET) 이사 · 경기 대표

18장

반기독교적 상황을 극복할 제자도

지금 교회가 안고 있는 문제를 말하라고 하면 누구나 빠뜨리지 않고 교회의 신뢰성 회복, 다음 세대 양육, 반기독교 세력의 차단을 꼽는다. 교회의 신뢰성 문제는 세상을 변화시켜야 할 교회로서는 가장 치명적이다. 일제 강점기 때에도 교회는 영적 안식처와 피난처가 되었고, 민족 지도자를 키우는 요람이었다. 한국동란과 그 여파로 인해 정부가 제 역할을 못할 때 한국교회는 교육, 의료, 복지 분야에서 큰 역할을 감당했다. 특히 전 세계에서 유래를 찾아볼 수 없는 교조주의적인 북한의 김일성 정권과 대치하던 남한을 지켜내며 나라를 발전시키는 일에 교두보가 되었다.

그러나 교회가 성장하면서 오히려 교회는 사회의 지탄을 받기 시작했다. 대부분의 교회에서 나타난 문제는 내부 문제가 밖으로 표출된 경우다. 사랑을 외치는 교회가 다툼으로 갈라졌고, 십계명을 가르치면서 십계명을 어기므로 스스로 말씀의 권위를 잃어버렸다. 지금은 그 어떤 처방으로도 교회의 영적 권위를 되살리기 어려워 보인다.

특히 반기독교적 세력들이 합세하여 교회를 공격하고 있다. 각종 이단들이 교회의 비리를 왜곡, 침소봉대하고, 무신론적 과학주의를 신봉하는 자들이 교회를 조롱한다. 게다가 동성애와 이슬람 등 기독교 신앙을 파괴시키는 집단들의 주장이 헌법 개정 사안으로 추진되고 있다. 이런 추세는 국제적인 흐름과 무관치 않다. 인구 감소라는 절대적 요소와 교육 환경의 급격한 변화로 수많은 젊은이가 교회에서 사라지고 있다. 특히 기독교 가정에서 자란 젊은이들조차 부모의 신앙을 따르지 않고 있다. 인터넷의 영향력에 사로잡힌 다음 세대들은 이전처럼 교회 중심의 생활을 하지 않는다. 다양한 타개책을 찾고 있으나 해결책이 안 보인다. 본 글은 이런 반기독교적 상황을 극복해나갈 제자도를 찾아보고자 한다.

1. 교회가 주변부로 돌아가는 데 있다

재미신학자이자 드류 대학교 교수인 이정용 박사는 《마지널리티》라는 책에서 교회는 중심부에서 내려와 주변부로 돌아가야 한다고 외쳤다. 여기서 중심부란 돈, 권력, 명예를 쥐고 있는 기득권 세력을 의미한다. 그는 말하길 "중심성의 중심에 있는 교회가 죽어야만 주변성의 진정한 공동체가 부활할 수 있다. 죽음 없이는 부활이 가능하지 않은 것처럼, 낡은 교회의 죽음 없이는 새로운 교회의 부활도 없다. 이런 점에서 중심주의자들의 교회는 자체적으로 새로워질 수 없다. 겉모습과 형식만 변할 뿐이다. 예컨대 개신교에서 종교개혁이 철저히 이루어지지 못한 까닭은 그들이 로마가톨릭이라는 중심주의적 전통 안에서 교회를 개혁하려고 시도했기 때문이다"라고 일갈했다.

이 박사는 종교개혁 500주년을 맞이하여 종교개혁 정신을 부르짖는 한국교회의 방향성도 잘못되었음을 지적한다. 진정한 개혁은 중심부에서 내려오는 개혁을 해야 한다는 것이다. 예수님도 자기를 부인하는 제자도만이 주님을 따르는 길이라고 분명히 말씀하셨다(막 8:34). 자기부인은 자신의 정욕과 욕심을 십자가에 못 박는 일이다. 돈 욕심, 권력 욕심, 명예 욕심은 중심부의 핵심이다. 세속화란 이 욕심이 교회 안에서도 동일하게 적용될 때를 말한다. 개혁을 외치는 사람들이 자기 기득권을 포기하지 않는 방향으로 개혁을 외치는 한 개악만 일어난다.

"예수의 공적 사역은 주변부 삶의 특성을 잘 나타낸다. 예수는 집 없는 무리와 함께 살았던 집 없는 사람이었다. 중심 집단 사람을 외면한 적은 없었지만 주로 주변부 사람들과 어울렸다. 그는 주변부 사람으로서 가르치고 행동하고 고통받고 죽었다. 또 우리가 두 세계를 넘어서 살도록 돕기 위해 죽음에서 일어났다. 예수가 제자라고 부른 사람들도 주변부 사람들이었다. 종교·정치 면에서 주류인 사람은 아무도 없었다. 그들은 장로나 제사장이나 율법 선생이 아니었다. 세리 마태와 예수를 배반한 회계 담당 유다를 제외하고 대부분 어부였다. 예수가 어울린 사람들은 주로 가난한 사람, 약한 사람, 버림받은 사람, 외국인, 창녀였다. 그러므로 예수님의 제자가 되려면 떠남을 통해 중심부 집단이나 하나님으로부터 먼저 주변화되어야 한다. 탈중심화, 주변화, 새로운 주변화가 제자도를 향한 길이다. 주변화된 사람들이 하나님 나라에 더 가깝다." 이정용 박사의 말이다.

오래전 택시를 타고 가다가 크고 아름다운 교회 옆을 지날 때 택시 기사가 한 말이 내 귀에 맴돈다. "도대체 저 교회는 얼마나 돈이 많길래 저렇게 큰 건물을 지었지? 교회에 돈 갖다 바치는 것들은 정신 나간 것들이야…." 혼잣말처럼 했지만 나 들으라는 소리였다. 목사는 당연히 교회를 지을 때 크고 아름답게 짓고 싶어 한다. 그러나 세상 사람들은 그렇게 땀 흘려 지은 교회를 어떻게 보고 있는가. 교회의 머리 되신 예수님께서 오늘 한국교회를 본다면 너 교회 참 멋지게 잘 지었다 하고 칭찬하실까? 터키 성지순례 때 유스티아누스 황제가 깊은 신심으로 지은 성소피아 성당을 보았다. 건립 시기가 주후 532-537년인데 그 규모와 아름다움은 건축 기술이 발달한 오늘날 보아도 놀랄 만큼 웅장하고 아름답다. 그 당시 성전 입당식은 얼마나 더 화려했을까? 문제는 그 성당이 지금은 이슬람 사원, 박물관, 관광지로 변했다는 점이다.

"진정한 제자가 되는 길은 무엇인가? 주님 말씀처럼 그리스도인은 십자가를 지는 사람이며, 교회는 십자가에 달린 하나님에 의해 존재하도록 부름받은 공동체다. 새로운 교회가 다시 일어나기 위해 우리는 교회와 함께 죽어야 한다. 중심주의 경향이 죽어야 주변성이 다시 살아날 것이며, 이 부활로 새로운 주변 공동체가 만들어질 것이다. 가짜 그리스도교가 죽어야만 그 유해에서 진짜 그리스도교가 다시 일어설 것이다"(이정용). 그의 예리한 지적은 내 가슴을 후비어 파고들었다.

2. 사람을 세우고 권한을 위임하는 데 있다

"나를 따라오라 내가 너희를 사람을 낚는 어부가 되게 하리라 하시니"(마 4:19).

　예수님께서 제자를 삼은 목적은 자신의 권한을 위임하기 위함이다. 그 권한은 사람을 세우는 일이다. 사람 세우는 일이야말로 교회의 일이다. 그러나 지금 교회는 사람보다 땅과 건물에 관심이 많다. 교계 신문을 보면 말을 꺼내기도 민망한 기사가 가득 실려 있다. "교회 팝니다"라는 부동산 매매 기사다. 세상 사람들은 그래서 교회를 슈퍼마켓 같은 사업체로 인식한다. 특히 개척교회를 시작하려는 분들은 목 좋은 곳에 교회를 세우려고 발품을 판다. 도대체 목 좋은 곳이 어디인가? 장사가 잘되는 곳이다. 그리고 성도는 교회의 상품이 되었다. 심지어 교회 매물 중에는 성도의 수가 적힌 것도 있다. 사람을 세우는 교회가 아니라 사람을 진짜로 고기처럼 낚아서 팔려는 것 같다. 그래서 누군가는 목회를 생선가게에 비유하기도 했던가?

　예수님은 인자는 머리 둘 곳도 없다고 말씀하시며 건물 세우는 일에는 관심조차 없으셨다. 심지어 예루살렘 성전의 아름다움에 도취된 제자들에게 돌 위에 돌 하나 남지 않고 무너질 것이라고 하셨다. 그 말씀은 정확하게 이루어졌다. 제자들 앞에 화려하고 웅장한 예루살렘 성전은 지금 관광지로 전락했지만 예수님이 세우셨던 제자들은 복음을 가지고 전 세계 해변의 모래알 같이 많은 사람을 세웠다. 건물 중심의 교회관이 한국교회를 지배하고 있다는 생각이 든다. 지금도 수많은 목회자들이 빚을 내가며 교회 건물에 목숨 건 목회를 하는 것은 아닌가?

바울 사도도 수많은 교회를 세웠지만 성경에 나타난 교회의 형태는 그가 세운 사람들의 이름뿐이다. 바울 역시 예수님을 본받아 사람이 성전이고, 사람을 세우는 게 목회임을 말하고 있다. 그의 서신서에 등장하는 교회는 지명 이름과 대부분 그가 세운 사람들 이름이다.

초대교회의 예배당이 지하무덤이었다는 것을 모르는 사람은 없다. 터키 카파도키아를 여행한 사람이라면 자연동굴이 교회로 쓰였다는 사실을 알고 있다. 특히 감동적인 것은 그곳에서 수백 년 동안 신앙이 이어졌다는 사실이다. 그곳에 다녀온 사람들은 사람을 세우는 일이 교회의 실체임을 깨닫고 감격한다.

교회마다 모든 분쟁의 원인은 권한에서 시작된다. 누가 권한을 가진 책임자인가? 교회에서 사람을 세웠다면 그에게 권한을 위임해야 한다. 헌신한 실무자에게 결정권을 줘야 한다. 한국교회의 문제는 당회라는 말도 있다. 당회는 교회의 중심부다. 인사, 재정, 행정이 결정되는 중심부다. 그곳에서 헌신엔 관심 없는 사람들이 모여서 권한을 행사하려고 할 때 문제가 생긴다.

교회는 헌신하는 사람에게 권한을 부여해야 한다. 사람을 세워 그들이 헌신하기 시작할 때, 권한 위임을 하지 않는 것은 그들을 이용하려는 것이다. 주님의 제자도는 사람을 이용하는 것이 아니라 사람을 목적으로 삼는다. 예수님의 삶과 죽음은 사람을 살리고, 사랑하는 삶이었다. 마치 부모가 자식을 낳고 키울 때처럼 성도를 낳고 키웠다. 예수님은 하나님을 아버지라 부르게 하셨고 바울 사도가 목회를 해산하는 수고와 유모처럼 키우는 사역으로 비유한 것도 이 때문이다. 교회는 영적 가정이다. 가장의 책무를 맡은 사람은 처자식을 위해 희생하고 헌신하듯 교회에서 권한을 가진 사람은 교회를 위해 희생하고 헌신해야 한다. 예수님은 그것을 자기 십자가라고 말씀하셨다. "예수께서 나아와 말씀하여 이르시되 하늘과 땅의 모든 권세를 내게 주셨으니 그러므로 너희는 가서 모든 민족을 제자로 삼아 아버지와 아들과 성령의 이름으로 세례를 베풀고 내가 너희에게 분부한 모든 것을 가르쳐 지키게 하라 볼지어다 내가 세상 끝 날까지 너희와 항상 함께 있으리라 하시니라"(마 28:18-20).

주님께서는 권한을 위임하셨을 뿐 아니라 세상 끝 날까지 항상 함께하시겠다고 약속하셨고 그 약속대로 보혜사 성령을 보내셔서 끝까지 책임을 지셨다. 권한을 위임한 사람은 예수님처럼 끝까지 사랑하며 중보 사명을 감당해야 한다.

지금 교회의 권한을 가진 사람들 중 권한을 내려놓을 때 온갖 추한 소리를 남기는 사람들이 있다. 부모 마음으로 교회를 세운 것이 아니기 때문이다. 부모는 늘 자식 잘되라고 기도하고 자식을 위해 헌신한다. 교회 권한을 내려놓는 사람도 부모 마음을 가진 사람처럼 권한을 위임해야 한다. 사람을 세워서 위임해놓고 또다시 권한 행사를 하려는 사람들은 교회를 파국으로 몰아넣고 자신의 모든 사역도 물거품이 되게 한다.

주님께서 십자가 지시기 전 제자들을 위해 이렇게 기도하셨다. "나는 세상에 더 있지 아니하오나 그들은 세상에 있사옵고 나는 아버지께로 가옵나니 거룩하신 아버지여 내게 주신 아버지의 이름으로 그들을 보전하사 우리와 같이 그들도 하나가 되게 하옵소서"(요 17:11).

권한 위임 시 가장 중요하게 다루어야 할 일은 보전과 하나 됨이다. 복음이 훼손되지 않고 복음으로 하나 되게 하는 일이다. 사람을 세우는 제자도는 결국 복음 중심이 되어야 한다. 그러나 교회마다 사람 중심이 될 때가 많다. 사람이 유명해질수록 복음은 훼손된다. 그러나 복음을 보존하고 복음으로 하나 되게 하려고 할 때는 시공을 초월한 역사적 사건이 된다.

모세가 죽었을 때 그의 시신조차 찾지 못했다. 예수님은 자신을 위해서 아무것도 남기지 않으셨다. 베드로도 바울도 자신의 마지막은 오직 복음을 보존하고 복음으로 하나 되도록 하는 데 힘을 쏟았다. 제자들은 순교했고 말씀만을 남겼다. 그들의 헌신과 말씀으로 교회는 또다시 세워졌다. 지금 한국교회는 자신의 업적을 남기는 목회, 형식적으로 위임할 뿐 권한은 쥐고 흔드는 목회를 추구한다. 사람의 이름과 업적은 잠깐 기억될 뿐이다. 오직 영원한 것은 말씀뿐이다. "또 네가 많은 증인 앞에서 내게 들은 바를 충성된 사람들에게 부탁하라 그들이 또 다른 사람들을 가르칠 수 있으리라"(딤후 2:2).

제자도의 핵심은 충성된 사람을 세우는 일과 그들에게 복음을 부탁하는 일이다. 재산을 남기는 목회나 자기 이름을 남기는 목회에서 사람을 남기는 목회와 복음을 부탁하는 목회로 변하지 않는다면 지금 한국교회의 모습은 한 세대 안에 역사에서 사라질 것이다. 과거 중세교회들처럼….

3. 종의 정체성을 목표로 삼는 데 있다

"너희 중에는 그렇지 않을지니 너희 중에 누구든지 크고자 하는 자는 너희를 섬기는 자가 되고 너희 중에 누구든지 으뜸이 되고자 하는 자는 모든 사람의 종이 되어야 하리라 인자가 온 것은 섬김을 받으려 함이 아니라 도리어 섬기려 하고 자기 목숨을 많은 사람의 대속물로 주려 함이니라"(막 10:43-45).

섬기는 것이 목회라는 사실을 받아들이고, 섬기려는 마음만 먹어도 목회의 많은 스트레스가 사라지는 것을 경험한다. 바울 사도는 자신을 지칭할 때마다 그리스도의 종이라고 말했다. 그것은 섬김이 제자의 정체성이라는 것을 잊지 않기 위해서였다. 지금 한국교회 목회자의 태도는 종이 아니다. 종처럼 흉내는 내지만 종처럼 살지는 않는다.

최근에 '갑질'이라는 단어가 외국에도 소개될 만큼 유명해졌다. 교회마다 목회자가 받는 스트레스 대부분이 갑질 의식 때문이 아닌가 싶다. 나 역시 화가 나고 스트레스를 받을 때 돌이켜보면 갑질 의식이 바닥에 깔려 있었음을 종종 깨닫는다. 예수님께서 그렇게 당당하시면서도 그토록 겸손하고 온유하셨던 것은 종이란 정체성을 삶의 목표로 삼고 사셨기 때문이다. 역사적으로 사랑을 베풀고 가정이나 나라를 위해 희생한 사람은 많다. 그러나 예수님처럼 종의 정체성을 잃지 않고 강도처럼 십자가에서 죽기까지 희생한 사람은 없다.

목회자의 자존심이란 종노릇하는 데서 와야 하는데 당회장이나 기관 또는 교단의 장이 되는 데서 찾으려 한다. 종은 자기 이름이

유명해지는 데 관심이 없다. 오직 주님이 유명해지는 데 신경을 쏟는다. 종은 내가 과연 주님께서 기뻐하시는 일을 했는가 안 했는가를 가장 중요하게 생각한다. 그것이 종의 자존심이다.

바울 사도는 그리스도를 따르는 종의 정체성에 대해 분명하게 말하고 있다. "이제 내가 사람들에게 좋게 하랴 하나님께 좋게 하랴 사람들에게 기쁨을 구하랴 내가 지금까지 사람들의 기쁨을 구했다면 그리스도의 종이 아니니라"(갈 1:10). 그것은 바로 하나님께 좋게 하는 것이다. 만약 사람들에게 기쁨을 구한다면 그리스도의 종이 아니라고 외치고 있다.

종의 정체성을 가슴에 담고 사는 목회자는 사람들이 알아주는 일에 목숨을 걸지 않는다. 사람들이 몰라준다고 낙심하거나 열등감에 빠져 살지 않는다. 하나님의 종이라면 하나님 눈치만 보면 되기 때문이다.

4. 말씀이 들리게 하는 데 있다

"비유가 아니면 말씀하지 아니하시고 다만 혼자 계실 때에 그 제자들에게 모든 것을 해석하시더라"(막 4:34). 예수님은 비유로 천국을 설명하셨다. 비유는 스토리다. 비유는 자연, 사람, 역사 등 소재도 다양하다. 모든 것을 비유로 사용할 수 있다. 요즘 사람들에게 성경을 직접 가르치려고 하면 듣지 않는다. 특히 젊은 세대는 접근이 불가능하다고 생각할 정도로 성경을 어려워한다. 복음이 아무리 귀해도 전달되지 않는다면 듣지 못하고, 듣지 못한다면 믿지 못한다. 한때 성경을 성경으로 해석하라는 말씀을 오해해서 예화도 성경에서만 찾고 성경 말씀만 말하고 해석하는 설교만이 올바른 설교라고 확신했던 때가 있었다. 그런데 문제는, 아무리 잘 준비해도 전달되지 않는다면 무슨 소용이겠는가 하는 점이다. 하나님이 성령으로 깨닫게 하실 것이라는 막연한 기대로 성경 본문만 가지고 이야기했더니 성도들이 듣지 않고 나중에는 떠나기 시작했다.

예수님은 가르치실 때 비유로 말씀하셨다. 수많은 사람이 병을 고치기 위해 예수님을 따랐지만 벳새다 광야에서 오병이어 사건을 보면 예수님 말씀이 너무 재미있어서 거기에 머물렀다는 것을 알 수 있다. 어부 출신 제자들도 예수님 승천 후 복음서를 기록했는데, 그 내용들을 잊지 않고 기록할 수 있었던 것은 예수님의 탁월한 교수 방법 덕분이라고 생각한다.

요즘은 인문학이 '뜨는' 시대다. 너도나도 인문학 강좌를 듣는다. 삼일교회 박양규 목사는 인문학을 매개체로 성경을 가르치는 것의 장점에 대해 이렇게 말한다. "가장 폐쇄적이고 주입식 교육이 심한 곳이 교회입니다. 설득이 아니라 강요만 하고 있어요. 달라진 것이 없어요. 아이들을 어떻게 설득할 수 있을까. 요즘 아이들은 부모가 다니는 교회를 따라가지, 교회 선택권이 따로 없어요. 그래서 아이들과 부모를 동시에 설득해야 합니다. 그렇게 고민하다 찾아낸 방법이 인문학이었어요."

그는 그림 형제의 〈피리 부는 사나이〉를 통해서도 복음을 전해야 하고, 헤르만 헤세의 작품을 통해 인간 존재, 행복이 무엇인지 설명해줄 수 있어야 한다고 말한다. 성령의 9가지 열매를 배운다고 하면 시큰둥해하던 부모들이 톨스토이 단편을 통해 이것을 가르친다고 말하면 어떻게든 아이들을 깨워서 교회로 보내준단다.

독일 뮌헨 알테 피나코테크 미술관, 베를린 국립회화관 등의 그림 자료를 비롯해 베토벤, 브람스, 엘가 등의 음악까지 다양한 자료를 동원했다. 그는 인문학적 교양을 제대로 이해할 때 오히려 성경을 풍부하게 이해하고 우리 삶에 적용할 힘이 키워진다고 했다.

그리고 계속해서 이렇게 말한다. "성도들은 교회의 영향을 받지만, 우리가 사는 세상의 모습은 성경적이지 않지요. 세상에서 어떻게 살아갈까를 교회가 가르쳐줘야 하는데, 자꾸 세상과 선 긋는 이야기만 하고 있어요. 성도들은 인문학의 언어에 더 친숙한데 목회자의 언어는 그와 너무 다른 것도 문제이지요. 인문학 자체를 가르치는 것이 아니에요. 성경과 성경적 가치를 가르치기 위해 인문학을 매개체로 제시하는 것입니다. 본질만 붙잡으면 형식은 상황에 따라 조금 달라져도 괜찮지 않을까요."

예수님께서는 인간의 몸을 입고 성육신하셨다. 그 이유는 인간을 구원하시기 위함이었다. 그리고 사람들의 일상을 비유로 사용하셔서 말씀을 전하셨다. 바울 사도도 "유대인들에게 내가 유대인과 같이 된 것은 유대인들을 얻고자 함이요 율법 아래에 있는 자들에게는 내가 율법 아래에 있지 아니하나 율법 아래 있는 자같이 된 것은 율법 아래에 있는 자들을 얻고자 함이요"(고전 9:20)라고 말했다. 그 역시 철저하게 성육신 사역을 했다. 그 결과 아시아에 사는 사람들이 모두 주의 말씀을 들었다고 기록한다. "두 해 동안 이같이 하니 아시아에 사는 자는 유대인이나 헬라인이나 다 주의 말씀을 듣더라"(행 19:10).

믿음은 들음에서 난다. 들리는 설교가 되도록 전해야 한다. 다음 세대를 위해서 그들의 언어로, 그들이 이해하는 이야기로 전해야 한다. 말씀을 말씀 되게 하는 것이 중요하다.

상황은 시대에 따라 변한다. 그러나 말씀은 영원하다. 교회의 역사는 핍박의 역사였다. 우리는 우리가 세운 교회가 무너질 것을 걱정한다. 그러나 주님이 세우신 교회는 결코 무너지지 않았다. 우리가 세운 교회가 잘못되었다면 무너지게 하자. 그리고 주님이 머리 되신 교회를 세워나가는 기회로 받아들이자.

주님, 영광을 받으소서!

● **신재원**
새춘천교회 담임목사
제자훈련 목회자 네트워크(칼넷, CAL-NET) 자문

19장

종교개혁과 제자훈련 그리고 큐티

교회의 오랜 전통 안에 '렉시오 디비나'라고 하는 것이 있다. 하나님의 말씀을 묵상하는 것이다. 때로 어떤 사람들은 이것을 '거룩한 독서'로 이해한다. 하나님의 말씀을 묵상하는 것은 그분의 백성에게 큰 영광이 아닐 수 없다. 안타깝게도 교회는 이 가장 아름다운 전통조차도 영광스러운 것으로 만들지 못했다. 결국 하나님 말씀을 묵상하는 전통으로부터 단절된 교회는 종교개혁이라는 거대한 물결을 만나야만 했다.

말씀을 듣는 사람들

구약에 등장하는 믿음의 조상들은 하나님의 말씀을 우리처럼 읽고 묵상하고 적용하면서 살아가지 못했다. 읽고 묵상할 수 있는 성경이 없었기 때문이다. 기록된 말씀을 가지지 못한 믿음의 조상들은 직접적으로 찾아오시는 하나님을 만나야 했다. 이것을 현현이라고 한다.

아담은 언제나 하나님의 말씀을 들었다. 아브라함은 성경을 읽고 갈대아 우르를 떠난 것이 아니었다. 그에게는 직접 찾아오시는 여호와의 사자가 있었다. 그 사자는 그 이후에도 여러 번 아브라함을 찾아오셔서 말씀하셨다. 모세는 성경을 기록한 저자였지만 그도 하나님의 말씀을 들어야만 했다. 만약 이미 성경이 있었다면 모세는 하나님의 말씀을 듣는 사람이 아니라 읽는 사람이 되었을 것이다. 모세는 어떤 선지식도 없이 시내산에서 하나님의 말씀을 온전히 들어야만 했다.

사무엘상에는 어린 사무엘이 하나님의 말씀을 듣는 장면이 등장한다. 하나님은 말씀하시는 분이었고 사무엘은 말씀을 듣는 사람이었다. 제사장은 지성소에 들어가서 하나님의 음성을 듣지 않았다. 제사장은 어느 누구도 부인할 수 없는 하나님 임재의 한 가운데 서 있었지만 그곳에서 하나님의 말씀을 들은 제사장은 성경에 등장하지 않는다.

하나님은 지성소로 찾아오지 아니하시고 잠자는 사무엘을 찾으셨다. 말씀하시는 하나님은 일정한 장소에서 일정한 시간에 찾아오시는 것이 아니라 하나님이 원하시는 때에 원하시는 장소로 찾아오셔서 말씀하셨다. 그때 믿음의 조상들이 할 일은 듣는 것이었다. 그리고 그 말씀대로 살아가는 것이었다. 사무엘은 아직 제사장이 되지 않았지만 말씀하시는 하나님을 만났을 때 "주여 말씀하옵소서. 종이 듣겠나이다" 하고 말했다. 사무엘은 무엇인가를 하기 전에 말씀을 듣고자 했다.

하나님은 엘리야에게 찾아오셨다. 말씀하시는 하나님은 그가 무엇을 해야 할지 알려주셨다. 그분은 수년 동안 기근이 있을 것이라고 말씀하시고, 그에게 그릿 시냇가로 가서 숨으라고 하셨다. 그는 그릿 시냇가에 가서 숨었다. 그리고 하나님께서 보내시는 까마귀를 통하여 아침과 저녁 두 번에 걸쳐 고기와 떡을 먹었다.

구약성경에 등장하는 하나님의 말씀을 듣는 사람들은 대부분 하나님으로부터 직접적인 음성을 듣는 사람들이었다. 구약시대에 하나님의 말씀을 읽고 묵상했던 사람은 요시야, 느헤미야, 에스라 정도였다. 그들은 하나님이 말씀하시는 성경을 읽고 그 말씀대로 살려고 한 사람들이었다. 그런데 의외로 성경에는 하나님의 말씀을 읽고 묵상하며 살았던 사람들보다 하나님의 음성을 들으며 살아간 사람들이 더 많다.

기록된 말씀의 권위를 세우신 예수님

예수님이 기록된 말씀을 어떻게 대하셨는지를 볼 때마다 우리는 놀란다. 주님은 기록된 하나님의 말씀을 읽고, 묵상하고, 그것을 설명하고, 다른 사람들에게 전하셨다. 이 땅에 육신을 입고 찾아오신 하나님의 아들은 하나님의 음성을 듣는 것보다 하나님의 말씀대로 사는 것을 더 즐거워하셨다.

그분은 회당에 들어가서 어제저녁에 하나님이 자신에게 말씀하셨던 것을 선포하지 않으셨다. 그분은 이사야의 글을 읽고 말씀하셨다. 그분은 시편에 기록된 하나님의 말씀을 인용하셨다. 그분은 기록된 선지자의 글을 놓고 제자들에게 설명하셨다. 참으로 놀라운 사실이 아닐 수 없다. 아들의 위치에서 하고 싶은 대로 모든 말씀을 하지 않으셨다. 하나님의 아들도 하나님의 기록된 말씀을 묵상하셨다. 그분이야말로 철저히 선지자들이 기록한 하나님의 말씀을 보이셨다.

하나님의 아들은 우리 가운데 찾아오셔서 우리에게 하나님의 기록된 말씀을 읽고 설명하고 그 안에서 하나님이 원하시는 것이 무엇인지를 깨닫게 해주셨다. 그런 의미에서 우리에게 큐티가 무엇인지를 가장 잘 보여주신 분이 예수님이시다. 그분은 기록된 성경을 인용하시기 위하여 그 말씀을 찾으셨다. 그 많은 글 속에서 자기에 대해 기록된 하나님의 말씀을 묵상하셨다. 그리고 그 말씀이 오늘 자기의 삶에서 적용되어야 한다는 것을 가장 잘 보여주셨다.

예수님은 엠마오로 내려가는 제자들에게 부활에 대하여 설명하시면서 선지자의 글을 인용하셨다. 누가는 그날을 이렇게 증언하고 있다. "이에 모세와 모든 선지자의 글로 시작하여 모든 성경에 쓴 바 자기에 관한 것을 자세히 설명하시니라"(눅 24:27). 예수님은 부활을 자신의 몸으로 증명하지 않으시고 선지자의 글을 인용해 설명하셨다. 예수님처럼 기록된 하나님의 말씀에 대해 절대적인 권위를 인정하신 분이 또 있을까 싶을 정도로 예수님은 기록된 말씀으로 설명하신다.

주님은 겟세마네 동산에서 하나님께 기도하셨다. 주님은 하나님의 음성을 들을 수 있다. 그리고 하나님의 음성을 들었다고 말하셔도 된다. '십자가를 지라고 하셨다. 아버지의 뜻대로 살라고 하셨다' 등과 같이 그날 밤에 들었던 하나님의 음성을 말씀하셔도 된다. 하지만 예수님은 그 결정적인 자리에서도 기록된 선지자의 글을 인용하여 말씀하셨다. "그러나 이렇게 된 것은 다 선지자들의 글을 이루려 함이니라 하시더라 이에 제자들이 다 예수를 버리고 도망하니라"(마 26:56).

예수님은 기록된 하나님의 말씀을 이루시려고 그 밤에 잡히셨다. 그러나 기록된 하나님의 말씀에 대해 별반 아는 것이 없는 제자들은 도망치고 말았다. 기록된 말씀을 아는 자와 말씀에 대한 지식이 없는 자들의 차이는 이렇다.

예수님만큼이나 기록된 선지자의 글에 관해 탁월한 지혜를 가진 사람이 사도 바울이었다. 바울은 가말리엘 문하라고 하는 다소 불리한 조건 속에 있기도 했지만 거기서 배운 것은 유익한 도구가 되었다. 그가 읽었던 수많은 선지자의 글은 예수 그리스도를 증명하기에 충분했다. 바울이 놀란 것은 그가 배운 모든 선지자의 글과 유일하게 일치하는 분이 예수 그리스도라는 사실을 발견했을 때였다. 그때 바울은 모든 것을 배설물로 여겼다.

기록된 말씀을 묵상하는 사람들

바울은 하박국에 기록된 선지자의 글을 읽었다. 그리고 거기서 "의인은 그의 믿음으로 말미암아 살리라"(합 2:4)라는 구절을 발견한다. 그에게는 기적 같은 말씀이었다. 바울은 로마에 있는 성도들에게 편지를 쓰면서 자기가 기록된 하나님의 말씀을 읽었다는 것과 거기서 진리를 발견했음을 선언하면서 그들에게도 똑같이 그 말씀을 기록한다.

바울도 복음을 설명하면서 부활하신 주님께서 선지자의 글에 관하여 말씀하실 때와 같이 자기가 다메섹에서 들었던 음성으로 증명하지 않는다. 기록된 말씀의 권위로 선언한다. "기록된 바 오직 의인은 믿음으로 말미암아 살리라 함과 같으니라"(롬 1:17).

기록된 말씀을 갖고 있다는 것은 굉장한 축복이다. 이보다 더 귀한 것이 무엇이겠는가? 오늘 밤에 우리에게 찾아오셔서 직접 말씀하시는 음성보다 기록된 하나님의 말씀이 더 귀하다. 천사의 소리를 듣는 것보다 기록된 말씀을 갖고 있다는 사실이 더 귀하다.

이처럼 기록된 하나님의 말씀을 묵상하고 그 속에서 하나님의 뜻을 찾아가는 것은 우리 가운데 육신의 몸을 입고 찾아오신 하나님의 아들이 직접 가르쳐주신 것이다. 그런 의미에서 21세기를 살아가는 성도들이 기록된 말씀을 갖고 있음은 정말 큰 특권이다.

하지만 교회 역사 안에는 이 기록된 말씀의 권위를 무너뜨리는 사람이 등장한다. 바로 중세교회다. 중세교회만큼 기록된 말씀의 권위를 무너뜨린 세력을 찾기는 쉽지 않다. 그들에게는 기록된 말씀 외에 들어야 하는 것이 너무 많았다. 기록된 말씀의 권위보다 사람들이 모여서 결의한 결의문을 더 소중하게 여겼다. 수많은 종교회의는 기록된 말씀의 권위를 무너뜨렸다. 그들은 교만하게도 자기들이 기록된 말씀의 정경성을 종교회의를 통하여 결정하는 권위를 가졌다고 우기기도 한다.

기록된 말씀을 번역한 사람들

종교개혁자들은 말씀을 들은 사람들의 전통을 따라서 듣기 원했다. 그리고 기록된 말씀을 묵상한 사람들처럼 묵상하길 원했다. '오직 말씀'은 그들의 전유물이 아니라 오랜 전통을 통하여 말씀하시는 음성에 귀를 기울이고 살았던 조상들의 흔적을 추적하는 일이었다. 그리고 기록된 말씀을 평신도들이 읽고 묵상할 수 있도록 자국어로 성경을 번역했다. 자국어로 된 성경을 가질 수 있다는 것이야말로 종교개혁이 낳은 최고의 선물이다.

최근에 교황 프란치스코는 사제들에게 말했다. "사제는 온순한 마음으로 기도하는 자세로 말씀을 대해야 합니다. 그리하여 말씀이 사제의 생각과 감정 속까지 깊이 파고들어가 사제 안에서 새로운 시각이 싹틀 수 있도록 해야 합니다"(《루터, 프란치스코 교황을 만나다》, 167). 그의 말을 들어보면 하나님의 말씀을 소중하게 여기고 그 말씀을 잘 묵상해야 한다고 말하는 것처럼 들린다. '로마가톨릭도 이제 이런 말을 하는구나' 할 만큼 적지 않은 놀람이 있는 것도 사실이다.

하지만 가만히 돌아보면 이것은 사제들을 대상으로 하는 말이다. 평신도가 자국어로 된 성경을 읽는 데에도 너무나 오랜 시간이 걸렸다. 로마가톨릭에서 자국어로 된 예배를 드릴 수 있게 된 것은 제2차 바티칸 공의회(1962-1965) 이후에나 가능한 일이었다. 그때까지 평신도들은 알지 못하는 언어로 예배에 참여하는 고통스러운 시간을 고스란히 인내해야만 했다.

종교개혁자들이 자국어로 된 성경을 번역한 것은 제자훈련을 하는 우리에게는 굉장한 무기를 지급받은 것이나 다름없다. 영적인 전쟁에서 최고의 무기를 갖게 된 것이다. 평신도는 자국어로 된 설교를 듣는 정도가 아니라, 이제 자국어로 된 성경을 읽고 그 속에서 말씀하시는 하나님의 음성에 귀를 기울이며 묵상할 뿐만 아니라 삶에 적용하는 수준에 이르게 되었다.

종교개혁자들이 성경을 자국어로 번역한 것은 사제들이나 목사들만 말씀을 묵상하는 것으로 끝나지 않고 평신도에게 하나님의 말씀을 읽을 수 있는 길을 열어주었다는 것에 더 의미가 있다. 루터가 독일어로 된 성경을 번역하기 전에도 독일어 성경이 있었다. 따라서 평신도들이 자국어로 된 성경을 쉽게 읽을 수 있도록 하는 것이 번역의 목적이었다. 하나님의 음성을 듣는 사람들, 그리고 음성을 듣고 기록하는 사람들, 기록한 말씀의 권위를 인정하신 예수님, 기록된 말씀을 묵상하는 교부들, 말씀의 권위보다 더 높은 것을 만들어냈던 암흑기를 지나 이제 기록된 말씀을 자국어로 번역하는 사람들 덕분에 평신도도 기록된 말씀을 읽고 묵상할 수 있게 되었다.

어떻게 해서 지금 우리 손에 기록된 말씀이 놓이게 되었는지를 돌아보면 기적 같은 은혜라고 할 수 있다. 예수님께서 기록된 말씀을 묵상하고 그 말씀대로 살아가는 본을 보여주셨다. 바울도 기록된 말씀을 묵상하고 사람들에게 기록된 말씀을 남겼다.

21세기를 살아가는 평신도들은 이 아름다운 전통을 따라서 하나님의 말씀을 묵상하고 살아간다. 방법에 따라, 시간에 따라, 조금씩 차이가 있지만, 평신도가 말씀을 읽고 묵상하고 적용하며 살아간다는 것은 참으로 대단한 일이다.

직업 소명과 큐티 적용

제자훈련을 하다가 보면 평신도들이 제일 힘들어하는 것이 큐티다. 하나님의 말씀을 묵상하고 각자에게 적용하는 데는 4가지 원칙이 있다. 그것은 '개인적으로, 구체적으로, 가능한 일로, 점진적으로' 하는 것이다. 말씀을 묵상한 평신도는 개인적으로 적용해야 한다. 엘리야처럼 들은 말씀을 다른 사람에게 전하는 것이 아니다. 자신에게 적용해야 한다. 가능한 일로 한다는 것은 삶의 현장에서 자신이 실천할 수 있는 일에 적용하라는 뜻이다.

종교개혁자들이 발견한 직업 소명은 평신도들이 하나님의 말씀을 읽고 자신의 삶에 가능한 일로 적용할 수 있도록 길을 열어주었다. 세상에서 직업적 소명을 가지고 어떻게 살아야 하는지 물으면서 하나님 말씀에서 답을 찾아야 한다. 거기에 말씀의 묵상이 필요하고, 말씀을 적용하는 지혜가 필요하다.

성경에는 하나님의 말씀을 듣는 사람들이 등장한다. 그들로부터 시작한다. 그리고 그 말씀을 듣고 기록하는 사람이 등장한다. 하나님의 말씀을 들었지만 기록하지 않는 사람들도 있다. 엘리야는 수많은 말씀을 들었지만 그 말씀을 기록으로 남기지는 않았다. 기록된 말씀에 대한 권위를 인정하신 분은 예수님이셨다.

기록된 말씀을 묵상하는 사람들, 그리고 그 말씀을 번역하는 사람들, 특별히 자국어로 번역한 종교개혁자들을 통하여 오늘날의 평신도들은 자기 언어로 성경을 읽고 묵상하게 되었다. 종교개혁자들을 통하여 직업 소명을 알게 되고, 그들이 번역한 성경을 통하여 자기 삶에 적용하는 길도 열게 되었다.

종교개혁자들이 자국어로 성경을 번역한 것과 그리고 평신도들이 성경을 읽고 묵상할 수 있도록 길을 열어줌으로써 오늘날 제자훈련을 통하여 묵상한 말씀을 각자의 삶에 적용할 수 있는 길도 열리게 되었다.

21세기 한국교회에서 제자훈련은 말씀을 묵상하는 훈련이 되어야 한다. 읽고 묵상한 말씀 안에서 발견한 하나님의 부르심을 각자의 영역에서 실현하며 직업 소명자로 살아가면서 하나님의 나라를 세워가야 한다. 각 분야에서 부르심을 받은 건강한 평신도들이 직업 소명을 통하여 하나님의 꿈을 만들어가야 한다. 이 일에 부르심을 받아서 평신도들과 제자훈련을 하고, 그들과 함께 같은 성경으로 묵상하는 훈련을 하는 것이 참으로 감사하다.

● **박명배**
송내사랑의교회 담임목사
제자훈련 목회자 네트워크(칼넷, CAL-NET) 재정이사·경기 대표

20장

배움과 행함의 현장에서
날마다 개혁을 이루어가는 교회

교회란 무엇인가

교회란 무엇인가? 교회는 "세상으로부터 부름받은 하나님의 백성이요, 동시에 세상으로 보냄받은 그리스도의 제자"다(옥한흠, 2009). 이 땅의 교회는 예배와 훈련과 증거를 위해 존재한다. 첫 번째 이유인 예배는 하나님께 영광을 돌리는 것이다. 교회가 정한 시간을 따라 한 자리에 모여 드리는 공식적인 시간은 물론, 사적으로 드리는 시간과 자신의 몸으로 살아가는 일상생활 전부가 예배에 포함된다. 교회의 또 다른 사명은 훈련이다. 훈련은 말씀을 가르치는 일이다. 성도가 믿음 위에 바로 서고 지체 간에 서로 도와 세상에서 빛과 소금의 역할을 감당하도록 말씀으로 교육하는 일이다. 마지막으로 증거는 세상을 향한 교회의 사명이다. 교회는 영혼을 구원하기 위해 복음을 전하고, 복음의 문을 열기 위해 사랑과 봉사를 행하며, 복음의 문이 닫히지 않도록 거룩한 생활의 모범을 보여야 한다(옥한흠, 2009). 예배와 훈련과 증거가 균형 있게 이루어질 때 교회는 건강하게 존재한다.

교회에서 종교 소비자 성도가 양산된다

그러나 현실은 어떠한가? 성도는 특권과 함께 소명을 자신의 신앙으로 고백해야 하지만 오늘날의 교회를 살펴보면 오히려 특권만 주장하고 소명을 외면하는 성도로 가득하다. 다시 말해 종교 소비자가 늘어나고 있다. 요즘은 아무리 제품이 유명하더라도 소비자의 입장을 고려하지 않으면 시장에서 외면을 당한다. 소비자의 힘이 갈수록 강해지기 때문이다. 안타깝지만 이러한 사회적 현상은 교회 안에서도 동일하게 일어나고 있다. 주님은 우리를 "택하신 백성이요 왕 같은 제사장이요 거룩한 나라"(벧전 2:9)로 부르셨지만 정작 왕 같은 소비자가 점점 늘어나는 것 같다(김종원, 2014). 일주일에 단 한 번 교회에 나와서 교회 시설을 이용하고 드려지는 예배를 감상하는 종교 소비자가 많다. 똑같은 찬양에 대해서도 진정한 찬양을 올려드리는 찬양의 생산자가 있는가 하면 적당히 립싱크를 하고 찬양을 소비하는 사람이 있다. 기도는 어떠한가? 장로님의 대표 기도에 마음으로 연합하여 함께 기도를 올려드리는 사람이 있는가 하면 그냥 기도를 듣고 마는 기도 소비자들이 양산되고 있다. 참으로 안타까운 일이다.

교회는 서비스 제공자가 아니다

종교 소비자가 되어버린 성도는 마치 리모컨을 손에 든 채 언제든지 채널을 돌릴 수 있는 시청자와 같다. 이들은 자신에게 필요한 조건들이 충족되지 않으면 언제라도 떠날 수 있는 준비를 하고 교회를 출입한다. 그렇다면 교회는 어떠한가? 교회의 수가 증가하니 이제 교회는 이러한 종교 소비자의 기호를 맞추려고 애를 쓴다. 교회의 지도자들도 성도들을 더 좋은 사역자, 다시 말해 복음의 생산자로 양육하고 훈련시키는 것보다는 어떻게 성도들에게 더 좋은 서비스를 제공할 것인가에 더 관심을 갖는다. 아이러니하게도 교회의 관심사가 성도들을 그리스도의 강한 군사로 길러내는 것보다 좋은 서비스로 그들이 교회를 떠나지 않도록 하는 것이 되어가고 있다. 그 결과는 교회는 급속도로 약해지고 더 나아가 타락의 길을 걷고 있다.

손님인가 청지기인가

예수님은 "지혜 있고 진실한 청지기가 되어 주인에게 그 집 종들을 맡아 때를 따라 양식을 나누어 줄 자가 누구냐"(눅 12:42)고 교회에게 묻고 계신다. 주님은 손님이 아닌 청지기를 찾고 계신다. 그렇다면 손님과 청지기는 무엇이 다를까? 첫째로 손님은 부담이 없고 청지기는 부담이 있다. 청지기는 빛의 자녀로 부름을 받아 세상의 빛이며 소금이라는 것을 알기 때문에 세상과 구별된 성도라는 명확한 정체성을 가지고 있다. 이러한 정체성을 가진 성도는 자신은 주인이 아니며 진짜 주인이 있다는 부담감과 함께 진짜 주인이 오시는 날, 즉 결산의 날이 다가온다는 것을 명심하고 하루하루를 살아간다(김종원, 2017). 둘째로 손님에게는 책임이 없지만 청지기에게는 책임이 있다. 손님은 자신의 이익과 편리만 추구해도 아무도 뭐라고 하지 않는다. 그러나 청지기는 주인에게 받은 책임이 있기 때문에 오랜 인내와 충성으로 주인을 기다리며 맡겨진 사명을 감당한다.

제자훈련은 말씀이 삶을 변화시키는 신앙적 여정이다

따라서 교회에게는 성도를 손님이 아닌 사명자, 다시 말해 청지기로 훈련시켜야 할 의무가 있다. 이러한 의미에서 제자훈련은 한 사람의 그리스도인이 예수 그리스도를 온전히 좇는 성숙한 제자가 되도록 훈련시키는 최적의 방법이다. 그리스도의 제자로서 성도가 말씀을 통해 하나님의 사람으로 온전해지고, 봉사의 일을 하며, 공동체를 세우며, 복음의 증거자가 되도록 하기 때문이다(가스펠서브, 2013). 성도는 제자훈련을 통해 그리스도인으로서 자신의 정체성을 회복하고 이웃을 이해하는 한 영혼으로, 공동체를 이해하고 공동체에 영향을 미치는 리더로서, 복음을 알고 전하는 전도자로서 그리스도인의 삶을 살아간다. 다시 말해 성도는 복음이 삶의 전 영역을 변화시키는 것을 경험하는 성화의 과정, 즉 신앙적 여정을 달려간다.

제자훈련은 오해를 받고 있다

그러나 제자훈련은 한국교회 내에서 많은 오해와 질타를 받고 있다. 어떤 오해가 있을까?

첫 번째 오해는 제자훈련이 성경에 대한 지식만 늘릴 뿐 삶의 변화까지는 이끌지 못한다는 것이다. 행함이 없는 배움만 만들어 낸다는 비판을 받는다. 이와 비슷한 맥락으로 제자훈련을 하나의 과정이나 프로그램으로 인식하여 제자훈련 수료자만 제자냐고 반문하는 의견도 있다. 정재영, 송인규, 노종문, 김명호, 김지방, 양희송, 황병구(2016)는 제자훈련 수료가 제자 됨으로 인식되기 때문에 자칫하면 일생을 통해 이루어가는 성화 과정을 소홀히 여기게 할 수 있다고 주장한다.

정말로 그럴까? '제자훈련의 수료=제자 됨'은 오해다. 훈련 현장에서 보면 오히려 많은 수료생이 제자훈련을 수료하며 이제부터 그리스도인으로서 제대로 살아갈 것을 결단하곤 한다. 제자훈련은 자신이 그리스도의 제자로서 어떻게 살아가야 하는지에 대해 탐색하도록 한다. 또한 말씀의 거울 앞에서 자신을 의지적이고 지속적으로 돌아보는 경건의 습관을 시작하게 한다. 어느 누구도 단기간에 제자가 될 수는 없다고 한다. 또한 훈련 사역을 하다 보면 훈련생 간에 개인차를 발견할 수 있다. 훈련생마다 신앙 기간과 연수가 다르고 각자 삶의 상황이 다르다. 무언가를 배우고 적용하여 삶으로 체득하는 데 걸리는 시간도 각각 다르다. 따라서 훈련 사역은 가르치기도 해야 하지만 기다려주는 사역이기도 하다. 넘어진 성도가 일어나 다시 시작할 수 있도록 돕는 사역이다. 제자가 된다는 것은 성화의 과정을 통과하며 긴 시간 동안 이루어지는 것이기 때문이다.

두 번째 오해는 제자훈련이 교회의 공동체성을 훼손한다는 것이다. 한국교회탐구센터가 주최한 포럼에서 정재영(정택은, 2016)은 제자훈련이 소수정예 훈련으로 진행되어 공동체성을 해친다고 주장했다. 또한 제자훈련에 참여하는 교인들에게 영적인 엘리트 의식을 심어주고 참여하지 않는 이들에게 패배감과 열등감과 위화감을 조장해서 교회의 공동체성을 훼손할 수 있다고 지적했다. 그러나 이것은 제자훈련의 방법과 목적을 오도한 것이라고 할 수 있다. 제자훈련이 소그룹으로 운영되는 이유는 교회 안에서 평신도가 함께 말씀을 배우며 교제하는 환경으로는 열 명 내외의 소그룹이 가장 이상적이기 때문이다(옥한흠, 2008). 소수로 이루어지는 소그룹의 역동성을 통해 훈련생은 공동체에 적극적으로 참여하고 말씀이 자신과 구성원들의 삶을 어떻게 변화시키는지를 경험한다. 이런 소그룹이 제공하는 안정감과 소속감을 경험한 훈련생들은 자신을 주님에게 전적으로 위탁하고 증인과 종으로서 살아가기를 결단한다. 이러한 결단으로 교회를 위해 봉사하고 헌신한다. 그런데 이것을 승리감과 우월감을 가지고 위화감을 조장한다고 규정하는 것은 적절하지 않다.

세 번째 오해는 제자훈련을 하면 교회가 성장한다는 것이다. 실제로 주위에서 교회 부흥의 방편으로 제자훈련을 시작하려는 경우를 종종 보았다. 교회의 성장이 어느 때보다 더딘 시대에 이것은 중요한 관심사가 아닐 수 없다. 또한 많은 대형교회가 실제로 제자훈련을 하기도 한다. 그래서 이러한 이유 때문에 교회 성장을 위한 방편으로 제자훈련을 도입하는 교회들이 실제로 있다. 제자훈련에 대한 목회자들의 인식이 어떠한지 살펴보기 위해 학술연구정보서비스(Research Information Sharing Service, RISS)를 통해 학위논문을 검색해 보았는데, 실제로 제자훈련과 연관 검색이 높은 단어에 교회 성장이 있었다. 2017년 9월을 기준으로 제자훈련으로 검색되는 학위논문 수가 1,287건인데 제자훈련과 교회 성장으로 검색되는 논문의 수는 572건이었다.

그렇다면 제자훈련이 교회의 성장을 담보할까? 한마디로 '제자훈련=교회 성장'의 공식은 오해다. 제자훈련을 통해 잘 양육된 성도들이 영적으로 성장하고 전도하면 결과적으로 교회가 성장할 수 있다. 물론 교회가 건강해지면 성장하는 것은 당연하다. 그러나 이러한 말씀 양육의 과정이 교회 성장을 보장하지는 않는다.

이러한 오해와 시행착오에도 불구하고
계속 제자훈련을 해야 할까

어쩌면 이러한 오해는 예수를 믿으면 복을 받는다는 기복주의와 복음과 성공을 동일시하는 번영주의 속에서 잘못된 사례를 양산한 한국교회의 책임일 수도 있다. 그러나 지금 이 시간에도 한 영혼이 그리스도의 제자로서 인격과 삶이 변하여 공동체와 하나님 나라의 영광을 위해 살아가도록 돕고 지원하는 제자훈련 사역자들의 헌신과 노고를 생각해보면, 제자훈련의 정의와 가치를 재정비할 필요가 있다. 우리의 실수나 시행착오에도 불구하고 제자 삼는 사역은 주님이 명령하신 사역이며 그러므로 여전히 가치 있는 사역이기 때문이다. 그리고 주님의 명령을 준행하며 묵묵히 살아가는 성도들이 있기 때문이다.

그렇다면 이러한 오해와 시행착오 속에서도 훈련을 진행하는 교회는 무엇을 해야 할까? 나는 훈련 사역과 함께 전도 사역이 일상화되면 어떠할까 제시하려고 한다. 말씀을 배우고 묵상하는 훈련 사역과 그 말씀에 순종하여 현장에서 행하는 전도 사역이 균형을 이루면 성도의 삶도 행복해지고 교회도 건강해진다고 생각한다. 경산중앙교회 성도들은 전도가 삶의 일상이라고 감히 이야기해본다. 물론 온 성도가 그렇다는 것은 아니다. 그러나 그 방향을 향해 많은 성도들이 달려간다. 유일한 답이라고 말하기는 무척 조심스러우나 경산중앙교회의 사례를 들어 훈련과 전도를 통한 교회의 개혁에 대해 살펴보고자 한다.

모든 사역의 스케줄은 전도 축제에 맞춰 진행된다

경산중앙교회는 오랜 기간 동안 열심히 전도를 하는 교회였다. 경산중앙교회에서는 전도폭발훈련과 행복전도학교와 더불어 '행복한 사람들의 축제'(이하 '행축')라는 이름으로 총동원 전도 프로그램인 새생명축제를 1년에 두 차례 진행한다. 적극적인 현장 전도를 통해 성도의 수평 이동이 아니라 불신자가 교회에 나오는 수적 성장을 경험해 왔다. 열정적인 성도들은 다년간 진행된 행축 사역을 통해 축적된 경험과 노하우를 바탕으로 지역의 복음화를 위해 헌신한다.

우리 교회의 모든 사역 스케줄은 행축에 맞춰 진행된다. 6월에 실시되는 행축을 위해 교구 대심방, 진군식, 태신자 작정, 전도와 영적 전쟁 집회, 행복 매뉴얼 제공, 특별새벽부흥회, 문화 행축을 순차적으로 실시한다(성민경, 2014). 연초에 15명의 교구 사역자들은 각 가정을 방문하여 성도들을 돌아봄으로써 라포(관계)를 형성하고 태신자 발굴을 시작하는 교구 대심방을 실시한다. 교구 대심방이 2개월 동안 진행되고 나면 3월 즈음에는 진군식을 진행한다. 진군식은 전도가 영적 전쟁임을 선포하는 행사이자 예배로서, 행축을 위한 서막이 된다. 진군식은 교구 대심방을 통해 목양된 각 교구가 태신자 목표와 전도 목표를 세우고 자기 교구만의 특징을 살린 전도 구호, 전도 노래, 전도 퍼포먼스를 준비하여 전 교인이 함께 나누는 축제의 장이다. 주일학교 학생부터 장년에 이르기까지 모든 성도가 함께 참여하는 시간으로 온 성도가 하나 되고 전도에 대한 동기를 부여하는 데에 목적이 있다. 진군식 사역을 위해 훈련생들은 매우 중요한 역할을 감당한다. 기획 단계부터 적극적으로 참여할 뿐만 아니라 진군식 예배에도 여러 모양으로 성도들을 독려하고 교구를 섬긴다.

4월 중에는 모든 성도들이 태신자를 작정한다. 교회에 잘 나오지 않는 기존 신자가 아니라 불신자를 태신자로 작정하는데 동원 전도가 아니라 관계 전도가 강조된다. 지난 3개월간의 목양을 통해 태신자 작정에 대한 당위성을 공유했고 태신자 작정 직후 무엇을 하는 것이 아니기 때문에 심적 부담을 줄일 수 있다. 태신자 작정은 관계 전도의 준비 단계로서 효과적인 전도를 위해서 성도는 먼저 불신자들과 관계를 여는 일에 집중하고 기독교의 가르침을 따라 신실하게 살아가야 한다. 한 명의 성도가 세 명 이상의 태신자를 품도록 권면한다. 교회의 양육 과정이나 훈련 과정에 있는 성도는 다섯 명의 태신자를 품도록 한다. 또한 훈련 과정 속에서 각 태신자의 프로파일을 작성하여 실질적으로 어떻게 전도할지에 대해 고민하고 기도한다. 그래서 양육 훈련생들의 전도 성공률은 다른 성도에 비해 훨씬 높다.

태신자 작정이 완료되면 전도와 영적 전쟁이라는 전도에 특화된 집회가 진행된다. 성도들이 현장에서 전도할 수 있도록 전도를 위한 실질적인 방법이나 전략, 사례를 제공함으로써 전도에 대한 동기를 부여한다. 행축 6주 전부터는 성도들에게 행복 매뉴얼을 제공한다. 전도 축제에 대한 지속적 관심을 고취시키고 구체적 방법을 제공한다. 이러한 매뉴얼을 통해 교회는 성도들이 태신자들과 관계를 형성하고 교회로 더 쉽게 초대할 수 있도록 구체적이고 절차적으로 돕는다.

특별새벽부흥회는 기존의 저녁 부흥회를 새벽 시간으로 옮겨 말씀성회의 요소뿐 아니라 모든 가족이 함께할 수 있는 추억 만들기와 다양한 행사를 병행하여 시행된다. 초등학생부터 성인에 이르는 전 세대가 함께하는 200여 명의 콰이어가 예배인도자로 함께 참여하고 예배 후에는 전교인이 함께하는 아침식사와 주제가 있는 먹거리, 작은 음악회 등이 진행된다. 훈련생들은 특별새벽부흥회 기간 동안 콰이어와 안내로 섬기며 온 성도들이 예배의 감동을 경험할 수 있도록 돕는다. 행축 매뉴얼의 마지막 단계는 문화 행축이다. 문화 행축은 지역사회에 대한 봉사와 문화적 접근의 전도 방법이다. 문화 공연은 불신자들을 교회에 초대할 수 있는 좋은 기회다. 이처럼 경산중앙교회의 모든 사역은 전도를 위해, 전도를 향해 계획되고 운영된다. 사역의 효율성이나 효과성을 계획하고 평가하기도 하지만 주님의 지상명령인 영혼 구원을 위한 사역에 충분한 시간과 물질과 노력을 사용한다.

치열한 전도의 최전방 현장에 훈련생들이 있다

경산중앙교회는 제자훈련 사역이 본격적으로 이루어지기 전부터 전도를 열심히 하던 교회였다. 2010년부터 제자훈련 사역을 체계적으로 시작했는데 훈련 사역의 전과 후가 어떻게 다를까? 결론부터 말하자면 훈련생들과 훈련 수료생들은 사역의 최전방에서 빛과 소금의 역할로 헌신한다. 말씀을 통해 자신을 돌아보는 성찰과 하나님 나라의 확장이라는 사명 감당을 위해 묵묵히 헌신한다.

이러한 성도들을 소개하기 위해 세 명의 성도를 인터뷰했다. 2014년에 제자훈련을 수료한 후 계속해서 전도폭발훈련을 받으며 양육과 전도가 균형을 이루는 삶을 살아가기 위해 애쓰는 성도들의 이야기를 나누고자 한다. 세 명에게 세 가지 질문을 했다. 첫 번째는 전도에 대한 평소의 생각이었다. 두 번째는 훈련 사역과 전도(증거) 사역의 관계에 대해 물었다. 마지막으로는 양육 사역이 생생한 전도 현장에 미친 영향이나 소감을 물었다.

(1) 신 집사 이야기

신 집사는 40대 여성이다. 한 아이의 엄마이고 구역을 섬기는 목자다. 유치부 아이들을 열정적으로 가르치는 교사이기도 하다. 말씀 훈련과 전도 현장에서 자신을 끊임없이 돌아보며 영혼의 필요를 섬세하게 섬기는 신 집사를 소개한다.

모태 신앙인으로 마흔이 넘도록 전도를 미루고 외면하며 살아왔지
만 제자훈련과 사역훈련을 통해 저의 죄를 대신하여 죽으시고 부활
하여 살아계신 예수님을 내 입으로 전하고 싶은 마음이 생긴 것은
참으로 은혜입니다. 훈련은 잠자던 내 영혼을 깨워 제자로 거듭나
게 했고 예수님처럼 살아가야겠다는 사명을 일깨웠습니다. 그 사명
이 바로 영혼을 구원해야 하는 것이고, 이것은 또한 우리의 사명이
라고 생각합니다. 처음 전도를 하러 나갔을 때가 생각납니다. 마음은
불타오르는데 막상 모르는 사람에게 "예수님 믿으세요"라고 처음으
로 외쳤을 때 상대방은 알아듣지 못했습니다. 개미같이 작은 목소리
로 했기 때문이었습니다. 그렇지만 한 번 하기가 어렵지 두 번, 세 번
하고 나니 가능해졌습니다. 그리고 지금은 전도폭발훈련을 받으면
서 복음 전문을 외워 체계적으로 병원이며 노방 전도까지 하게 되었
습니다. "너희 안에 행하시는 이는 하나님이시니 자기의 기쁘신 뜻
을 위하여 너희에게 소원을 두고 행하게 하시나니"(빌 2:13). 이 말씀
을 묵상하면서 하나님의 기쁘신 뜻이 뭘까 고민해보았습니다. 그것
은 바로 영혼 구원임을 알게 되었고 저를 통해 그 소원을 행하기를
원하신다는 사실에 감격했습니다.

(2) 이 집사 이야기

이 집사는 50대 남성이다. 아내인 박 집사와 함께 신혼 구역을
섬기며 아름다운 가정의 본을 보이는 목자이기도 하다. 내가 아는
이 집사는 이성적이고 논리적인 분이다. 그런데 훈련하면서 열정

적이고 따뜻한 면도 새로 알게 되었다. 말씀 훈련과 전도 현장에서 논리와 열정으로 빛을 발하는 이 집사를 소개한다.

사실 저는 별다른 생각 없이 훈련에 임했습니다. 교회에서 진행하는 훈련이 저의 개인적 취향과도 잘 맞았기 때문이었습니다. 그러나 훈련 과정을 통과하면서 저의 신앙에 숨겨졌던 왜곡된 민낯을 보게 되었습니다. 아닌 척하지만 뿌리 깊이 숨겨진 기복신앙, 세상을 정죄하고 스스로를 고립시킨 율법주의, 오직 나만 축복받고 싶은 이기주의 등과 같이 저의 신앙은 일시적이고 현세적인 믿음으로 가득 차 있었습니다. 제자훈련과 사역훈련을 받은 후 저는 자연스레 삶에서 관계된 모든 상황에서 복음을 전하고, 주변의 어려운 지체들을 살피는 일을 시작했습니다. 물론 지금도 여전히 연약하고 제자로서 살아가는 훈련 중에 있습니다. 그러나 세상을 보는 눈과 생각이 바뀐 것은 틀림이 없습니다.

훈련을 받는다는 것은 참으로 신기한 일입니다. 나도 모르는 사이에 내 삶과 생각이 변화됩니다. 일상적이고 습관적으로 드리던 예배는 가장 중요한 시간이 되었습니다. 강단에서 선포되는 말씀은 단절되었던 삶의 현장과 복음을 연결시켜주었습니다. 이전엔 이익이 되지 않고 귀찮으면 지나칠 일들 중에도 혹시 모를 영혼 구원을 향한 하나님의 세미한 음성을 들으려고 집중하게 되었습니다.

훈련을 받던 중 있었던 일입니다. 회사에서 면접관과 지원자로 만난 그의 첫인상은, 민머리에 번뜩이는 눈빛을 가졌다는 것이었습니다. 면담을 하면서 '참 사연이 많은 사람이구나!' 하는 생각이 들었습니다. 5년간의 승려 생활과 환속, 이혼과 심근경색 등 참 많은 풍파를 거친 사람이었습니다. 회사 생활은 하기 힘들 것이라는 생각이 들었습니다. 적당히 둘러대고 돌려보내려는데 '하나님이 보내주신 영혼이면 어떡하지?'라는 뜬금없는 생각이 들었습니다. 그래서 그를 채용했습니다. 이후 행축 때 용기를 내어 그를 초청했습니다. 기대하지 않았는데 선뜻 오겠다고 했습니다. 심지어 영접 초청 시간에 벌떡 일어나 또박또박 영접 기도를 따라 하고 뜨거운 눈물을 흘렸습니다. 저는 그때 인간의 생각을 넘어선 하나님의 은혜를 보았습니다. 그는 지금도 신앙생활을 이어가고 있습니다.

사역훈련을 마치고 전도폭발훈련에 참여하는 일은 저로서는 당연한 것이었습니다. 영혼 구원을 위해 2년간 훈련을 받은 것이라고 믿었기 때문입니다. 구령의 열정은 훈련을 거치면서 다듬어졌습니다. 훈련은 영혼을 긍휼히 여기며 면밀히 살펴볼 수 있는 여유를 가져다주었습니다. 맡겨진 구역원의 영적 상태를 살피고 삶의 모든 환경 속에서 하나님의 영혼 구원 계획을 지켜보는 일은 훈련받은 자의 특권이라 할 수 있습니다. 훈련이란 삐뚤어진 믿음과 삶을 예수 그리스도 앞에서 정돈하는 것이라고 생각합니다. 그동안 굳어졌던 자신만의 왜곡된 자아를 십자가에 못 박고 새로운 피조물이 되는 것이라고 생각합니다. 성경에 나오는 모든 제자들은 예외 없이 그렇게 살았습니다.

(3) 정 집사 이야기

정 집사는 50대 남성이다. 남성 구역을 섬기는 목자다. 삶에서 어려운 상황을 만날 때마다 믿음으로 묵묵히 견디어나가는 분이다. 그러면서도 기쁨과 열정으로 가득한 분이다. 사역자로서 정 집사를 보며 참 감사하고 도전이 된다. 말씀 훈련과 전도 현장에서 누구보다 열정적으로, 그러면서도 온전한 남성 리더십을 발휘하는 정 집사를 소개한다.

훈련을 받기 전에는 제대로 교육받은 성도만이 전도를 해야 한다고 생각했다. 내 신앙조차 바로 세우지 못했기에 개탄하곤 했다. 그럼에도 여전히 내 안에는 전도에 빚진 마음이 있었고 나의 신앙생활은 자신감을 상실한 채 전도를 무작정 두려워하곤 했다.

그러던 나는 제자훈련을 통해, 모든 민족을 제자로 삼아야 하는 사명을 제대로 인식하게 되었고 전도를 해야 하는 당위성을 깨닫게 되었다. 2년에 걸친 제자훈련과 사역훈련은 신앙의 흩어져 있던 조각들을 모으고 정형화하는 작업이었으며, 제자로서의 정체성을 확립하고 완전한 신앙생활을 위한 전환점이었다. 또한 그리스도의 제자로서 사도행전 1장 8절의 지상 과제는 받았지만 땅 끝까지 가는 방법과 길은 오롯이 나 자신의 숙제로 남았다.

그래서 전도폭발훈련을 시작했다. 우리 교회는 성장반을 이수하면 전도폭발훈련을 받을 수 있다. 그러나 실제로 같이 현장에 나가 보면 제자훈련이나 사역훈련을 받은 것이 상황에 대처할 때나 복음을 선포할 때 큰 도움으로 작용한다. 실제로 D형 큐티를 하면서 내가 고민했던 문제들을 나누기도 하고 소그룹 인도를 위한 대화 기법을 활용하여 현장에서 불신자들과 효과적으로 대화하기도 한다. 불신자들과의 눈높이를 맞추기 위해 나누는 내 삶에 대한 간증은 그들에게 도전이 되기도 한다. 어떤 사람들은 전도의 기술을 배우려고 전도폭발훈련을 시작하지만 힘들고 지쳐서 도중하차를 하기도 한다. 그렇지만 나는 제자훈련과 사역훈련을 통해 경건생활을 연습하여 기초를 다지고, 예수 그리스도를 나의 구원자라고 고백하는 자이기에 훈련 후에는 전도 현장에 나아간다. 바로 그 현장에서 예수님을 영접하는 영혼들의 눈물을 목도하며 스승이신 예수 그리스도의 영혼 구원에 대한 절절한 마음을 느낀다. 전도 현장에서 가장 은혜를 받는 자는 누구일까? 다름 아닌 전도자이다. 단지 복음을 선포했을 뿐인데 그 복음 앞에 눈물을 펑펑 흘리는 불신자들을 볼 때마다 복음과 함께 역사하시는 성령 하나님을 체험할 수 있기 때문이다. 예수님을 처음 인격적으로 받아들이는 체험과는 또 다른 역동적인 체험을 하게 된다. 복음의 선포는 내가 하지만 결신과 영접은 성령 하나님이 하신다. 훈련을 통해 구령의 열정을 갖게 되었고, 이 열정은 현장에서 더욱더 실감나게 살아난다. 이를 통해 내 신앙은 정진하고 동시에 교회 성장에 영적 배가 운동으로 동참하는 특권을 누린다.

제자훈련에 실패란 없다

서론에서 언급했던 교회의 존재 이유를 생각해보자. 교회는 예배와 훈련과 증거를 위해 존재한다. 성도는 구원을 받은 후에 주님 앞에 서서 구원이 완전하게 이루어지는 그날까지 하나님을 예배한다. 자신을 말씀 가운데서 훈련하며 복음을 증거 하는 삶을 살아간다. 따라서 제자훈련에 실패란 없다. 이미 끝난 것이 아니라 아직 계속되기 때문이다. 제자훈련은 결과뿐만 아니라 과정도 중요하기 때문이다. '이미와 아직'을 살아가는 성도가 걸어가는 한 걸음 한 걸음의 여정이 제자훈련의 과정이라고 할 수 있기 때문이다.

종교개혁 시대에 칼빈이 선언한 표어처럼 "개혁된 교회는 항상 개혁되어야 한다"(Reformata Ecclesia Semper Reformananda). 한 번 개혁을 경험한 성도는 날마다 개혁을 이루어가도록 성령이 감동을 주신다. 자신을 돌아보고 사명을 깨달은 성도는 가만히 있을 수 없다. 배움으로 동기가 부여된 성도는 현장으로 나아간다. 행함으로 말씀에 순종한다. 현장에서 주님의 지상명령을 수행하며 성령의 역사하심을 경험할 때 자신을 사용하신 주님을 다시 바라본다. 그리고 자신을 말씀의 거울에 다시 비추어보며 주님을 닮아가기 위해 노력한다. 다시 개혁의 자리로 돌아오는 것이다. 이렇게 훈련과 사역이 선순환적으로 지속됨으로써 배움과 현장이 공존하는 것이다. 공동체적인 교회는 성도 한 사람 한 사람이 이러한 선순환을 이룰 수 있도록 도와야 한다.

목회에 부담이 될 수도 있지만 그럼에도 불구하고…

마지막으로, 훈련 사역과 전도 사역을 치열하게 병행하는 경산중앙교회를 섬기며 목회자로서 느끼는 소회를 나누고자 한다. 말씀 훈련 사역과 전도 사역을 동시에 하다 보면 사역 과정을 잘 따라오는 사람과 그렇지 않은 사람 사이에 온도 차가 크게 나타난다. 강도 높은 헌신을 요구하기 때문에 나타나는 현상이다.

물론 모든 사람이 다 같은 속도로 같은 결과를 내야 한다는 말이 아니다. 제자훈련의 초점을 개인의 말씀 배움과 영적 성장에 맞추면 누구나 어느 정도의 노력과 헌신으로 훈련을 받을 수 있다. 노력과 성실로 배움의 과정을 큰 어려움이나 저항 없이 마칠 수 있고 배움에 대한 열정도 계속 유지할 수 있다. 그러나 경건 훈련과 함께 자신의 삶을 드리는 영혼 구원 사역에 계속 헌신하는 것은 쉽지 않다. 헌신과 희생에 대한 반응은 성실과 노력에 대한 반응에 비해 더 다양하게 나타난다. 그래서 성도들에게 배움과 헌신을 동시에 요구하다 보면 '내가 이렇게까지 해야 하나? 성도들에게 너무하는 것 아닌가?'라는 생각도 든다.

그럼에도 불구하고 이 사역을 계속 할 수밖에 없다. 왜냐하면 사역의 현장에는 앞서 소개했던 집사들과 같은 수많은 평신도가 있기 때문이다. 그렇게 해야 사변적인 제자훈련이 아닌 복음이 전해지는 현장에서 순도 100퍼센트로 행하는 성도, 즉 그리스도의 제자요 청지기를 양산할 수 있기 때문이다. 수많은 성도가 영혼 구원의 현장에서 영적 카타르시스를 경험하며 행복해하는 것을 보았기 때문이다.

경산중앙교회는 부흥을 꿈꾸며, 한 영혼을 제자 삼아, 세상을 변혁하며, 삼대가 행복한 경산중앙교회가 되기를 꿈꾸며 달려간다. 배움에서 끝나지 않고 행함으로 나가기 때문에, 훈련 수료가 제자됨을 의미하는 것이 아니라 이제 시작일 뿐이고 진짜 제자는 섬기는 자이기에, 우리가 하는 전도는 교인을 늘리기 위한 것이 아니라 예수님의 지상명령에 순종하는 것이기에 우리 교회는 행복하다. 나는 이것이야말로 종교개혁 500주년을 기념하며 성도가 날마다 이루어나가야 하는 개혁이라고 생각한다.

참고문헌

- 가스펠서브,《교회용어사전》(서울: 생명의말씀사, 2013).
- 김종원, 〈종교 소비자〉, 경산중앙교회 2014년 8월 17일 대예배 설교.
- 김종원, 〈손님과 청지기〉, 경산중앙교회 2017년 8월 25일 금요성령집회 설교.
- 성민경, 〈성공적인 총동원 전도 프로그램을 위한 전략〉, 신학과 실천, 39(2014), 439-459.
- 옥한흠,《교회와 평신도의 자아상》(서울: 국제제자훈련원, 2008).
- 옥한흠,《소그룹 환경과 리더십》(서울: 국제제자훈련원, 2008).
- 정재영, 송인규, 노종문, 김명호, 김지방, 양희송, 황병구,《한국 교회 제자훈련 미래 전망 보고서》(서울: IVP, 2016).
- 정택은, 〈제자훈련, 영적 엘리트 의식으로 공동체성 훼손 우려〉, 기독교타임즈, 2016년 5월 4일.

김종원

경산중앙교회 담임목사
제자훈련 목회자 네트워크(칼넷, CAL-NET) 경북 대표

국제제자훈련원은 건강한 교회를 꿈꾸는 목회의 동반자로서 제자 삼는 사역을 중심으로
성경적 목회 모델을 제시함으로 세계 교회를 섬기는 전문 사역 기관입니다.

종교개혁은
제자훈련으로 시작한다

초판 1쇄 인쇄 2017년 10월 23일
초판 1쇄 발행 2017년 10월 28일

지은이 오정호·한태수 외

펴낸이 박주성
펴낸곳 국제제자훈련원
등록번호 제2013-000170호(2013년 9월 25일)
주소 서울시 서초구 효령로 68길 98(서초동)
전화 02)3489-4300 **팩스** 02)3489-4329
이메일 dmipress@sarang.org

ISBN 978-89-5731-733-4 03230

※ 책값은 뒤표지에 있습니다. 잘못된 책은 구입하신 곳에서 교환해드립니다.